孩子有自己的梦想，有自己的爱好，这个梦想和爱好就成了孩子的表达方式，孩子以这种方式与世界对话交流，最终找到自己最有价值的存在方式，这是孩子生命的绽放，是孩子对自己生命的承诺。

知无不言

周春良

WEI HAIZI ER
GAIBIAN

为孩子而改变

好父母不焦虑

王开东 —— 著

漓江出版社
·桂林·

图书在版编目（CIP）数据

为孩子而改变：好父母不焦虑 / 王开东著. --
桂林：漓江出版社，2025.1. -- ISBN 978-7-5801
-0196-9

Ⅰ. G78

中国国家版本馆 CIP 数据核字第 2025W7T504 号

为孩子而改变——好父母不焦虑

作　　者　王开东

出 版 人　梁　志
策划统筹　文龙玉
责任编辑　章勤璐
助理编辑　潘潇琦
营销编辑　俞方远
装帧设计　周泽云
责任监印　黄菲菲

出版发行　漓江出版社有限公司
社　　址　广西桂林市南环路 22 号
邮　　编　541002
发行电话　010-85891290　0773-2582200
邮购热线　0773-2582200
网　　址　www.lijiangbooks.com
微信公众号　lijiangpress

印　　制　天津嘉恒印务有限公司
开　　本　710 mm×960 mm　1/16
印　　张　17
字　　数　228 千字
版　　次　2025 年 1 月第 1 版
印　　次　2025 年 1 月第 1 次印刷
书　　号　ISBN 978-7-5801-0196-9
定　　价　49.80 元

漓江版图书：版权所有，侵权必究
漓江版图书：如有印装问题，请与当地图书销售部门联系调换

目 录
CONTENTS

第一章　家庭的成长

父母的忧与爱 / 002

家庭教育如何适度 / 006

父母能给孩子最好的三个教育 / 010

"要是有孩子成绩不好，该有多好！" / 016

爱怎么能藏得住呢 / 019

妈妈，穿过生命散发的沉香 / 022

家教成功的关键 / 026

爸爸去哪儿了 / 031

"双减"之下，父母怎么教孩子 / 034

孩子不努力，家长徒伤悲 / 043

两代人的互相猎杀 / 047

有多少父母活在孩子的黑名单上 / 051

孩子需要抗挫力，父母需要钝感力 / 057

没有人天生会做爸爸 / 062

第二章　心灵的困境

孩子的心理问题，怎么看，怎么办 / 074

假如焦虑笼罩着你 / 078

警惕优秀孩子的心理健康问题 / 082

能否安静下来，让孩子们过一个好年 / 088

家长的焦虑从何而来 / 092

孩子为什么恐惧学校 / 096

有的溺爱会伤人 / 099

孩子和老人，谁更需要你 / 102

当孩子遭遇至暗时刻 / 106

孩子，我希望你心安理得地混日子 / 109

别人不喜欢你，怎么办 / 113

怎么培养孩子的情商 / 116

只和自己竞争 / 120

优秀学生的气度和格局 / 126

怎么对孩子进行爱情教育 / 130

第三章　生命的微光

给孩子的人生忠告 / 136

人生不必那么成功 / 141

给她一份微光，她能照亮整个世界 / 148

人生的境界 / 152

成人的苟且，不要阻挡孩子的诗与远方 / 156

每个人都是丑小鸭 / 160

读书是真正的人道主义 / 165

孩子最需要的三件礼物 / 171

幸福的五个源头 / 176

给自己的墓志铭 / 183

如何不被大风吹倒 / 187

学生的生命激情去哪了 / 191

珍惜你的稻草、你的光 / 195

致永不消逝的三年时光 / 198

第四章　教育的奥秘

教育是每个人的教育 / 204

要用欣赏的眼光看待孩子犯错 / 207

惩罚权，什么时候才有价值 / 210

能否给孩子留一点缝隙 / 217

教育，不能都教有用的东西 / 222

戕害孩子最毒的一句话 / 227

孩子考得好走路六亲不认，考得不好呢 / 229

普通的父母，也可以给孩子加分 / 234

最有价值的学习竟然来自幼儿园 / 238

父母改变，孩子改变 / 242

决不用金钱奖励孩子 / 247

精致的利己主义者，是谁培养的 / 250

历史上最著名的差生是如何逆袭的 / 254

一个人就是一所学校 / 258

文化离素质到底有多远 / 263

第一章

家庭的成长

> 存在即改变,改变即成熟,成熟即不断地创造自我。
>
> ——亨利·柏格森

父母的忧与爱

关于父母如何爱子，触龙曾经说了这样一段话："父母之爱子，则为之计深远。媪之送燕后也，持其踵，为之泣，念悲其远也，亦哀之矣。已行，非弗思也，祭祀必祝之，祝曰：'必勿使反。'岂非计久长，有子孙相继为王也哉？"这段话很好地揭示了爱与忧的关系。

一、因为爱，所以忧。

父母深爱自己的孩子，就会站在过来人的角度，为孩子的未来长久谋划。但未来看不见，摸不着，有着太多的偶然性和不确定性，进而产生一种无力感，这就是"忧"的缘由。

赵太后爱不爱自己的女儿？自然是爱的。燕后出嫁，赵太后"持其踵，为之泣，念悲其远也，亦哀之矣"。但尽管她非常思念女儿，祭祀时，却祈祷女儿千万不要返回，这何其矛盾？恰恰因为爱女儿，所以担忧女儿失去燕王的宠爱，所以宁愿她不回娘家，这就是一个母亲最深沉的爱。

因为爱，所以忧，所以"计深远"，又因为"计深远"，所以更加忧虑、忧愁。在病魔面前，一个深爱自己的女儿却又无能为力的父亲的挣扎，在周国平写给妞妞的小诗中，表现得淋漓尽致：

女儿
我的女儿是沙滩上
一串小小的脚印

我徒劳地阻挡海潮

我的徒劳是不朽的碑铭

二、忧是爱的一种表达。

没有无缘无故的爱，也没有无缘无故的忧。忧是爱的一种形式、一种表达。张国荣在《当爱已成往事》中唱道："为何你不懂，只要有爱就有痛……忘了我就没有痛，将往事留在风中。"但是，忘记岂是那么容易的？没有爱的人生，是否值得一过？

史铁生在母亲去世之后，有一段很感伤的忏悔。曾经，他常常和妈妈赌气。看到妈妈找他，就远远地躲起来，让她怎么也找不到，让妈妈担忧，甚至恐惧。史铁生用这种方式惩罚自己的母亲。当母亲去世之后，他才恍然明白："我真想告诫所有长大了的男孩子，千万不要跟母亲来这套倔强，羞涩就更不必，我已经懂了，可我已经来不及了。"我们为什么能够惩罚自己的母亲？我们凭什么让母亲担忧？我们恰恰是利用了母亲对我们的爱，因为爱，母亲才有了软肋，没有爱就只有铠甲。

由此看来，忧不仅是爱的一种形式、一种表达，而且是更深的爱、更刻骨的表达。而且，这种忧还层层叠加，无怨无悔。连著名作家曹文轩也说："我儿子高考那一年，我们全家都学会了走猫步。"懂得忧与爱的关系不难，关键是我们应为何而忧？

三、因大爱而有大忧，因大忧而有壮行。

老子说："吾所以有大患者，为吾有身。及吾无身，吾有何患？"我们一切忧患的源头在于我们有"身"，有了身，我们就会有所爱，就会有所在意，就会有所牵挂，就会奋不顾身。关键是我们该为何而忧？我们爱自己的家人，忧虑自己的家人，这是一种小爱，是人之常情。但正如弗洛姆在《爱的艺术》中所说，你爱你自己，爱你的爱人，如果这种爱不能穿越更广阔的空间，那这种爱就是畸形的。更致命的是，有的人只爱自己、忧自己，"我死之后，哪管洪水滔天"，为了蝇头小利，机关算尽太聪明。这种人到头来，只会"害了卿卿性命"。

有的人因爱他人而忧他人。最具代表性的就是庄子，庄子认为："圣人不死，大盗不止。"具有圣人之名的人，或标榜自己是圣人的人，早就不是圣人了。窃取圣人之名，当然是最大的盗。但面对苦难中的芸芸众生，庄子始终不能学太上忘情，反而开始了精神的布道。一旦庄子布道，他就不是"无己、无功、无名"的普通人，而一跃成了"欺世盗名"的圣人，这当然是一个悖论。庄子当然知道"道"是不可言说的，但还是要说出来；他当然明白"得意而忘言"，却仍然要将之告诉世人；他当然知道齐物才能逍遥，但自己却不愿放弃那份对世人的怜悯和热爱。这就是大爱。正如诗人海子所说："陌生人，我也为你祝福……愿你在尘世获得幸福，我只愿面朝大海，春暖花开。"

有的人爱民而忧民。郑板桥被同时代的人称为郑疯子，他疯就疯在不遵守官场规则。他反复告诫自己要难得糊涂，但因爱民而忧民，终究还是装不了糊涂。"些小吾曹州县吏，一枝一叶总关情。"尽管只是一介小吏，但衙门外竹子的一枝一叶，都牵动着他的感情，因为从竹叶声中他似乎听到了民间疾苦之声。

更有一些人因爱国而忧国。韩愈出身贫寒，好不容易做到了高官，照理说，应该要谨言慎行。但他却坚决反对唐宪宗迎取佛骨，差一点因此而丢了性命。但是，韩愈却丝毫不后悔，"欲为圣明除弊事，肯将衰朽惜残年"。因为爱得深沉，所以看得长远，忧虑得真切，宁可把这把老骨头都豁出去。

最后，因爱这个地球而忧虑整个宇宙，这就是美国利奥波德的大地伦理。利奥波德认为，大地上的一切自然存在都是有生命的，包括土壤、水、植物和动物，都是我们生死与共的生态共同体。我们应该放弃征服者的角色，敬畏每一个伦理范畴内的成员，把它们当成跟自己一样平等的一分子，爱它们，为它们忧虑。这是最高层面的大爱、大忧。

当然，除了要有大爱和大忧，我们还要"先忧"，天下未忧我已忧；不仅要先忧，还要"先行"，"敢为天下先"，天下未行我已行；而且"我行"还不够，还要唤醒民众，与自己"同行"。相信我们内心的爱，相信我们最真诚的忧，相信我们最坚实的行，相信只要我们同仇敌忾地践行，就一定能够砸烂铁屋子，冲破无物之阵，雄鸡一唱天下白。

家庭教育如何适度

生活中到处充满着教育。暑假在外面旅游的时候，家教方面的感悟不断产生。最重要的感悟是，家庭教育要适度。

任何伟大的教育真理，一旦超越了一个度，就是谬误。

第一是扩大环境，让孩子多长见识。

到上海海洋水族馆，看到了无数的鲨鱼，有的甚至只有两指长，我目瞪口呆，大失所望。难道这就是鲨鱼？就是那个威猛的嗜血的鲨鱼？呼啸残暴的鲨鱼？真正的海洋之王？水族馆里的人告诉我们，这就是真正的海洋里的鲨鱼，它们现在吃得也许比在海里还要多，也生活在真正的海水里。但它们却再也长不大了，因为受环境的限制。大海是没有边际的，所以它们才能没有顾忌地生长。在什么样的空间里，就有什么样的鲨鱼。

我猛然惊醒。乌龟，在河沙里爬就是河龟，在海里畅游就是海龟。这就是环境的影响。

那么，假如我们把孩子局限在课本之中，没有源头活水，更没有无限广阔的大海一样的阅读视野，那么，我们的孩子不就只能是河龟，甚至是沟龟？想到这里，我浑身流汗，惊恐不已。

谁说环境不能造就人？天高才能任鸟飞，海阔才能凭鱼跃！

每年暑假，我都要带着孩子到广阔的农村去，让孩子参加一些体力劳动。有时候带孩子游览山水，走一走文化的苦旅。不一定当时就有什么效果，但慢慢地他的视野就扩大了，眼界就提高了，见识就不一样了。

翔宇教育集团的卢志文校长曾经说过一个故事。2002年暑期，集团安排五十几位老师赴境外学术休假，他带队。在南京禄口国际机场登机前，他做了一个调查，问哪些人乘过飞机，竟然没有一个人举手。上了飞机，老师们就如刘姥姥进了大观园。当空姐介绍完安全注意事项时，已经有十几个人把座位下面的充气救生圈套到脖子上去了，弄得机组人员又好气又好笑。这次出国休假共十三天，乘了五趟飞机，等最后一趟从曼谷飞上海时，他看老师们俨然已经是习惯往来于各国之间的样子了，步履从容，举止得体。为什么？这是见识在起作用。所以我们要把眼界放宽些。

一个人在万米高空的飞机上俯瞰云卷云舒的时候，跟坐在厨房锅台边的时候，想问题的方式一样吗？一个胸襟开阔的人，一个有全球视野的人，他会因为少几百块钱奖金而整夜睡不着觉吗？他会因为同事间的一点摩擦吵到领导那里去吗？活动区域扩大了，意味着孩子的视野开阔了，这种开阔会增长见识。

第二是要怎么收获，先怎么栽。

去北京国子监，那可曾是中国至高无上的学府。我发现那里的语文课程表非常有意思。每周共十节语文课，经典背诵六节课，学生互相研读两节课，老师考核学生诵读理解、帮助学生答疑两节课。也就是说，真正用来让学生自学的时间达到了百分之八十，而且所有的时间都落在经典上。想想看，这样十年积累下来，是一个什么概念？也许最古老的东西，就是最朴素的东西，最朴素的东西，也许就是最有效的东西。

在孩子很小的时候，家长要想方设法培养孩子的兴趣，等孩子有了兴趣，该积累的还是要大量积累，积累到一定程度，量变会引起质变。有一天，孩子会突然发现，一切都不同了，于是很多过去积累的东西苏醒了，孩子就脱胎换骨了。读书破万卷，下笔如有神。熟读唐诗三百首，不会作诗也会吟。

第三是没有竞争，就是天堂。

一个教授给三个学生命题。三个学生，假设他们每人有一把枪，每把枪里有一颗子弹，并且他们的命中率都是百分之百。然后，他们三个人进行搏斗。有三种结果：自己留下来，其他人都死去是最优的；自己留下来，还有另一个人留下来，稍次；自己死了，其他人都活下来，最差。那么，最佳的做法是什么？

最聪明的一个人首先对天放枪。因为他的子弹没有了，对其他两人构不成威胁，所以，其他两人为了自己的安全，势必互相射击，最后，只有他能活下来。

这个博弈论惊心动魄，其中涉及人与人的关系，只有你死，我才能活。但学习是自己的事情，为什么要弄得龇牙咧嘴，生死相搏？为什么要把愉快的事情弄得刀光剑影？很多学校的排名，很多家长拿自己孩子与别的孩子相比，都是竞争的具体表现。

于是又想到一个天堂和地狱的故事。

从前，有一个人快要死时，开始考虑死后是升天堂还是下地狱。他征求了许多人的意见，几乎每个人都告诉他："升到天堂去吧！"他很奇怪，人们的答案为什么会如此一致。于是，他决定到天堂和地狱去参观参观。他先来到了地狱。他看到这里的人个个饿得哇哇大叫，有些人已经饿得倒下了。他心里想，大概是地狱里很缺少粮食吧？但他很快又发现，这里并不缺少粮食，只是每个人取用饭食的勺子长达一米，这样自己就很难吃到东西，只能眼看着可口的饭食挨饿。他叹着气离开了地狱。他接着到了天堂。天堂里的人吃饭用的也是同样的勺子，长达一米，但他们都吃得饱饱的。他很纳闷："天堂里的人是怎样吃到饭的呢？"原来，在天堂里，人们互相帮助，彼此喂饭，这样每个人都能吃饱了。于是，他决定死后住到天堂去。因为天堂的人们就像生活在一个温馨的大家庭里，人与人之间相互协助，结成了团队。我们都是只有一只翅膀的天使，只有相互拥抱才能自由地飞翔。

天堂之所以成为天堂，是因为那里充满温馨，人们能从对方的角度思考，一起生活在一个和谐的大家庭里；而地狱之所以成为地狱，是因为那里的人只从自身的角度思考，缺少人与人之间的扶助，人们生活在冷漠的冰窟里。

天堂和地狱的物质条件没有任何区别，关键的是人，是人的思维方式和品质，是人和人之间的关系处理。我们为什么不能尽其所能，把这个关系变得纯粹？

我们既然能把它变成地狱，当然也能把它变成天堂。那么，我们有什么理由不把我们的家庭和学校，变成团结友爱、相互帮助、大家一起快乐成长的天堂呢？

父母能给孩子最好的三个教育

我一直在思考，家庭教育，或者说我们父母，最应该教给孩子什么？在我看来，父母能够给孩子的最好的教育主要有三项。

一是良好的习惯。我曾经在叶圣陶先生的母校工作过几年，对叶老有很深的感情。叶老的孙女叶小沫女士还曾赠送我她的大作。叶老是人民教育家，但所说的都是大白话，先生用最平易的语言说出最深刻的教育箴言。他说教师，教师全部的工作就是教书育人；他说教学，教是为了达到不需要教；他说教育，教育无非就是培养良好的习惯。为此，叶老还专门写过两篇文章：《习惯成自然》和《两种习惯养成不得》。叶老认为，习惯不嫌其多，但有两种习惯养成不得，这两种习惯就是：不养成什么习惯的习惯和妨害他人的习惯。其实这说的还是习惯的重要性。

习惯为什么重要？因为教育的目的就是培养习惯，增强能力。习惯为何要养成？因为习惯需要身体力行，需要随时加以注意，需要一定时间量的保证，在很多次躬行实践之后，才会慢慢养成，并达到一定的效果。在《习惯成自然》中叶老写道："要有观察的能力，必须真个用心去观察。要有劳动的能力，必须真个动手去劳动。要有读书的能力，必须真个把书本打开，认认真真去读。要有做好公民的能力，必须真个把公民应做的一切事认认真真去做。"

习惯养成的第一步就是真个去做，把"所知"活出来，这就是古人所说的知行合一。习惯养成的第二步就是不断地活出来，长时间地活出来，自然而然地活出来。习惯养成的最后一步就是如肺腑出，不假思索，不由自主，自然而然，基本上如条件反射，这就是能力水到渠成了。叶老认为"成自然"就是"不必故意费什么心，仿佛本来就是那样的意思"。他举例说："走路和说话是我们最需要的两种基本能力。"这两种能力的形成是因为我们从小就习惯了，成自然了。"无论哪一种能力，要达到了习惯成自然的地步，才算我们有了那种能力。"他进而指出："通常说某人能力不强，就是某人没有养成多少习惯的意思。譬如说张三记忆力不强，就是张三没有把看见的听见的一些事物好好记住的习惯。譬如说李四发表力不强，就是李四没有把自己的思想和感情说出来写出来的习惯。习惯养成得越多，那个人的能力越强。我们做人做事，需要种种的能力，所以最要紧的是养成种种的习惯。"

习惯既然如此重要，当然应该从小养成，从家庭中养成。到了学校，目的还是养成习惯，增强能力。出了学校，要终身学习，自我教育，其目的还是要养成习惯，增强能力。一以贯之，坚持不懈。有好习惯，才有好人生。

父母给孩子一个良好的习惯非常重要。还是举叶老的例子来说。

首先，叶老非常重视家庭教育。他认为，家庭教育的作用远超过学校教育。家长教育子女是事业的重要组成部分，是作为成人的基本义务和责任。如果放弃了这个责任，就是不爱自己的子女，则不应当有子女。家庭教育之所以重要，一是因为"家庭久，学校暂"，孩子大部分时间是在家庭中度过的。二是儿童具有先入为主的心理效应，儿童最初接触的东西、阅读的材料，能够"印入其脑中即深镂而不可拔"，正如惠特曼所说，儿童最初看到的东西，那个东西就成为他的一部分，他就会变成那个东西。

其次，叶老非常重视对孩子品质的培养。他不太在乎孩子的分数，更看重对孩子技能和品质的培养。他认为学习成绩仅占教育很小的一部分，不宜为了成绩而牺牲更多的东西。他反对强制和苛求，主张不教中有教，善于顺其自然，因势利导，启发、培养孩子的兴趣和自觉性，使孩子"自能读书，不待老师讲；自能作文，不待老师改"。

叶老的三个孩子，取名为至善、至美、至诚。真善美是叶老一生的追求，他希望子女也能有这样的品质。就学习而言，他注重让孩子养成良好的学习习惯，学会自主学习，确立终身学习的观念。在日常生活中，叶老就要求孩子读书，读什么书都可以，不作限制，但读完后要和他交流读书心得；也可以写文章，但不给他们出题目，对什么有兴趣就写什么。孩子们写完就给他们评点，告诉他们哪里写得好，哪里写得不好，为什么。三个孩子后来都走上了文学的道路，这与叶老的启蒙教育不无关系。

最后，叶老最在意的还是终身教育。叶老指出："教育的最终目的在于使学生能自学自励，出了学校，担任了工作，一直能自学自励，一辈子做主动有为的人。"读死书就会把书读死，把书读死是没有用的，学生是种子，不是瓶子。教育，应该从生活中来，向生命里去；应该更加关注源头活水，与生活打成一片。叶小沫说，相对于成绩，叶老平时与他们晚辈谈话时更愿意听他们说发生在身边和学校里的事情，他们正在参加的活动、正在看的课外书和电影。谈话期间叶老提出的一个个问题和建议，会引导他们多看、多想、多实践。

对于我们家长来说，我们不是要培养一个个冷漠的得分机器，我们应该先抓习惯，再论成绩，这样很多问题都能迎刃而解、事半功倍。比如培养孩子能够坐得住，能够保持注意力集中，能够尊敬老师，能够有问题就问，能够今天的事情今天做，能够定期归纳整理，能够独立完成作业，等等。如果这些习惯都养成了，那还担心什么成绩呢？

二是强健的体魄。近几年，国家提出一个重要观点，人民群众的生命健康始终是第一位的。这是真正的以人为本。生命无价，没有生命健康，一切都将成为镜花水月。生命健康是"1"，没有这个"1"，后面所有附加的"0"都毫无意义。没有健康的体魄，就不会有快乐的灵魂。钟南山院士勤勤恳恳，侠之大者，为国为民，但他首先必须要有一个强健的体魄，否则他老人家什么也做不了。所幸他老人家身体非常棒，肌肉线条分明，他房间里还有单杠和力量器械，真是活到老，锻炼到老。

苏格拉底认为，灵魂与身体是二分的，灵魂高于身体，灵魂是根本和主宰，身体是附庸和工具。尼采则不然，他认为灵魂与身体是不可分的，灵魂并不高于身体，相反，灵魂是身体的工具。身体不仅是美德的起源，而且是一切知识和真理的起源。尼采把强健的身体推向一个极致。毛泽东在1917年发表的《体育之研究》一文中就大声疾呼："欲文明其精神，先自野蛮其体魄；苟野蛮其体魄矣，则文明之精神随之。"这也是把身体看成是第一位的。

当年体育教育家马约翰在清华大学大力推崇体育锻炼，成为清华大学体育运动的倡导者。他认为体育能增进国民的民族自尊、自强意识。清华大学就因为马约翰把体育提升到了一个很高的层面。若干年后，陈省身回忆学生中有一个说法："北大有胡适之，清华有体育馆。"一直到今天，清华大学附属小学的"1+X课程"，仍强调以体育为核心课程。在今天应试教育的喧嚣之下，坚守这个理念是需要勇气的，但他们确实培养出了元气充沛的少年。

北京大学也把体育放到了一个很重要的位置，最典型的例子就是孙绍振教授。他在北大读书期间，每天被逼着长跑，本科4年，助教1年，5年时间，每天跑步形成了一个铁律，也因此养成了长跑的习惯。这一跑就是50多年，从北京到福建，他一直在跑着，所以身体健康，精力旺盛。如今80多岁了，仍然腰板挺直，走路迅疾，坐如钟，行如风，照样写作讲课两不误，思维敏捷，下笔千言。

后来张嘉泉先生提出身体教育学，主张身体是教育的根本，是教育的出发点和中心点。身体教育学既通过身体培养品格，又针对身体培养体格。身体既是一切教育手段的载体，也是一切教育手段的服务对象。

这些年国家越来越重视强健体魄的锻炼，强调增强体质，提高耐力水平，磨炼意志品质。一是提出"每天锻炼一小时，健康工作五十年，幸福生活一辈子"这一运动理念；二是要求认真上好体育课，要求掌握两项以上能终身受益的体育技能；三是倡议自觉养成科学锻炼的习惯，让体育成为自己的生活方式。强健体魄不是一个手段，其本身就是教育的目的。既然国家对体育的认识已经到了这个层面，那么作为家长，更应该带着孩子锻炼身体，养成强健的体魄。有强健体魄的人往往精力旺盛，自信勇敢，富有激情，敢于挑战；同时健康的体魄还会产生健康的心理，只有病恹恹的人才会对自己的身体疑神疑鬼。

美国著名演员阿诺德认为，要让自己的孩子经受斯巴达式的残酷教育，多让孩子吃苦，不给一分钱，让孩子摸爬滚打，决不宠坏孩子。还有一种不同的观点是迈克尔·杰克逊的观点，认为要让孩子生下来就含着金钥匙，不经任何风雨，做温室中的花朵。我倾向于前者，事实上最终成功的也是前者。所谓富不过三代，一种是到第三代变穷了，所以富不过三代；还有一种是到了第二代就没钱娶老婆，当然就没有第三代了。

三是健康的生活方式。对于前面两项，学校还有一定的作用，但健康生活方式的养成，主要靠家庭教育。在我看来，健康的生活方式，至少要满足以下几条。

第一，早睡早起，每天保持充足的睡眠。事实证明，睡眠是一个人健康的最大保障，也是提高免疫力的不二法门。

第二，多喝水。人体的主要组成成分是水，人能够七天不吃东西，但不能有七天时间离开水。水是生命的第一源泉，让孩子养成喝水的习惯简直太重要了。

第三，合理饮食，定时排便。少吃太咸和太甜的东西，太咸和太甜是健康的大忌。不及时排便，很多毒素就会在血液中循环，对身体健康极为不利。

第四，保持愉悦心情，坚信一切都会过去。成功的喜悦会过去，失败的痛苦也会过去。唯一重要的是人的成长，这个成长永远属于自己。

第五，让锻炼成为生活的一部分。什么叫生活的一部分？就是自然而然，从来不需要想起，永远也不会忘记。运动成为记忆里的一部分，像喝水吃饭一样自然，自然而然地运动，自然而然地锻炼。"管住嘴，迈开腿"，这就是健康生活的六字诀。

在家庭生活中，父母有的是时间与孩子相处，在这个相处的过程中，如果能够把这些健康的做法与孩子一起坚持下来，让孩子养成健康的生活方式，孩子就会有美好的人生图景。

写到这里，突然想起一个非常重要的问题，所谓要有强健的体魄，不就是叶老所说的养成运动的好习惯？所谓健康的生活方式，不就是养成生活的好习惯？再加上养成学习的好习惯，养成工作的好习惯，差不多美好生活就全部包含了。

难怪叶老说，教育，无非就是养成良好的习惯。这个"无非"太厉害了，叶老告诉我们没有任何例外。我之所以谈例外，也只是强调，当我们都做好了，就会山河无恙，人生如初见般美好。

"要是有孩子成绩不好，该有多好！"

看到一则新闻，作为一个教育工作者，有一种说不出的心酸。

北京一位91岁的老爷爷，老太太走后，儿女常年不回家，老爷爷因此成了空巢老人。老人年轻的时候，儿女双全，福禄全至。更让人惊喜的是，孩子们的读书成绩非常好，个个都是学霸，都是"别人家的孩子"，这是他们夫妻巨大的快乐，也带给他们很多荣耀。

后来，大儿子博士毕业去了美国，二儿子国防科技大学毕业留在了部队，三女儿嫁到英国，一去不复返，七年都没回来。如今91岁的老人只能自己照顾自己，长夜漫漫，充满了无尽的凄凉。他渴望子女陪伴，但一个远在美国，一个远在英国，唯一在国内的孩子又在部队，军纪严明，老人的渴望基本是无望。更何况年轻人有年轻人的生活，更有年轻人的压力，谁都不敢怠慢，只能怠慢自家的老人。

小女儿七年没回来，中间隔着三年疫情，其实也可以理解。反倒是一个陌生的女人偶尔会来看看老人，老人常常忍不住感叹："要是有孩子成绩不好，该有多好！"这句话把我吓住了，非常违和，但又无比真实，老人内心的苦楚和凄凉一览无余。好孩子大多展翅高飞，只留下老人们在风中凌乱。那么我们教育工作者做的是什么？我们所谓的教育成功，事实上加大了对空巢老人的伤害，岂有此理？

参加母校七十周年校庆的时候，我与校友骆教授——中国著名的国医大师有过一次深入交流。骆教授告诉我，他在北京坐诊，经常遇到一些看病的官员和高级知识分子，他们大都把孩子送到了国外，自己留守在国内。这些留守的老人看病非常困难，他们常常目露迷茫，无所适从，像没头的苍蝇到处乱窜。骆教授的导师，一儿一女都在国外，因此他的生活，基本上都是骆教授还有其他学生在帮忙照料。他还不算最凄惨的，最凄惨的是那些孩子在国外，自身能力不足以雇用保姆，又没有学生帮衬的，那就可怜至极了。

骆教授的孩子也在国外，他所指导的学生，每年他都尽最大努力帮助他们留京，能帮一个是一个。因为将来自己老了，子女估计是靠不到了，很可能也要依靠学生。有人说，和孩子一起去国外？你想得美。且不说去国外你是否习惯，去国外与子女一起生活，你的孩子答应，孩子的另一半未必答应；就算另一半答应，你们能不能相处，会不会不和谐也不好说，不要闹得人家夫妻不和。

还听闻一个老师，他的女儿和儿子也是学霸，当年也曾让他们无比骄傲，走到哪儿就宣传到哪儿。后来儿子考取清华大学，留在北京，女儿考取北京某著名高校，毕业后去了美国。老伴去世之后，老爷子独居，孤苦伶仃。后来罹患癌症，儿子由于工作忙碌，常年出差，无法照顾。女儿听说父亲重病，从国外请假回来，待了一星期不到，就开始着急了，因为她的假期要结束了。后来有一天，老人静悄悄地走了，发出臭味才被邻居发现。女儿最后都没回国送殡，也许是没有假期，也许是不敢请假，现在到处都在裁员，饭碗比爸妈更重要。

梁晓声在《人世间》里说："孩子若是平凡之辈，那就承欢膝下；若是出类拔萃，那就让其展翅高飞。接受孩子的平庸，就像孩子从来没有要求父母一定要多么优秀一样。"王朔说，成功是个什么东西呢，不就是多挣一点钱，让傻子们羡慕吗？在我看来，幸福比优秀更重要，因为优秀是要竞争的，你必须比别人强，才能证明你的优秀，但幸福却不同，幸福是自我的主观感受，你觉得幸福就可以了。但更多人不会同意："比起我们的父母，我们这代人对教育有一种无法掩饰的焦虑，捂住嘴巴也会从眼睛里跑出来。"他们逼着孩子一定要成才，无法接受孩子的平凡。其实，成功的定义不是只有一种，资质平平的孩子，只是学习不好，并不是品行不好。普通人也可以改变世界，也可以成为最幸福的普通人。

　　我们当初竭尽全力要把孩子培养为人上人，但我们万万没想到，我们把孩子培养得越好，孩子离开我们就越快、越坚决。因为他们本领越大，志向就越大，属于他们的时间就越少，可以陪伴父母的时间也就更少。这是两难的选择，但对于父母来说，绝大部分父母都选择牺牲自己，把自己变成人梯，让孩子登云攀月。直至年老体衰，无一不后悔不迭，对着黑漆漆的浓夜，一声哀号，一声叹息。

爱怎么能藏得住呢

在北京一家餐厅前,一个网友拍下了一段令人心酸的画面。

一个黑衣女子,抱着一个两三岁的孩子,在街边的几家餐厅旁彷徨,孩子不断地嚷嚷着"妈妈,我饿,我饿"。面对怀中孩子的哭喊,女子不忍心,眼光不时瞟向那几家餐厅,但在经过店门时,女子又踌躇不前,不敢走进餐厅。孩子再次大声哭喊:"妈妈,饿,我饿!"听着孩子撕心裂肺的哭喊,女子终于下定决心,带着孩子走进了其中一家餐厅。

餐厅里几乎没有人,老板热情地迎上来,问她想吃点什么。女子更加局促不安,尴尬地问老板:"老板,你有什么剩菜剩饭吗?能不能给孩子一口吃的?我身上没有钱,我可以为你打扫卫生,刷碗洗菜,求求您给我儿子一些吃的吧。"

老板一下子愣住了,不由得打量眼前的这对母子。女子虽有些寒碜,战战兢兢,但不像是吃白食的,那她一定是遇见了难处。于是吩咐后厨赶紧给他们来点吃的,并明确表示不会收她的钱。

女子赶紧在店里找活干,但店里非常干净,而且客人很少,没有活可干。这时正好有一个客人走了,女子想要收拾碗筷,但孩子实在饿坏了,喝起了剩下的饮料。女子就尴尬地等在一边,看着她的孩子。

等到后厨把热气腾腾的饭菜端上来,老板才发现这个女人精神有点不正常,但她使劲给老板鞠躬表示感谢,然后来到孩子身边,小心翼翼地喂孩子,一口又一口,其间自己没有吃一口。等到孩子吃饱了,她才狼吞虎咽地吃起来,看来她也饿坏了。老板和路人很心酸,为这个母亲,为这个孩子。

网友评论说,她虽然不是一个健康的女人,但她是一个合格的母亲。我觉得还不够,她应该是一个伟大的母亲。虽然精神不正常,但她给孩子的爱一点也没有少,还想着用自己的劳动给孩子换吃的。

之所以想写这个故事,是因为我看了英国获奖短片《等车》。短片不长,我简单介绍一下。

一个女子坐在长椅上等公交车,同时打电话给医院预约医生。挂上电话,女子轻轻叹了口气,抚摸着自己已经挺起的大肚子。

旁边一个等车的老人关切地问女子:"你还好吗?"

"嗯,还好。"

老人看了一眼女子的肚子:"几个月了?"

女子眼神迷惑,惊讶地问:"什么?"

老人可能觉得自己的问题太过唐突,略显尴尬地解释:"我只是想知道你怀孕多久了。"然后,转头平视前方。

女子想了想,告诉老人孩子已经二十一周了。

老人很开心:"那就是说,快要卸货了。"

但女子情绪很低落,她说她害怕,害怕每一件事情。

老人不断地安慰她:"你肯定会好起来的。你的丈夫会帮助你的。会解决的,每个人都能做到。你的家人呢?"

女子告诉老人:"我家里只有我和我父亲,而且父亲还病了。"

老人说:"一切都会好的。"但这个安慰显然很无力,随后他只能沉默。

这时,公交车来了,意想不到的事情发生了——

女人对老人说:"爸爸,走吧!"然后搀扶着爸爸上了车。

这个超级逆转,让我瞬间热泪奔涌。短片虽短,但意蕴丰富,一个慈祥的父亲,一个孝顺的女儿,一段一地鸡毛的艰难生活,这一切,通过聊天对话，通过女子复杂的面部表情，甚至忍不住的泪珠，全都铺展在我们眼前。

尽管生活艰难，未来难测，但女儿还是温柔地对待失智的父亲，一开始就在帮父亲约医生。父亲更是如此，尽管已经失智，连自己的女儿都不认识，但那种来自骨子里的对女儿的关切之情和浓浓的父爱却一点也没减少。虽然记忆被抹去，但爱仍留有痕迹，这正是故事动人的地方！

回到我们开头说的那个妈妈，尽管她精神不太正常，但她对孩子的爱一点也不含糊。父爱和母爱如此不得要领，但又让我们无法抵挡……

妈妈，穿过生命散发的沉香

早晨阅读朋友圈，突然看见儿子的一条信息："半夜醒来，想起今天是母亲节，妈妈，节日快乐！"我赶紧向程老师（我的妻子）报喜，想和她分享儿子的暖心话语，结果家里到处找不到她，我一下慌了，赶紧打电话。程老师接了电话，原来早早买菜去了。

儿子提醒了我，我也该向我妈妈问好。带高三太忙了，有时候连妈妈也忽略了。电话一接通，那边就是我妈妈洪亮的笑声，隔着屏幕我都能感受到她的爽朗。妈妈问："今天怎么这么早打电话？"我说："今天是母亲节！给您打电话问好！"妈妈听了，大笑。这个笑声穿越了千山万水，让我心上的阴霾一扫而空。

其实，我不是一个浪漫的人，也很少酸文假醋，很多话和情感埋藏在心里，不喜欢说出来。这是我的缺点。也许正是这个原因，妈妈觉得奇怪："你姐姐总是早上打电话，你哥哥是夜里打电话，你是傍晚打电话，今天怎么了？"

妈妈连我们打电话的习惯，都记得清清楚楚？怪不得每次电话接通，我还没来得及说话，妈妈就直接喊我。我还一直奇怪，难道她手机屏幕上那么小的字，她能看见？她能认识？现在才算明了。

姐姐是服务员，大酒店上班比较晚，但下班也会很晚，而且手机统一保管，中途不许使用，所以早早给妈妈打电话成了姐姐的习惯。哥哥做保安，晚上转悠来转悠去，所以常常夜里打电话。我很早去学校，放学回来，程老师烧饭，我打电话，时间是傍晚。

妈妈真是太聪明了，这么复杂的规律都被她掌握了。但我不能往深处想，这样一个规律，妈妈要经过多少次积累、多少次比较、多少次猜测、多少次判断才能形成这样的认识？那么，妈妈会在多少个早上期待姐姐的电话？会在多少个傍晚期待我的问候？又会在多少个晚上期待我哥哥的铃声响起？我们是不是太大意了？这样一想就要落泪。

但我们也没办法，妈妈实在不愿意过城市生活。每次过不了一段时间，她就闹着想家。她没办法理解城里人，住在对门，都不串门，这哪里叫邻居？更要命的是，我们家对门是空关房，是别人家投资的房子，没人住。

去年暑假妈妈来我们家，她想吃什么我们就吃什么，程老师每晚给她喝的酸奶，她最喜欢了，程老师还给她从淘宝买了很多衣服之类的，但都不能留住她。她走的时候，反复跟我们说，这次满足了，没有遗憾了，你们都好我就放心了。她还不断打听我们来城路上带她玩的太极洞，她得记住名字，回去人家问起来也好说一说。我有点遗憾，因为她老人家腿脚不灵便，我就没有考虑带她看更多的景点。今年暑假我会想办法弥补。

姐姐在南京，我在苏州，哥哥在上海，我们三个人连成一条线，但我妈妈不会明白，也没有这种概念。木心说："我是一个在黑暗中大雪纷飞的人啊。"这句话太让人触景生情。

记得有次和同学倪受彬聊天。受彬是上海对外经贸大学法学院院长，我们曾在重点高中的农村班同窗三年，感情非常好。有次谈起今时今日的生活，受彬告诉我，他母亲第一次去上海时，晚上散步，啧啧赞叹，对他说："儿子啊，我觉得就像做梦一样，小时候我们劳动的草帽上就写着上海。想不到，儿子，我们真到上海来了……"人生的快乐，也许就在于我们实现了父母想也不敢想的事情，并且扎扎实实地把它变成了平常。

去年有一天，我给母亲打电话，明显感觉她精神不太好。我问："发生了什么事，妈妈？"妈妈说："没什么，胳膊断了。"啊？我简直傻了，胳膊断了，还没什么事？我一大老爷们，每次体检抽血，都是闭上眼睛，一副视死如归的样子。

妈妈之所以不想住在城里，还有一个原因，就是要帮我哥哥看房子。也确实是这样，不管什么房子，只要没人住，很快就朽了、坏了。因为农村几乎很少有人走动，慢慢路上就长满了蒿草。蒿草惹蚊子，妈妈讨厌死蒿草了。在它们小的时候，妈妈就打除草剂，但还是灭不了它们，"野火烧不尽，春风吹又生"。妈妈就火了，就与蒿草耗上了。一个83岁的老人家，向屋前屋后满地的蒿草宣战。我不知道当时是怎样的情景，但我知道她的倔劲。老人家83岁了，从来没有承认过一次错误，反正都是他人的错，她始终都是对的，我们也习惯了，都以好久没被妈妈骂了为骄傲。这次妈妈耗上的是蒿草，她挥舞镰刀，用力过猛，结果跌倒了。老年人骨头都是脆的，嘎嘣一下，就断了。但当时她还不知道，继续砍草，只是胳膊隐隐作痛，使不上力气。我大姐夫把她送到医院，一检查，胳膊都断了，于是打了绷带。但还没休息几天，她老人家又披挂上阵，一只手挥舞镰刀，继续战斗，一直到干净彻底地消灭了所有蒿草才作罢。

我听了妈妈的故事，想象妈妈战斗的场景，哭笑不得，但这就是我的妈妈，我没办法批评她，我的身上就流淌着她的血，我也具有奋斗精神。只是年岁大了，我慢慢走向了宽容，妈妈则是英雄本色，永远不变。

妈妈大字不识一箩筐，严格地说，是个文盲。但她一辈子不相信命运，与天斗，与地斗。她只相信自己，相信汗水，相信泥土。这一点对我影响极大。如果说我有一点自强不息，或者说人格还算独立，很大程度都源于我的母亲。

后来机缘巧合，妈妈开始和朋友们一起学唱歌。他们有一个歌词本，她唱的歌都来自那上面。妈妈是个好学生，对照着歌词本唱歌，她居然认识了很多字。在80多岁的人生晚年，母亲居然成了一个"文化人"！

过年回家，我看见妈妈常常一个人看歌词本，学而不厌。她经常用粗壮的手指狠狠按住一个字，来请教我这是个什么字。我告诉她，并且给她详细讲解。但她一会儿就忘记了，又一次死死摁住了，来问我。结果由于摁得太紧，手反而滑走了。到了我面前，竟然找不到她要问的字，她就尴尬地笑着，像一个羞涩的小学生……我这才明白妈妈按照唱的内容，一个字一个字地比照，竟然把一本歌词本上的字都认识了。在我眼里，这是比卫星上天更了不起的壮举。有了这样的妈妈，我不努力都没办法混了。

但我也常常反思，我对母亲独立生活的夸赞，对母亲强大生命力的推崇，是不是就是我对母亲潜意识的预期？这种预期是否有逃避责任的某种考虑？比如我说，妈妈，等我带完高三了，一闲下来就接您过来。对母亲来说，她或许就认为，她来会增加我的负担，只有闲下来，我才有工夫陪她。所以她拒绝到我这来，或者勉强来了，一旦开学，她就急着要走。

现在父亲已经走了十年了，我们的来路上只剩下妈妈一个人了。哲学上说，我们每个人都是被抛在路上的，但我不信。我相信，我们每个人都是母亲挑选来的，我们的基因和气质里，都是她的样子，这是一条生命的河流。

母亲节，我祝愿我的妈妈节日快乐，永远健康。还有多识字，好好学习，天天向上！

家教成功的关键

在清代，全国排名前十六位的大财团基本都在山西。

八大晋商乔家、常家、曹家、侯家、渠家、亢家、范家、孔家，仅仅这八家的家产相加，数量超过一亿白银。这是什么概念？一亿白银比当时大清的国库还要殷实饱满，说晋商富可敌国，不是一种修辞，而是一个事实。

晋商在中国近代史上，稳居全国商帮之首，称雄商界五百余年。这八大家族，彻底打破了富不过三代的怪圈，曹家和常家等很多家族都兴旺了九代。如果不是历史和朝代的变迁，晋商大家族的繁荣很可能还会持续下去。

那么，这究竟是什么原因？

我有一个朋友去山西旅游，看了这几大家族，印象极为深刻，他对晋商的家庭教育有很大的感慨。我曾担任全国课改名校山西太谷二中的学术导师，多次去太谷二中讲学，也曾因此游览了常家和王家大院等景点，当时也有很多细节上的发现。

一是晋商对教育的尊重。

乔家的商业奠基人乔贵发致富后，没有得意忘形、大手大脚，反而坚决杜绝浪费，建立私塾，教导子孙勤俭持家。乔家第三代乔致庸当家后，首先扩大私塾，在乔家大院里修书馆，重金聘请了当地名儒刘奋熙执教。乔家第五代乔映霞当家时，又开设了文史、数理化等课程。从名师到名课程，加强了对子孙的文化教育。

曹家也重视教育。曹家第一代曹三喜，一开始一穷二白，后来在热河与人合伙做豆腐，生意太好，赚了很多钱。当地人掌握了做豆腐的方法，就想独霸生意。双方对簿公堂，由于曹三喜不识字，被当地人坑了。曹三喜痛定思痛，下定决心要让后代读书识字，把辛辛苦苦挣来的大部分钱都用于子孙教育。曹家从第十四世发家到曹氏第二十二世衰落，共计九代。常家也兴盛了九代。这一切都与教育有关。

晋商都是自办私塾的。为了尊师，乔家每年聚会，大宴宾客，一定有一个特殊仪式。甭管你在商海如何叱咤风云，如何翻云覆雨，也一定要尊师，否则就是家族的罪人。族长把老师安置在正席，四平八稳地端坐着。然后，族长带着全家人，洗手焚香，恭恭敬敬地拜先生。每一道菜上来，先生先动筷，先生先发话，先生之"先"体现得淋漓尽致。

这是大事，小节上也有仪式感。在乔家任教的每位老师都配有两个书童伺候。老师不但伙食与主人家相同，而且吃饭时至少要有一个主人陪同，老师还要坐上席。乔家都是以高薪礼聘老师，逢年过节的红包不算，老师年薪都在二百银圆以上。老师回家都有轿车送，主人们一字排开送到大门外，等老师上车以后才能返回，老师回馆来又是同样迎接。仪式虽然烦琐，但潜移默化地把尊师做到了极致。做老师的荣耀到了这个地步。连老族长都如此尊敬老师，谁还敢不敬老师？谁还敢不听老师的教诲？

二是晋商对竞争的重视。

晋商家族，是一个个巨大的利益共同体。这个利益共同体的维护，靠亲密的血缘关系，更靠严密的家族制度，故而以父权为核心的晋商家族制度，成为晋商的兴盛之道。

晋商家族制度，不仅包括家法、家规等明文确定的条款，还囊括了一些地方习惯和约定俗成的惯例。那么制定既包括成文法，也包括习惯法的家族制度的人是谁呢？正是家族中的族长。

族长拥有着整个家族最集中的权力，是家族制度的制定者，管理着整个家族的所有事宜，包括发展方向、商业经营、婚丧嫁娶等。族长虽然也遵守家族制度，但在家族中一言九鼎，某些时候甚至拥有生杀予夺的大权，其威信在家族中达到极致。

那么，问题来了，晋商的族长又是怎么选拔出来的？

答案是公平竞争，最终自然而然，脱颖而出，心悦诚服，众望所归。

竞争无处不在。我们总认为竞争是不好的，是不对的。事实上如果公平竞争，和谐竞争，又有什么不好呢？

晋商族长的产生完全伴随着无处不在的竞争。首先是私塾教育的竞争。家族聘请最好的老师进行个性化的教育，每隔一段时间都要进行考试，成绩直接上报族长，由族长进行奖惩。每次成绩优异者都会被记录在案。晋商对做官不感兴趣，但却把读书作为第一要务，只是绝非读死书那么简单。晋商的私塾一般按照以下步骤进行教学：年少时，授启蒙识字读物，如《三字经》《百家姓》《千字文》等，还有《方言应用杂字》等地方性的幼学读本；渐长后，开始基础文化教育，如《小学》《颜氏家训》《孝经》《幼学琼林》《朱子治家格言》等。

其次是商业实践技能和商德的竞争。在这方面，一是在从商经验丰富的老师的指导下学习各种技能知识，如打算盘、背诵《银色歌》与《平码歌》等，此外还必须学习少数民族语言与外国语。二是进行职业道德教育，这可以总结为三十个字："重信用，除虚伪，节情欲，敦品性，贵忠诚，鄙利己，奉博爱，薄嫉恨，喜辛苦，戒奢华。"经过严格的训练之后，潜在继承人的实际商战能力得到很大的提高，这也直接促进了家族商业的发展。

最后是真实的磨炼和竞争。成为商业能手，能独当一面之后，每年还需要进行刀刀见肉的竞争。族长会把各个潜在的继承人派往各个要害部门进行磨炼，让他们独自带队拼杀，在游泳中学会游泳。最重要的是，每年年关这些人都必须回来，在家族大会上上交这一年的经营收入，也就是进行述职报告。这个述职就是实打实的竞争，非常公平，非常理性。大家摆事实，讲成绩，谈绩效。一样的条件，一样的本金，能够干得出彩的，一次次拔得头筹的，具有商德和品行端正之人，就是这个家族未来的族长。

这样选拔出来的族长，不仅能力出众，往往还特别隐忍，能公平照顾到各房的利益，使得整个家族拧成一股绳，一损俱损，一荣俱荣。晋商因此特别团结，具有特别强大的战斗力。

晋商大家族每隔几年都会对族谱进行增补和修改，违背族规的人会被直接剔除出族谱，这种惩罚比杀头有过之而无不及；考取功名和对商业发展有贡献者则是永载"史册"。这一奖惩措施又将竞争落到了每时每刻，成为督促各个分支不断进取，甚至是制约族长的重要因素。

三是晋商对创新的重视。

明清时期的晋商最成功，简直无孔不入。这个无孔不入包含了三层含义。一是无处不在。晋商的商号遍布全国和周边国家，甚至发展到了欧洲。民谚称：凡是有麻雀的地方就有山西商人。二是无所不包。晋商经营的行业涉及粮油、茶叶、盐、中药、金属、矿产、典当、金融、丝绸、棉布、颜料、杂货、木材等，应有尽有。这在其他商帮中是极为罕见的。三是无不敢为。晋商作为中国十大商帮之首的重要历史贡献是开设票号和开辟"茶叶之路"。

票号的开设是中国金融业最具里程碑意义的事件。票号开设之后，"既无长途运现之烦，又无中途水火盗贼之险，而收解又可两清。商业之兴，国富以增，票庄历史上贡献不可谓不大"。票号亦被称为中国现代银行的"开山鼻祖"，由此足见其影响。

"茶叶之路"则是在丝绸之路衰落后，由晋商开辟的另一条国际贸易大通道，虽然"茶叶之路"在开辟的时间上晚于丝绸之路一千几百年，但就经济意义和商品负载量来说，却可以与丝绸之路相媲美。

晋商有大格局，丝绸和茶叶成为中国通往各国的重要名片。在经商的模式上，晋商也是独具匠心，很多模式都开近代商业模式之先河。一是从朋会制到伙计制。朋会制就是一方出资，一方出力，也就是俗称的"有钱的出钱，有力的出力"，但只有两方。伙计制就是合伙经营，一个人出本，多个人出力而共商，这样的组织比较松散。二是按地区形成商帮。商帮是在伙计制的基础上，以地域乡人为纽带组成的群体。晋商是历史上最团结的一个群体，他们互通有无，互帮互助，这成了晋商的一个标志。商帮因为有地域勾连，相对而言比较稳定。三是成立联号制和股份制的群体组织。联号制是由一个大商号统管一些小商号，类似西方的子母公司，从而在商业经营活动中发挥企业的群体作用。股份制是晋商在经营活动中创立的很有特色的一种劳资组织形式。股份制的实行，让劳资双方均可获利，极大地调动了全体员工的积极性，让群体作用在商业企业的经营中得到了充分的发挥。

无处不在、无所不包和无不敢为，说明了晋商的开拓精神，这一切归根结底还是与教育有关。晋商的教育推崇实战，推崇实效，本质上就是推崇创新。儒家是"学而优则仕"，晋商则提倡"学而优则商"，可见其不循常规，为我所用。

晋商有"宁要一家店，不要做知县"之说，可见在那个时代，晋商把挣钱看作第一要务，唯有堂堂正正地通过创新和劳动挣来金钱，才能过上有尊严的生活。但这一切都是教育之功。

我由读晋商家教的这点感悟，想到我们今天的家庭教育，不由得一声长叹。历史的车轮轰隆隆向前，不等于教育的理念也发生了变革。我们有时候还是过于急功近利，甚至还造成了倒退。

爸爸去哪儿了

《朗读者》第三期麦家的朗读——《致信儿子》，绝对催泪。麦家希望为大众代言，把自己特殊性的感受变成一种普遍性的感受，他提出了一个重要的问题：男孩子的叛逆是一种生命现象，我们要如何来面对？

如何解决男孩子的叛逆问题，这几乎是一个世界性的难题。爸爸去哪儿了？在很多漫画中，爸爸是没有脸的，或者只是一团云雾。孩子对爸爸的印象模糊不清，在孩子的成长中，爸爸是缺席的。但在孩子的不良印象中，爸爸却又是坚硬的。

我们的教育中，常常是母教泛滥，父教缺失。司马光砸缸的故事，让我们看到了一个沉着冷静、勇救他人的小英雄形象。然而，这种宏大叙事的背后也有隐忧，如果司马光不是施救者，而是溺水者，并且旁边没有另一个救他的"司马光"，司马光究竟该怎么办？

我们历来都强调"他救教育"，很少关注孩子们的"自救教育"。然而更多的时候，我们首先得学会自救，然后才能救人，否则你连自己都救不了，还能救谁？

如何自救，如何做一个能够拯救他人的强者，往往需要我们的父亲指导。但父亲还是一如既往地缺席了。我们的教育常常从美德出发，着眼于公德的弘扬，关注的是社会效益，从而容易忽视了具体的人。比如见义勇为、舍己救人、舍身为公等"他救教育"固然重要，"自救教育"也必不可少。

"慈母手中线，游子身上衣"，我们的母爱教育源远流长，与此相应的是，我们的母教也大为兴盛；但很多时候，我们忽视了父亲的爱，以及与此相连的父教。

从传统教育中的严父慈母，一直到现在的父主外母主内，孩子的教育大多都是孩子妈的事。父亲只管挣钱，只在孩子犯错的时候，母亲才把孩子交给父亲来"执行家法"，要不然家庭教育基本上就没有父亲的事。

父亲扮演这种尴尬的角色，也使得孩子和父亲失去了天然的亲近感，避躲父亲成为一个趋势，贾宝玉就是一个典型的例子。母亲教育孩子时，常常说，孩子你再不听话，我就告诉你爸爸了。这种教育中，父亲其实并不在场，并基本上沦落为了一个符号。可以说，父教的缺失已经成为当前我国家庭教育的一个隐患。

孙云晓先生对中美日韩高中生进行的比较研究显示：四个国家高中生的首选倾诉对象中，中国父亲的排名是最低的。

对于这一结果，我们一点儿也不奇怪，只觉得十分有趣。我们的父亲不大教育自己的孩子，但对孩子的要求却是最高的。这是典型的"小投入，大产出"的急功近利的思想。也许他们是这样想的："我负责挣好钱，你们负责读好书。"这就像是一个契约、一种交换，如果孩子做不到就是辜负了老子，就是没有良心，就是不孝。

我们不妨和日本做个比较，日本的教育是鼓励孩子做普通人，我们的教育是让孩子做非凡的人。我们的传统一向是不甘心平凡，这当然有积极意义，但非凡的人毕竟是极少数，僧多粥少，这就是矛盾所在。

著名的儿童教育家阿德勒认为，儿童的健康成长离不开母亲之爱和父亲之爱，无论缺少哪一个方面，孩子的成长都是残缺的、不完整的。

母亲之爱的作用，是给予孩子一种生活上的安全感，而父亲的任务是教育和指导孩子怎样为人处世，怎样面对将来可能遇到的种种困难。一个好母亲的爱不应该成为孩子成长的障碍，也不应该助长孩子的依赖性。母亲应该相信生活，不应该惶恐不安并把这种情绪传染给孩子。她应该希望孩子独立并鼓励孩子最终能够离开自己。

父亲的爱应该坚持某些原则并对孩子提出要求，应该是宽容的、耐心的，不应该专横而粗暴。父爱应该帮助孩子认识自身的力量和能力，建立自信，最终让孩子成为自己的主人，从而能够摆脱父亲的影响，独立、健康地成长。

孩子婴幼儿时期，以母亲之爱为主，孩子感到安宁、温馨、安全和温暖，建立起对世界的初步认知和与世界的初步联系。到了小学阶段，父母之爱责任各半，感性和理性匹配，规训和教化同在。到了初高中阶段，母亲之爱的影响力逐步下降，父亲应该承担主要的教育责任，但我们因为传统思想的影响，以及应试教育的挤压，父教严重缺失，又因为男教师的严重缺乏，孩子人生教育中阳刚的一面大为欠缺。这对孩子健康个性、健全人格的发展极为不利。

和谐的教育，应该让孩子在母亲之爱和父亲之爱的交融中成长，并在青春期，通过对父母权威认可的降低，通过叛逆或者是打碎，重新建立起自己的价值底座，然后健康、阳光地成长。

我们应该乐于看见孩子们对我们的背叛，这也是他们成长的必经之路。麦家曾经十几年没有叫过一声父亲，而他的孩子也已和他对抗了十几年。为了避免当初自己父亲的那个宿命，麦家放下身段，给儿子写了那样一封信。"如果有一天，你的父母变得小心翼翼了，那不是因为惧怕，而只是因为爱。""孩子像河流一样唱着歌流去，冲破所有的堤坝。但是，父母却像山峰那样留在那里，忆念着，满怀依依之情。"

有首诗歌中是这么写的：尽管有一点痛，但我们还是快乐。因为孩子走了，前程万里。

"双减"之下，父母怎么教孩子

在朋友圈看到潘老师和自己的孩子做游戏，一下就被暖到了。

潘老师是我们语文组老师，她淡泊宁静，不急不躁，永远是微笑的样子。我从来没看过她着急，更没见过她生气。她不是"考师"，也不是"经师"，而是一个真正的"人师"。叶圣陶先生说，教育为人生，她完全践行了叶老的这条原则。

很多孩子毕业之后，都和她成了好友，她教给他们很多做人做事的方法，包括一些生活的细节。

起初小王子（我的儿子）闹着要买猫，我们找的就是她的学生小顾。小顾受潘老师的委托，全心全意，带着我们走街串巷看过很多家猫，教给我们很多养猫的知识。一直到今天，只要养猫的过程中出现任何问题，我们都找小顾。小顾几乎成了我们家云朵的私人医生。

潘老师有两个可爱的儿子，一个沉稳，一个灵动；有一个非常爱妻子的先生——她先生很有能力，以前是某公司亚洲区总裁，现在自己出来做企业，非常顺利。潘老师把自己的小家营造得特别和谐、温馨、美满。很多朋友说，潘老师是人生大赢家，运气好得不得了。但我不认为是运气，一个人的幸福是靠自己获得的。幸福也是一种能力，也是需要学习的，你是什么样的人，你就获得什么样的人生。

潘老师经营家庭很有一套。在朋友圈看到她组织的比赛，我和程老师都笑坏了。这个比赛叫作穿针引线大赛。

比赛选手哥哥和弟弟，分列在桌子两旁，中间是楚河汉界。一人一把小剪刀、一截线头和一根大小长短相同的针。妈妈坐在中间，在手机上选择秒表。随着一声令下，两个孩子紧张有序地进入比赛状态。但穿针有一个特点，一定要有耐心，欲速则不达。线头也很重要，是不是尖细？尖细还不够，是不是没有弯曲的毛头？有就是死路一条，基本上穿不进。这不仅考视力、考耐心、考方法，也考总结纠错能力。最后的结果是：哥哥胜出。

潘老师总结："第一轮弟弟赢了。第二轮哥哥的速度提升了百分之五十，弟弟的下降了百分之二十。哥哥总结了三个经验：改变洞口朝向，克服手抖，加一个抿线环节。弟弟骄兵必败，是一只易轻敌的兔子。"

我相信这一次比赛，一定成了这两个孩子生命中的一个重要事件。孩子们明白了不能轻敌大意，更明白了要分解出一件事的关键环节，找到每一个环节的要害，解决这个要害就解决了问题。如果这个素材在作文中被运用，我相信全中国都找不到这么好的素材，这篇作文也一定是"中国好作文"。

因为潘老师这个家庭游戏，我想起了另一位女教师茉莉老师。

茉莉老师原是南通某名校的高中老师，弟子中考上北大清华的不少。前几年的某一天，她做了一个匪夷所思的选择：果断辞职，带着自己的孩子周小赵，应聘到南明教育旗下的晨山学校做一个小学老师。她欣赏南明教育的理念，作为一个母亲，她觉得自己应该让周小赵享受更适合他的教育，于是她义无反顾地去了。从名校体制内的高中老师，到普校体制外的老师，收入下降了很多，但她才不管不顾呢。我在她身上看见了魏晋之风。

后来茉莉老师曾与两位朋友来我家做客，有一位老师超喜欢打牌，我那时不知道，但我知道她摄影技术一绝。我们几个人在太湖边摆了很多pose，拍了很多照片，很多照片都成了我们压箱底的大作。

就在那天去拍照的路上，听茉莉老师说，她和程老师一样喜欢花儿。

多年前她特别喜欢干花艺术，然后请爸爸从云南购买干花。一开始她爸认为是胡闹，但拗不过女儿也就帮忙了。茉莉老师根据干花的特点，为每一朵花配一首小诗。枯萎的干花被命名之后，突然就有了蓬勃的生命力，这些作品在淘宝上非常畅销，她赚的钱甚至超过了工资。但茉莉老师突然就不喜欢了，她是因为喜欢而去做的，当这变成一种生意，她的兴趣就荡然无存了。很快她就把火爆的淘宝店关了，乘兴而来，兴尽而返，岂有他哉？

现在她带着周小赵远赴安徽的晨山学校也有这个味道。很快她就洞悉了南明教育的精神实质，学习南明课程、理解南明课程、践行南明课程，她是最到位最厉害最有实效的那一个。南明的老师中人才济济，同样是语文老师，但我对茉莉老师非常钦佩。当然随着茉莉对南明教育的深入理解，周小赵在南明教育也获得了梦幻一样的进步。他们的生命都被打开，人生的各种可能性都被尝试。

就在这时候，茉莉老师的父亲生了病，她必须要回南通照顾父亲。过去的重点中学张开臂膀欢迎她，但茉莉老师知道回来只是权宜之计，她不想二次伤害，于是暂选了一所民办学校。

我是在这所学校讲课时认识茉莉老师的，知道她是南明的拥趸，而南明诸子都是我兄弟。所以我们也算志同道合的人，自然一见如故。第二天离开的时候，茉莉老师与何老师还请我品尝了南通的一些特产，让我听到了南通人长寿的秘诀，她们还给程老师带了很多好吃的。

那以后，我经常关注茉莉老师。她小小的身体里蕴藏着无穷无尽的力量。九月开学之后，茉莉老师又带着周小赵回了晨山学校。原因是周小赵回来读书，经常发烧呕吐，这在过去是罕见的。茉莉老师后来才发现，孩子之所以生病，是因为他不适应南通这边的教育。周小赵说了一句经典的话，值得我们每个老师深思："老师都把现成的答案告诉我们，让我们记下来。学习过程太枯燥了，没有一种生命的激荡感。"

过去我对南明教育的理解不太深入,是周小赵点醒了我,南明给孩子的是什么?是探索的过程,是自然天性的舒展,是生命真正的激荡。再没有比"生命激荡"更能描述美好教育的语词了。

等父亲病情稳定后,茉莉老师带着小赵毅然回到晨山。在南通茉莉老师年薪有30万,但在晨山可能只有10多万元。但相对生命的无限可能来说,金钱什么都不是。后来因为晨山学校的各种原因,南明教育退出了,茉莉老师再次回到南通,回到了最初的民办学校,这次她开始教新课程下的高中。周小赵这次找到了感觉,茉莉老师一直用南明的理念来激发孩子的生命激情。只要精神的丝缕还牵着南明,孩子生命的激荡感就会存在,这既是一种妥协,也是一种坚守。

在执教高中的过程中,我看到茉莉老师对课程的严格落实,也看到她糅合南明教育理念的一些实践。比如暑假期间,她把学生分成四个学习小组,让学生自主教育和自我评价,并安排记录员,记录每天各人的学习情况,效果非常好。四个小组都是学生自我命名的:得过且过组、芜湖小组、在岗工人要下岗组、龙游文限小组。

截取得过且过组7月4日的作业如下:1.完成衔接作业十;2.完成文言文32,并整理文言文常识;3.完成素材整理(4号);4.准备统一话题写作;5.继续阅读《平凡的世界》,完成阅读单;6.复习文言文《阿房宫赋》。

开学后茉莉老师选择的成果反馈方式是举行暑假生活汇报会,让小组成员登台,"让我来夸夸TA"。茉莉老师也轻轻念出他们的名字,或热烈,或平和,或理性,或激动地夸夸四个小组的每一个人,他们都像勇士一样完成了自己的任务。

当然最好玩的是,茉莉老师还把南明教育关于生日诗的构思理念,化用到了自己的家庭生活之中。但不是要大家创作生日诗,而是在春节举办"我爱我家"新年颁奖典礼。整个活动的策划者就是茉莉老师和儿子周小赵。

周小赵的大名叫赵添翼，他不太喜欢。因为属虎，小名叫小虎，大人叫他小虎他从不搭理。小时候有人问他，长得像谁，他说我谁也不像，我就是添翼，我是我爸爸妈妈的孩子。茉莉老师就说："是的，你就是你，你就是爸妈的小赵、小周、周小赵。"孩子特别开心，一下就喜欢上了这个名字，然后就用上了，现在就变成了笔名和网名。我确信这个孩子的笔名，将来会很厉害。据说南通对孩子的姓氏极讲究，孩子大名必须要姓爸爸的姓，周小赵就在笔名上做了一个平衡。

家庭新年颁奖典礼的核心是颁奖词，由茉莉老师与周小赵两人分工写。由周小赵写颁奖词的是外公周建华、外婆张元兰、爸爸赵海兵和妈妈周小娟（茉莉）。由周老师写颁奖词的是儿子赵添翼、小姨周丽萍和小侄女周容存（垚垚）。在写颁奖词的过程中，周小赵同学看到了家人的付出和辛劳、优点和特长，这就是潜移默化的教育。还有写颁奖词最能锻炼文笔。

周小赵写的颁奖词很有趣。

周建华（外公）：这一年，你战胜病魔！这是你今年最大的胜利！在生活上，你放慢节奏，开始享受生活，每天追剧一小时；你调整心态，性格平和，笑容也多了，似乎一下子年轻了二十岁！你就像打败伏地魔之后的哈利·波特，开始享受没有伏地魔的生活！特此，本年度授予你的生命奖章是：哈利·波特。

张元兰（外婆）：这一年里，你做的菜越来越好吃，你不是在厨房，就是在去厨房的路上；这一年，你依旧忙碌，你不是在照顾外公，就是在照顾周小赵、垚垚，以及不会做饭的女儿。你二十四小时锁定跳操，身体越来越年轻、健康，你追的剧越来越高级！你照顾好自己就是对家人最好的照顾。你就像韦斯莱夫人一样，爱劳动，爱家人。特此，本年度授予你的生命奖章是：韦斯莱夫人。

赵海兵（爸爸）：这一年里，你勤劳工作，努力上进；你无惧"背锅"，任劳任怨。你是靠谱的好爸爸，也是靠谱的好先生，更是靠谱的好儿子！你是我们全家的"靠谱担当"！请继续发扬光大你的靠谱，享受你带给全家人的幸福生活。这样的你，就像小天狼星，和他一样努力、一样爱家人、一样在不断进步完成挑战！特此，本年度授予你的生命奖章是：小天狼星。

周小娟（妈妈）：你自由、任性，没有人知道你下一步想做什么。你要穿什么衣服是随机的，你将吃什么是随机的，你会读什么书、会有什么新主意，在发生之前，都没有人知道。有时平静无比，有时躁动不安；有时饥肠辘辘，有时大快朵颐。你无限随机！就像薛定谔的猫，一切关于你的事情都不能确定，充满着无限可能。特此，授予你的生命奖章是：薛定谔的猫。

小赵对每个人的特点都抓得精准，调侃幽默，灵气十足。外公打败了难缠的伏地魔，一下年轻了二十岁，所以生命奖章是小魔法师哈利·波特。

外婆有两大特点：爱劳动，爱家人。所以外婆"不是在厨房，就是在去厨房的路上"。既然照顾好自己就是对家人最好的照顾，所以外婆爱锻炼就是爱家人。最调皮的是，他还捎带调侃了一下外婆家不会做饭的女儿，也就是妈妈茉莉。没有这一个调侃，颁奖词就缺少了家庭气氛，当然这个调侃也是鞭策。外婆的生命奖章是：韦斯莱夫人。妈妈在家庭成员面前，被小赵不点名批评，尤其是在外婆"不是在厨房，就是在去厨房的路上"的精神的感召下，茉莉知耻后勇，几个月后变戏法一样做出了一桌子大餐，这就是彼此激励的力量。这既是榜样，也是契约：我被批评但改正了，我需要等值的承诺。

对于爸爸，小赵抓住其"靠谱"的特点，因为靠谱，所以能像小天狼星一样不断完成挑战，成为好爸爸、好先生和好儿子。注意，从孩子的角度，不说"好丈夫"而说"好先生"。这个就是灵性，是语言的一种感觉。

对于妈妈，小赵抓住其"任性"的特点，可能小赵觉得"任性"这个词有点贬义，又把"任性"改为一个中性词"随机"。小赵忘记了"随机"和"任性"本质上就是一种创造，面对不确定的世界，最需要的就是"随机"。正因为不确定，所以才有无限可能性。这是一个孩子对妈妈最高的夸奖，生命奖章是薛定谔的猫。

茉莉老师也撰写了颁奖词，给周小赵的颁奖词写得最好。很多词语都是南明教育的话语词汇，这些词汇有一种震撼人心的力量。

周丽萍（小姨）：这一年，你陪伴垚垚一起长大，你学会了做一个温柔的好妈妈。你把所有的时间和精力都给了她，你陪伴着一个有无限可能的小生命慢慢成长，充满了辛劳，但你依旧柔和地爱着她，给她最伟大而周全的爱！你快乐地付出爱，既是伟大的妈妈，也依旧是一个美丽有个性的好姑娘！特此，本年度授予你的生命奖章是：艾丝美拉达。

周容存（小侄女）：这一年，你继续在长大！学会了走路，学会了和大人聊天，认识了很多的东西，你说话更流利了，会看那么多的绘本故事！更了不起的是，你学会了爱护妈妈，你可是断奶小英雄呢！可爱的你多像可爱的精灵鼠小妹啊，一直快乐长大吧，可可爱爱地！特此，本年度授予你的生命奖章是：精灵鼠小妹。

赵添翼：这一年，你在朝向卓越的路上走得稳健而踏实，你用行动和勇气擦亮了这些属于你的美好词语：探索，热爱，好奇，专注，有趣。你对世界充满了好奇，你对知识的起源满含兴趣，你对任务的规划越来越明确，对时间的掌控越来越自由。你学会了爱家人，学会了做家务，学会了吹长笛……在认识世界的路上自由而无所畏惧，你对热爱的和未知的事物充满好奇，一如你的偶像爱因斯坦。特此，授予你的生命奖章是：爱因斯坦。

小赵今年只有十一岁，才读四年级。他的偶像怎么会是爱因斯坦呢？我很好奇，就询问茉莉老师。茉莉老师说，如果确切地追踪起来，应该是阅读打开了他的世界。二年级左右，小赵开始读"可怕的科学"系列，里面有物理系列的，他看了很喜欢。茉莉老师因势利导，就跟紧了，给他买了一箱少儿物理实验器材，家里一直给他订《我们爱科学》杂志的少年版。后来小赵就深陷其中，读爱因斯坦的传记等关于爱因斯坦的作品。还有一个比较助力的，就是科幻小说，他爱读科幻小说，他把刘慈欣的所有作品都读了许多遍，包括刘慈欣的科幻评论。现在他的梦想就是去麻省理工读物理。

在这一段描述中，我看到了一个孩子最初阅读中的自我发现和父母的及时跟进。通过物理实验器材培养孩子的动手能力；通过《我们爱科学》杂志强化孩子的兴趣爱好，每月一期使得孩子的专注力持续得到保证；爱因斯坦的各类传记阅读，使得孩子找到自我镜像，偶像的人格魅力进一步激发了孩子；刘慈欣的科幻作品又打开了小赵的科幻世界之门，一个神秘的物理现实世界和想象的科幻世界展现在这个十一岁的小男生面前。一直到他确立人生的目标——去麻省理工学院读物理。

我记得干国祥提出南明教育的核心意蕴有以下几条：一、人的生命是一个不断书写中的故事。二、每个人都是自己生命叙事的唯一主角。三、成熟了的人，将是自己生命故事的书写者。四、我们的生命叙事所运用的语言，来自母语、文化、阅读，而所有我们遭遇到的人与事，都将是我们生命叙事的一部分，无论美好还是丑陋，无论平淡还是离奇。生命叙事是生命向外敞开自己，不断汲取的过程，是不断创造新语言的过程，是和经典、他者不断相互编织的过程……五、任何一次抉择，都有可能改写整个叙事。六、一次英雄的行为，可能会将一个原本平庸的叙事改成难解的生命之书。

每个生命都是一个不朽的传奇，每个传奇背后都有一段精彩的故事。

而这些精彩故事，自己是唯一的书写者。所以每一个孩子的生日诗至关重要，相当于在每一个出生日和命名日，对自己生命的一次梳理和擦亮。

南明教育极其重视生日诗的书写。一首首生日诗，既是生命的拓展，也是境界的阔大，又打开新的一页，生命故事的编织又有了全新的主题。每一年茉莉都给周小赵写生日诗，周小赵也发誓要"阅读等身"。这是周小赵生造的一个词，意思是每年阅读的图书要达到自己的身高。

在周小赵十一岁的生日诗中，茉莉老师写道：

你问我，爱是什么？幸福是什么？爬过了这座山，另一面是什么？你向世界发出的光亮里，才会有答案。

而现在，它们就躲藏在你的写作里、阅读里，在你给世界的善意里，在你每一天都在起舞的歌唱里。在你用一路的攀登，写下的一行行诗歌里、叙说的一个个故事里……

小赵呢？已是十一岁卓然少年的小赵说："从今年开始，过生日不再刻意准备礼物，我们拥有的够多了，可以开始贡献世界了。"

我们"可以开始贡献世界了"，这是什么境界？这是人类意识、宇宙境界。这才是中国少年该有的模样，这才是中国教师该有的模样。

孩子不努力，家长徒伤悲

收到一位妈妈的留言：

王老师，您好，关注您的文章有一阵子了，家有一个初一的女儿，就读于××中学，一直找不到非要考高中考大学的目标和意义。三科老师都觉得她努力一下上重点高中是没问题的，但她觉得那就是几个分数而已，眼下又不能当钱花；让她拿分数和我换奖励，她又说这和啃老有什么区别。她觉得很多人都是表面看着风光，其实负债累累。她觉得上大学或技校最终都是为了工作赚钱，未必就能说谁比谁行。她觉得班级上的几个同学，比她成绩好的吧，人家上课讲话，下课惹事；偶尔一门功课比她好一些的吧，家里又乱，人又懒，也没有自我见解……王老师，我已然无力引导她了，也知道她目前的学科老师都引导不了她找到努力的意义了。着实不想看着孩子自我着急却找不到目标，因为我确信这孩子未来会有不一样的人生。不知能否有幸得到王老师的一些指点？

这个妈妈的留言，我想公开回复一下，从家庭教育的角度来说，这个问题具有普遍意义，非常有价值。

父母对孩子的教养有两个重要方面。一是对孩子的"支持"，就是经常通过交流沟通、关心陪伴，支持满足孩子特定的需要。二是对孩子的

"要求"，就是通过行为规范、活动监督等方式对孩子进行管教。

从"支持"和"要求"两个维度入手考察家庭教育，我们可以把父母的教养方式分为四种类型：一是权威型（高支持、高要求），二是专制型（低支持、高要求），三是宽容型（高支持、低要求），四是放任型（低支持、低要求）。有且只有这四种类型的教养方式。

在这四种类型中，家长采用权威型教养方式的孩子心理更健康，学习品质更好，其次是宽容型教养方式，而采用专制型和放任型教养方式的孩子心理健康和学习品质都比较差。家长应努力采用权威型和宽容型的教养方式。也就是说，父母对孩子的高支持一定能带来高回报。但高支持的内涵一定要梳理清楚，绝不是无条件的溺爱。

虽然搞清楚了价值导向，但有的家长仍苦于无法区分自己用的是哪一类教养方式，其实有一个简单的办法，我们可以从自己的口头禅来判断。权威型家长的口头禅是：孩子，说说你的困难？专制型家长的口头禅是：你是我的孩子，你必须要听我的！宽容型家长的口头禅是：孩子，你说了算。放任型家长的口头禅是：你怎么样，与我无关。

有一项调查数据显示，某市初一年级学生家长采用的教养方式类型中，权威型占35.4%，宽容型占28.9%，专制型占14.5%，放任型占21.2%，这说明多数家长能够平等、耐心地与孩子交流，给予孩子充分的爱与支持，促进孩子情感、人格和智力等方面的发展。

有了科学实证，现在我们来分析这个家长。我确信这个妈妈是一个"高支持"的妈妈，大概率采用"宽容型"的教养方式。现实的困境是，她特别想给孩子高支持，可现在她给不了，孩子有自己的价值判断，这个价值判断她觉得不对。她之所以觉得不对，是因为她对孩子是有高期待的，"确信这孩子未来会有不一样的人生"，但她又无法说服孩子，这就是她寻求帮助的原因。

但我还是要批评这个妈妈，一个初一的孩子，"一直找不到非要考高中考大学的目标和意义"，这不很正常吗？圣人孔子，也"十有五"才"志于学"。请问，我们自己在初一的时候就知道读高中考大学的目标和意义吗？老实说，很多大学生毕业后还在迷茫之中，花费这么多时间和金钱考大学，其意义究竟在哪里？读书读到三十岁了，走出校门没工作，还要千军万马过独木桥考编，为了碎银几两、宇宙尽头的一个编，花费这么大的代价，很可能还竹篮子打水一场空，这也难怪大学生会迷茫。

这孩子的眼光很犀利。老师说她努力一下上重点高中是没问题的。但为什么要考重点高中？老师和家长能告诉孩子意义吗？估计也不容易。因为成人所谓的意义，本质上就是孩子所驳斥的内容，就那几个分数而已。我们不能只看到冷冰冰的分，还要看到活生生的人。

最刺激我的是，孩子认为这些分数"眼下又不能当钱花"。我害怕这个孩子被功利化的社会裹挟了，污染了，但当妈妈让她用分数兑换奖励，她又理直气壮地拒绝了，说"这和啃老有什么区别"。原来她并不在乎这个钱，我恍然明白，孩子是在反驳我们成人的标准。妈妈让孩子用分数兑换金钱的做法极为不妥，会把孩子学习的动机外化为金钱刺激。当有一天金钱刺激不了时，孩子所有的内驱力就会荡然无存。

值得欣慰的是，孩子的见识确实不同凡响。"她觉得很多人都是表面看着风光，其实负债累累。"为什么这些人表面风光，实质负债累累呢？因为衡量的标准不一样。如果仅仅以分数来衡量，这些人确实很风光。但如果以健康阳光、情感丰富、境界高远来衡量，他们很可能就负债累累了。

这个观点很厉害。我们高中同学二十周年聚会上，我的老同学同济大学博导倪受彬教授说，开东，这个社会很多人腰缠万贯，财大气粗，频频上头条，但他们在社会银行里，可能是负资产，因为他们对社会没有贡献。我们这些人却不能小看，我们可能很贫穷，没有存款，精打细算，甚至显得非常寒酸。但我们教书育人，认真培养下一代，孜孜不倦，假以时日，把知识、文化和风骨传承下去，我们是对社会有贡献的人。在社会的这个银行里，我们是正资产，我们是最富有的人。

两个观点，何其相似！

孩子的例证也没问题。上大学或技校确实都是为了工作。更重要的是，未来毕业于技校可能更容易找工作，因为国家更需要的是大国工匠。职业没有高低贵贱之分，之所以有了，是我们这个社会的毛病，不是孩子的认识有毛病。

一些成绩好的人，"上课讲话，下课惹事""家里又乱，人又懒，也没有自我见解"，这就说明了仅仅是成绩好，还是远远不够的，这也是对我们教育的一记响亮的耳光。只教书，不育人，或者不教书，只教考试，眼里只有分数，把人活生生教成了考试的机器。但人毕竟不是机器，人是有感情、有生命、有思想的人，是思想造就了人的伟大。

这是一个没有被应试教育污染的孩子，或者是一个还没有屈从于应试教育的孩子，但并不等于这个孩子没有认知方面的问题。比如孩子多次说到钱的问题，"眼下又不能当钱花""上大学或技校最终都是为了工作赚钱"。如果眼下能当钱花呢？是不是认识就会改变？如果完全从工作赚钱的角度来说，一切工作都会赚钱，但赚钱有多有少，工作的意义也不相同，对社会的贡献也有大有小，这里面还有很多东西需要辨析。

还有孩子不愿意努力，究竟是因为意识到意义不大而不愿意努力，还是因为拈轻怕重、自身懒惰而不愿意努力？这也值得分析讨论。

所以，当下，对这个孩子来说：一是家长要认真倾听孩子的呼声，和孩子平等对话，纠正孩子的一些错误认知；二是家长要联合老师，努力帮助孩子找到兴趣和爱好，兴趣和爱好是孩子发奋图强的第一动力源泉；三是要用兴趣和爱好帮孩子规划未来，让孩子为自己的梦想努力，最终找到生命的意义感。让孩子拥有不一样的人生体验，当孩子不是从赚钱的角度，而是从人生的兴趣和爱好的角度来思考人生，那么，孩子会为自己的选择努力发奋奔跑的。

我希望这个有个性的孩子越走越好，希望她插上理想的翅膀，越飞越高！

两代人的互相猎杀

阅读了意大利作家迪诺·布扎蒂的《老人猎杀小组》，惊心动魄，好看极了。

故事是这样的。

在某个城市，新生代对老人们极为鄙夷。孙子对祖父、儿子对父亲都怀有阴郁的仇恨。也许这是通病，所有年轻人，对老年人都有一种难以抑制的愤懑，但在这里无疑更加严重。年轻人认定老人要为下一代的不满、郁闷、失望、不快乐负责。这种情绪一天天酝酿，越来越严重。

唯恐天下不乱的电子媒介推波助澜，吹捧、同情、阿谀、鼓动、诱惑年轻人，使得年轻人更加血脉偾张。政府当局睁一只眼闭一只眼，谁敢老来疯向年轻人挑衅谁就倒霉。老年人被这燎原之火吓倒了，只能不断迁就年轻人。但不论老年人如何退让，年轻人都不买账，他们自认为是世界的主宰，当下就要接过老年人的权杖。他们的口号是年龄即罪恶。

发展到最后，新生代成立了一个冷血组织。一到晚上，就开始发飙，他们四处猎杀老年人，凌辱老年人带的女伴。特别可怕的是，凡是四十岁以上的人，在年轻人的眼里就是老人，都是猎杀的对象。所有四十岁以上的人晚上基本都不敢出门，风声鹤唳，草木皆兵。

故事就从这里开始。四十六岁的罗伯特是一个纸厂的主管，他夜里两点有急事出门，还带上了自己的女伴，一个年轻漂亮的姑娘，在霓虹灯下她鲜红的唇仿佛盛开的花朵。罗伯特下车办事，突然三五个，也许是六七个人朝他围过来，他们发出高亢的口哨声："扁他，扁这个老头！"

罗伯特高喊女友让她开车快逃。女友油门一踩逃走了，他们的第一目标不是她。

罗伯特看见了为首的那个高个子，衣服上绣着白色大写的R。这是冷血帮派老大塞丘·雷钩拉的名字字首。据说遭他亲下毒手的老人已多达五十几个。罗伯特浑身冷汗，觉得大祸临头，一旦被抓住，就是死路一条。好在他虽然四十多岁，但一直健身，动作还挺灵活。他开始逃跑，攀爬墙头，穿越山丘，速度不亚于年轻人。几个年轻人一直追赶，试图围剿猎杀他。其中一个人追着追着，突然有点犹豫，他恍惚认出那个逃亡者似乎是自己的父亲。雷钩拉说，那更要追杀，我们这是给你们家除害！于是又继续追。

经过大半晚上一次次险象环生的追杀，罗伯特最后被赶到一个山脊上。雷钩拉根本不用出手，罗伯特一脚踩空，跌落下荆棘密布的陡坡，扑通一声，然后是痛苦的呻吟……

故事写到这里，只是发人深省，还不够让人震惊。震惊的还在后面。

一个晚上的追捕猎杀之后，他们累了。雷钩拉跟那女孩并肩走着，走到一个灯火通明的广场。

"你头上沾到了什么东西？"

她说："你呢？你也是。"

他们靠近对方，互相检查。

"天啊，你的脸怎么啦？还有，你头发怎么都白白的？"

"你也是，你的脸也变得好吓人哦。"

突来的恐慌。雷钩拉从没这样过，他贴近一个橱窗想照照自己。他在玻璃里看到一个五十岁左右的老男人，双颊和眼睛都已失去光彩。他试着微笑，发现门牙掉了。是在做噩梦吧？转身一看，从广场另一端冲出三个年轻人，五个，不，是八个，发出高亢的口哨声："扁他，扁这个老头！"

雷钩拉拔腿就跑，使出所有力气。可是力气实在不多了，年轻、自负、桀骜不驯的青春，原以为有一辈子那么长，挥洒不尽，却只在一个晚上就燃烧殆尽。如今，无可挥霍。如今，老头是他。轮到他了。

故事到这里，戛然而止。我在惊叹之余，想起了很多。我们感慨年轻人与老年人观念的对立，思想认识的不同，行为处事的差异。我们都知道这个代沟非常深，但没想到这种隔阂会成为仇恨，这种仇恨可以达到猎杀的程度。但小说这样写，我又觉得是可信的。唯其可信，所以更感到恐惧。

其实，也很难责怪这些年轻人。在他们成长的过程中，老一代也一次次猎杀他们。不是行为，更多的是语言的暴力或者权力意志。

有多少孩子有自己的主见？有多少孩子能为自己而活？有多少孩子的兴趣爱好被摧残？有多少孩子的个性特长被扼杀？有多少孩子的身体健康被损毁，心灵内涵被抽空？我们总是以"为了你好"把孩子垄断在自己手中，使他们成为我们的玩具、道具和工具。这也是猎杀。有的猎杀是有意识的，有的猎杀是无意识的；有的猎杀是肉体的，有的猎杀是心灵的。

心灵的猎杀更加隐蔽，也更加灾难和持久。

看到朋友的一则忏悔。他说有一次他写了一篇文章谈教育，很多人留言表扬他。认为他有爱心，有水平。但也有一个人写了长长的一篇文章，不是夸他，而是狠狠痛骂他，骂他徒有虚名，枉为人师，猪狗不如。那是他一个毕业十来年的学生。朋友慢慢想，终于想起了症结所在。那是他第一次做班主任。有一回学校要求学生填一些表格，表格收上来后却发现有的人父母一栏没填，于是他在班里破口大骂："这点事都做不好！我强调多少次，父母栏是必须填的，你们是不是没脑子？还是没父母？"最后一句，让这孩子记恨了十年，不可调和，永不原谅。

朋友说过之后就后悔了，以为这是无心之失，但没想到真有孩子没父母。对这个特殊孩子来说，这句话简直是诛心之论，像一把刀子插入了孩子的心灵，对这孩子的伤害无以复加。朋友说，那个学生骂得对，这是自己终身的遗憾，也是无法弥补的亏欠。他想道歉，但一句轻飘飘的道歉有什么用呢？能够抵消十年的锥心之痛吗？

　　类似这样的虐杀还有很多。这是两代人的战争，相爱相杀，不知何时得了。但如果摒弃一切，就如鲁迅所说，宏儿和水生，"他们应该有新的生活，为我们所未经生活过的"。

　　对于年轻人，我们只是目送，不必追。如果我们不曾虐杀孩子，未来他们也没必要猎杀我们。多年父子成兄弟，各美其美，美美与共。

有多少父母活在孩子的黑名单上

写下这个标题，心里不由得一阵抽搐。没有任何一个国家的父母，有中国父母尽心尽力，也没有任何一个国家的孩子，有中国孩子这般忤逆。

9月份大学开学，"挈妇将雏鬓有丝"，大人将孩子送到理想的大学。好容易挨到国庆节，南方某高校两个老教授喜滋滋地到南京探望大一的女儿。他们一点没透露风声，想要给女儿一个惊喜，结果却受到了一场惊吓。小姑娘声色俱厉，责问："没有得到我的许可，谁让你们来的？我约好同学去苏州玩，你们自己看着办！"说完，小姑娘一扭头走了。老两口在南京待了半天，一把鼻涕，一把眼泪，灰溜溜地回去了。

我曾为此写过一篇文章《你那么爱孩子，你孩子知道吗？》。其实知道不知道并不重要，重要的是，孩子根本不会在乎。从小到大，我们的孩子一直都活在锁链的束缚之中，家长的、老师的、社会的、生活的，把孩子勒得透不过气来。一旦考入大学，能不能创造一个新世界，孩子们不敢说，但首要的就是，一定要砸碎这些旧锁链。

从高中突围之后，几乎所有的孩子都不希望父母再约束自己。一旦父母还要自以为是、自命不凡，基本上就是自作自受。

王猛父母就是典型的案例。据成都商报《北大毕业美国留学生万字长文数落父母，12年春节不归，拉黑父母6年！》一文报道，王猛作为地级市的理科状元考入北大，后留学美国名校，前程似锦，不可谓不成功。但就是这样的学生，却因为从小到大父母不肯放手，"盯关跟"，进而产生了一系列心理问题。等到孩子把自己的心理诊断报告从美国寄回来，父母还是不以为意。这终于触怒了王猛，写信提出"三不政策"：不回家，不见面，不交往。然后就是拉黑父母6年，连邮件也不回。过年过节，父母都对朋友们撒谎，说孩子在美国太忙了，没有时间回国。但这一次，纸里包不住火了，儿子发表了万字长文声讨父母。

究竟是一种什么仇恨，让孩子在拉黑父母6年之后，还忍不住写万字长文怼父母？但这还不是最怪异的，最怪异的是，在王猛万字长文怼父母之后，竟然有无数学子默默为他打气、点赞、喝彩。其潜台词就是，王猛帮普天之下的孩子们表达出了心声，出了一口恶气，提供了一种示范。

我大胆猜想，其实很多父母都活在孩子的黑名单上，之所以没有绝交，不是关系没走到那个地步，而是孩子暂时还没有能力，换句话说，就是父母暂时还有一点利用价值。这是多么痛的领悟！懂得了这一点，我们父母们或许会清醒一点，明白一点，放开一点。

其实我早就明白了。从龙应台写《目送》开始，我就明白了这个道理。纵然你才华绝世，纵然你锦衣玉食，纵然你体贴入微、深情款款、包罗万象，纵然你是龙应台，那又能怎么样？孩子不还是属于他们自己的？龙应台痴情地目送着孩子，但她的孩子却一次都没有回头，走得异常决绝。作为母亲，龙应台明白，只能目送，不必追。作为孩子，安德烈也知道，只有离开父母才能真正长大。这就是最好的父母和孩子，既知道彼此的铠甲，也知道彼此的软肋。更重要的是，他们知道彼此的界限在哪里，从来不会越界。把铠甲交给铠甲，把软肋交给软肋。恺撒的归恺撒，上帝的归上帝。

但我们很多父母就是揣着明白装糊涂，甚至把孩子当成了自己的私有财产。有人问大仲马，您这一生最好的作品是什么？大仲马说，我最好的作品是小仲马，写《茶花女》的那一个。

孩子虽然是我们的作品，但一旦作品发表了，我们也不能改写或者从头再来。西方有一种理论是：作者死了。意思就是，一旦作品创作出来，作者对作品就失去了发言权，作者就相当于死了。每一部伟大作品都是自足的，遵循作品的内在逻辑，按照人物的本来性格自由发展。这一点，甚至作家在写作的过程中都控制不了。

托尔斯泰创作卡列尼娜，原本是要批判女人出轨，但写着写着，卡列尼娜的性格一步步丰满，她如此淫荡，但又如此纯洁。以至于影响了托尔斯泰的判断力，他无能为力，只能不停地为这个女人辩护。

福楼拜也是如此。他悉心五年创作《包法利夫人》，每日写作长达12小时。最后写到包法利夫人服毒自杀，福楼拜顿觉天旋地转，自己满嘴都是砒霜，他伏在地上号啕大哭："包法利夫人死了！包法利夫人死了！"朋友说："反正是你写的人，不让她死不就是了。"福楼拜回答："可她必须死，她必须死啊。无论如何，现实没有留下一点机会让她活下来。"

作品是小说家的孩子，但小说家却远远比我们聪明。小说家知道自己所创作人物的性格逻辑，知道要遵循他们的性格发展，否则出来的就是次品、废品。但我们的家长却总是不明白，大包大揽，把自己的梦想和希望寄托在孩子身上，让孩子实现家长未完成的梦想，光宗耀祖，光耀门楣。

但现在孩子不一样了，他们的自我意识特别强。什么宗、什么祖、什么门楣都不重要，重要的是"我"自己、"我"当下的感受。割断了脐带之后，孩子就脱离母体了，但我们却还以为孩子是我们的。很多"我为你好"本质上都是自私的，是为我们自己好，是我们舍不得，放不下。

但也有家长告诉我，自己之所以代替孩子做决定，理由很简单：孩子还小，不会做决定；孩子太幼稚，不能做决定；让孩子做决定太浪费时间，多此一举，我们吃过的盐比孩子吃过的饭多……但，究竟是谁让孩子幼稚的？是谁让孩子不会做决定的？是谁让孩子不能做决定的？还有一句话是：谁让我生了他啊，我当然要为他负责任。其实，家长这样做，恰恰是不负责任。

最惨痛的一个案例是，苏南某重点中学的一个高一学生，这孩子成绩极为优秀，能进年级前十名，考取名校会毫不费力。孩子家长都是知识分子，对孩子的关爱无微不至，早早为孩子规划好了一切。但，万万没想到，孩子却毫无征兆地跳楼自杀了。跳楼前，孩子留下一份遗书，这是一封血泪遗书，让我感受到了父母沉重的爱对孩子的伤害。

> 我想死是有一段历史的了
> 只不过之前受到诸多事的牵制一直未实施
> 临死前是什么感觉呢？
> 终于要解脱了！我会这么说
> 人怕死是与生俱来的
> 但我觉得活到现在只感觉眼前一片黑
> 以前一直为老师、家长、虚荣等等而活
> 本以为到某某中学能有另一片世界
> 不过好像我还是过于幼稚
>
> 不说这个了
> 我的梦想嘛，是开个不为赚钱的咖啡店啊啥的
> 不出风头，生活俭朴
> 但是许多声音说：不！你要好好读书！读大学！读研！读博！最后出国！
> 这样念下去完全没有意义
> 离我的梦越来越远

可能这样死了很不负责任

死前的话不仅有逻辑的错误也很幼稚

我也想让你们看看你们倾注的心血造就了怎样的一个人

明天的化学考试不想考了

作业也许会做但也不想做了

累了

唯一的羁绊就是爷爷和奶奶

我先走一步了

生命是我的

没有人能为我决定

当我读到"生命是我的,没有人能为我决定"这句话,禁不住放声大哭。想想看,一旦孩子失去了选择权,无止境地代替别人而活,越努力就离自己的梦想越远,这是一种怎么样的生活?这是暗无天日的非洲黑奴生活,孩子当然会失去奋斗动力,当然会感到生命没有意义。

那么我们家长和老师应该做什么?在我看来,家长只要提供必要的物质条件,然后做一个发现者、赞美者和服务者,目送孩子就好了。

香港知名主持人梁继璋曾给儿子写过一封信。这封信看似无情,但把父子关系界定得非常清楚,感人至深。他说:"我不会要求你供养我下半辈子,同样地我也不会供养你的下半辈子。当你长大到可以独立的时候,我的责任已经完结。今后无论你坐巴士还是奔驰,吃鱼翅还是粉丝,都要自己负责……亲人只有一次的缘分,无论这辈子我和你会相处多久,你一定要珍惜共聚的时光。下辈子,无论我们爱与不爱,都不会再相见。"

老师呢？在我看来，老师应该给孩子一样的阳光和雨水，但决不要求他们长一样高，结一样的果。最理想的意象是，老师要做麦田里的守望者，给孩子提供广阔的天地，让孩子自由地创造，合作分享……我们就在麦田边的悬崖旁守望，哪个孩子朝悬崖奔过来，我们就捉住他，把他带到安全的地方，就像放开一只蜻蜓一样，放开他，让他自由地飞。

当年正是亚当不听话，才有了我们人类今天的文明。这就是不听话的意义。设想一下，如果我们的孩子事事都听我们的，早请示晚汇报，是不是会更加危险？

孩子需要抗挫力，父母需要钝感力

报载，2019年4月17日晚上10点左右，上海卢浦大桥发生跳桥轻生事件。监控画面显示，一男孩突然跑下车，迅速爬上桥栏一跃而下，跌跌撞撞的女子未能抓住孩子，坐地痛哭，痛不欲生。

17岁，一个光芒四射的年纪，一个充满无限可能的生命，只因为一件琐事，只因为一场争执，就戛然而止。阴阳两隔，怎不叫人心碎！

但问题是心碎之后呢？过去已经书写，墨迹已经干去，如何杜绝此类事件再次发生，恐怕才是最重要的。是时候了，我们每个成人都需要直面这个问题，反思自己家庭教育中的问题，用光速去弥补，越快越好。

吸取这个惨痛的教训，我的观点是：孩子需要抗挫力，父母需要钝感力。

事发后，很多人痛骂这个孩子不懂事，网络上铺天盖地都在怒骂孩子，有的留言甚至有数万人点赞。"小孩心理素质太差，不要也罢。""长痛不如短痛，如此甚好。""现在的小孩被宠得太过，这种后果是必然的。"

成人会这样想：都已17岁了，都已长大成人了，还算什么孩子？一个人读了这么多年书，却如此轻视生命，如此不负责任，书究竟读到哪里去了？

但不管我们怎么不理解，这就是今天的孩子。你不接受和理解他们，你如何教育？他们血气方刚容易冲动，脾气不佳又缺少耐心。他们天不怕地不怕，但最怕我们絮絮叨叨，最怕我们死守教条、慢条斯理地跟他们讲道理。孩子需要的不是道理，而是陪伴，或者理解。

如果要问，书读到哪里去了？孩子们书其实没怎么读，时间都用在拼考试上了，而缺少生命教育、健康教育、感恩教育和审美教育。难道不是这样吗？

一代人有一代人的幸福，但也有一代人的痛苦和忧伤。老实说，我一点也不羡慕这代人。我们小时候无忧无虑，上树、翻墙、放牛、打猪草、斗蟋蟀……海阔天空，欢快得像一条狗。大人只在吃饭时想起我们："贾君鹏，你妈喊你回家吃饭。"

但今天呢？今天物质是充裕的，但作业也是充裕的。科学是发达的，管控也是无缝对接的。孩子可能饭来张口，衣来伸手，但却失去了自主能力，没有了蓬勃的生命创造力。校园里有不少浑浑噩噩、随波逐流的孩子，一个个像木偶人，除了眼睛间或一眨证明还是活物，差不多就是果戈理笔下的死魂灵。不少孩子的心灵是荒芜的、贫瘠的、失血的，他们只是单纯地活着，没有自主时间，没有自由爱好，一切都被学习填满了。这些可怜的孩子，他们对学习深恶痛绝，对生活无欲无求。六一儿童节，有一个二年级的小学生居然说，他最大的愿望就是希望早一天和爷爷一样退休，不上学了。

所以，对孩子我们要提高他们的抗挫力，加强生命教育，让孩子懂得珍惜生命、爱护生命，懂得生命的绚烂和可贵，人生的夺目和美好，然后在阳光下健康成长。同时要加强素质教育，不以分数作为价值判断的标准，多元评价孩子，让每个孩子都有事干，都有自己的兴趣爱好，都能够获得同等的尊重和爱。让孩子迷恋校园，让孩子喜欢家庭，让孩子对社会充满融入和改造的向往，他们就会热气腾腾地活着，不会走上极端。

那么，父母呢？我觉得最重要的是要有钝感力。《人民日报》说，所谓钝感力，就是不要太以自己为中心，不要过于敏感，不要太被情绪牵着走。换句话来说，要有钝感力，就是不要神经质。事实证明，父母如果神经质，孩子就很难不神经过敏；父母如果失去理智，很可能也将失去孩子。

我是一个父亲，我很同情这个妈妈，我能理解她坐在地上痛哭的追悔和无奈。恨与爱交织，这辈子可能都很难平复。含辛茹苦把孩子抚养那么大，结果却亲手葬送了孩子，这个世界上还有比这更惨痛的教训吗？

教训肯定是深刻的。那么这个妈妈究竟错在哪里呢？

孩子与同学发生矛盾，母亲过来接孩子，心里窝火，开始骂孩子。孩子不想听，要打开车门下车。母亲可能情绪失控，竟然把汽车停在了车辆川流不息的大道上。这肯定不是这个母亲第一次失控，但这无疑成了压倒孩子的最后一根稻草。孩子仓皇逃离汽车，在飞驰的车流中失去了理智，最终做出了令人心碎的选择。

压垮骆驼的，从来不是最后一根稻草，而是每一根稻草。孩子一次次累积的愤怒和不满到了无法容忍的地步，孩子就会以死抗争。孩子可能很糊涂，但有一点他们很清楚：如果他们以死抗争，成人一定会感到痛。愤懑使得他们要报复，要让成人感到痛才痛快。但这个代价太大了，太不值得了。孩子，你们是家人，不是敌人。

生命不属于哪一个人，也不属于哪一个家庭，生命属于大自然的造化，是造物主的神奇。自杀不仅是不道德的，也是不人道的，甚至是逆天的。任何时候，都是绝对不能容忍的，也是不可以原谅的。那些批判孩子的人，你们以为他们冷血，实质上他们也是恨铁不成钢，他们热血沸腾，他们和我们一样爱孩子，所以才会说出如此极端的话。假如我们要轻生，我们被压力和情绪谋杀，看客还会指着我们的伤口说，看吧，这个不明事理的人！所以无论如何，我们绝不可以那么糊涂，那么傻，做那么不好的决定。

那么，遇见了这样的事情，这个母亲应该怎么做呢？或者说，我们应该如何和孩子交流，孩子才心悦诚服？

批评不解决任何问题，我们一定要建设。如何建设？母亲一定要正面管教，一定要赢得孩子的合作。这一般可以分四个步骤。

1. 表达你对孩子感受的理解。

2. 表达出你对孩子的同情，而不是宽恕。

3. 告诉孩子你的真实感受。

4. 让孩子思考解决问题的方法。如果孩子没有想法，你可以提出一些建议，供孩子选择。

比如这个案例中，孩子和同学吵架，又被老师批评，心里很郁闷。现在母亲来了，他更是感到头大。这时候母亲如果一味指责："同学不会无缘无故和你吵架吧，你到底做了些什么？"这就会火上浇油。同学和妈妈都在逼他，孩子会觉得孤立无援，没有任何人理解，就会灰心甚至绝望。

但如果妈妈希望获得孩子的合作，就会换一种态度，以一种友善的语气说："儿子，我敢肯定同学当着其他人的面和你吵架，你一定非常难过，对吧？"（表达理解）

妈妈理解自己，站在自己这一边，孩子抬起头，心里热乎乎的。妈妈接着说："我记得初中的时候，我们班有个同学弄坏了我的自行车，还诬陷是我用自行车撞她导致的。老师不分青红皂白，居然当着全班的面批评了我。我觉得又丢脸又生气。"（表达同情，而不是宽恕）

孩子的情绪缓和了，问，后来呢？"后来，我寻找到目击证人，帮我洗清了冤屈，老师和同学都向我道歉了。但我也向他们表示了歉意。"孩子会问："为什么？你又没有错？"妈妈说："因为我没有好好说理，仅仅因为委屈就和同学大吵一场。一个巴掌拍不响，我应该更加大度一些。我觉得吧，你和同学争吵，或多或少，也与你不够宽容有关，但你可以选择原谅。同学之间，有时候真相并不重要，友情才更重要。"（告诉孩

子你的真实感受）

孩子沉吟了一会儿，说："妈妈，虽然那个同学太过分了，但我确实脾气也不太好。"妈妈说："嗯，我肯定你会这样想。你看能不能想个办法，争取早一点解决，同学抬头不见低头见的，免得太尴尬了。"（让孩子考虑解决问题的方法）

孩子说："明天我邀请他和其他同学一起去打篮球，无兄弟，不篮球。我们还是兄弟。"（孩子自己找到解决办法更好。如果孩子求助，妈妈要提供办法让孩子选择）

妈妈说："好主意，不愧是我的儿子。化解矛盾于无形，智慧和大度兼备。"（及时肯定、表扬、赏识，让孩子获得成就感）

亲爱的朋友，请记住：永远不要和孩子在气头上争论是非，永远第一时间站在孩子的立场上思考问题，永远记得这是我们的孩子，不是捡来的物品，还要记得孩子没了就什么都没了。

孩子是我们的未来，是我们留给这个世界最后的念想。如何让孩子热气腾腾地活着，健康快乐地成长，是我们父母的必修课。

没有人天生会做爸爸

很高兴，今天面对面与妈妈们交流。

我先代表每一个普通的爸爸，感谢你们赐予我们爸爸们一个美好的孩子，并且陪伴我们，消磨了你们的青春和美丽。爸爸们欠你们一个青春、一个梦。

但是被我们搞砸的是，爸爸很少有时间来照看孩子，也很少来研究孩子的教育，爸爸甚至连好好照看孩子的耐心都不足。"天下乌鸦一般黑"，男人的臭毛病也是差不多的。

很难说，我是一个好爸爸。好爸爸不是天上掉下来的。好爸爸是要学习的。可悲的是，当我学会做好爸爸的时候，孩子已经长大了。这个哀痛无论如何也是无法补救的。这是我写《没有人天生会做爸爸》的一个主要原因，既是回忆，也是反思，更是忏悔。还想着在回忆中再拥有孩子一次，唯一没有的，就是教导。

我真的没想到群里有这么多的妈妈，这让我非常感动，中国式的妈妈真伟大！但是，我又必须告诉我们妈妈，光靠妈妈，孩子的教育很难真正成功。就算成功了也不完整，也很难幸福。教育孩子，需要爸爸和妈妈的合力，正如爸爸和妈妈合力才能创造一个小生命一样。

好，下面讲座就开始了。

妈妈们有没有想过一个问题：为什么我们付出那么多的爱，却常常换来身心疲惫？有些爸妈，对孩子疾言厉色，甚至胖揍孩子，孩子却感恩他们，舍不得他们，离不开他们；有些爸妈，把孩子捧在手里，含在嘴里，孩子却成了白眼狼；有些爸妈，斗大的字不识一箩筐，却培养出了出类拔萃的孩子；有些爸妈，学富五车，可孩子却是烂泥扶不上墙……这些奇怪的现象，常常让我们极度震惊，但又无能为力，不得要领。好孩子究竟应该怎么教育？或者说好爸妈究竟应该怎么做？

要想培养出好孩子，首先要知道什么是好孩子，好孩子有哪些特点。连什么是好孩子都没有具体标准，我们怎么培养好孩子？你没有的东西，你给不了孩子；你没有方向，孩子就不会抵达。教育错了的孩子远比没有接受教育的孩子更糟糕。孩子刚出生没有什么不同，但三五年之后，孩子们立马就有了不同，这个差异来自哪里？好孩子未必是父母教育的成果，但问题孩子多半是父母教育的产物。没有不想学好的孩子，只有不能学好的孩子。一两的身教大于一吨的言传，孩子的很多臭毛病都是从爸妈身上学来的。所谓家庭教育，最重要的不是教育孩子，而是我们爸妈的自我教育。只有父母彻底地改变自己，才有可能彻底再造孩子。

比如，爸爸的眼里揉不下沙子，总觉得自己的孩子是天才，与众不同，无法接受自己的孩子是一个普通人的现实。但天才毕竟是少数，更多的孩子只能是一个普通人。我们自己就不是天才，起码没有给孩子一个天才的基因，我们凭什么要强行让我们的孩子成为天才？天才的重担让孩子很累，也让我们爸爸很累。

做一个普通人，有什么不好呢？日本人就是普通人教育："我是一个普通人，但我也有自己的价值，我能给社会带来贡献，我能让他人因为我的存在而感到幸福。"做一个自食其力的普通人并不丢脸，也未必不幸福。相对于优秀，普通人的幸福更容易获得，在我眼里，幸福比优秀更重要。优秀是别人的评价，幸福是自己的感受；优秀有一定标准，很难达到，幸福没有标准，很容易追求。追求优秀，孩子就被优秀绑架，以致失去七彩的童年和快乐的笑脸；追求优秀，父母就被优秀绑架，从而失去了正常爱的能力。

想想看，一个时时感受到幸福的孩子，和一个为了优秀焦虑不安的孩子，谁更显得阳光和健康？一个健康阳光的孩子，更容易发挥他的特长和才能，也更容易变得优秀。优秀伴随着幸福而来，而不是相反。

那么，孩子在什么时候会感受到幸福呢？

首先，夫妻非常和谐，非常相爱，并且把这种爱传递给孩子，孩子就会幸福。

把孩子放在第一位，这不是正常的逻辑关系。夫妻关系永远是最重要的，而且是家庭幸福的逻辑起点，孩子只是夫妻关系的结晶。如果爸妈过度关注孩子，孩子就不会关注爸妈，而且，孩子会觉得自己最重要，会把自己凌驾于家庭之上，认为倾听和接受命令是爸妈的责任。更要命的是，孩子一旦被我们的关注淹没了，就会失去自我，忘乎所以。沉浸在关注和溺爱中的孩子，一开始肯定自高自大，一旦受挫折碰壁，碰得头破血流，又会自暴自弃。这样的孩子将很难应对现实的问题和困难，也必将被未来所抛弃。因此，爸爸要学会适度关注孩子，全身心爱自己的伴侣，妈妈也一样。

和谐的夫妻关系，能营造和谐的家庭关系，而和谐的家庭关系，才是影响孩子成长的第一要素。在一种充满温馨和爱的家庭氛围里，孩子能像野花一样自然成长，肆意坦荡，散发着芳香。

其次，把孩子健康成长放在首位，而不是把分数放在首位，孩子会感到幸福。

把孩子的什么放在首位，决定了我们是不是合格的爸妈，同时也决定了孩子能否得到幸福。把孩子的成绩放在首位，主张打是疼，骂是爱，急了用脚踹，孩子考好了，我们就爱，考得不好，我们就恨，孩子就会感到爸妈所爱的只是成绩，与考成绩的人无关。这样孩子就会分裂，他们会把分数看得比命还重要。他们会认为得到分数就是一切，得不到分数就一无所有。慢慢地，孩子就会变得冷漠、自私，缺少责任感。孩子连自己都不爱了，你还指望孩子爱谁？但如果爸妈把孩子的健康放在第一位，经常和孩子聊天，关心孩子的身体，更关心孩子的心灵，带孩子玩耍，陪孩子做游戏，一种美好的亲子关系就建立了，这会让孩子感受到巨大的幸福。

儒家认为，伦理的建立有三个阶段。首先是身体，孩子的身体有饥饿感，孩子小的时候，我们要经常抚摸孩子的身体，孩子会感到幸福愉悦。其次，在我们的抚摸中，孩子的心理会感受到爱与安全。最后，这种爱与安全感慢慢累积，就会建立起亲情的伦理。这个过程就是"身体—心理—伦理"的逻辑发展过程，这是整个人类伦理的建立过程，也是每一个个体伦理的建立过程。孩子在这个过程中，不仅感受到幸福，还会逐渐建立起家庭的伦理观，感恩父母，珍爱生命。

最后，让孩子独立自主，自己的事自己干，孩子会感到幸福。

一只小猫小狗，你始终抱着它，它也不乐意，更何况孩子？自由是一切动物的天性，孩子更需要自由，永远被攥在手心里的孩子肯定感受不到幸福。但现在孩子的吃喝拉撒，甚至思想与情感，都被家长的爱攫取了。孩子饭来张口，衣来伸手，早上的牙膏是挤好的，晚上的洗澡水是不冷不热的，甚至吃的水果也是削好皮并切成小块的。由于包办一切，我们切断了孩子的成长路径，扼杀了孩子无数种成长的可能。因为与生活隔离，孩子缺少独立面对困难的机会，离开父母的羽翼之后，根本无法立足，也经不起任何挫折。更重要的是，不独立的孩子没有责任心，一旦遇到障碍，只会抱怨别人，而不会反思自己，因为他根本没有自己，也找不到自己。

生命是孩子的，任何人不能用任何理由来替代他们！让孩子独立做决定吧，让孩子傻一点，幼稚一些，自由自在地玩，自己的事自己干，孩子就会感到自由，也会学会幸福。幸福是要感悟的，也是需要学习的。

在幸福比优秀更重要的基础之上，我们再来谈什么是好孩子，或者说，什么样的孩子将来才有可能是幸福的。我心目中好孩子的标准有很多，但以下几条不可或缺：一是善良，永远具有一颗有爱的心、感恩的心；二是坚强，不会轻易被困难打倒，但也会量力而行；三是勇敢，乐于尝试新鲜事物，并与朋友分享；四是独立，能够独立选择自己的爱好，但并不排除在适当的时候请求援助；五是负责，敢于面对自己的选择，因为是自己的选择，所以主动担当、负责，我的人生我做主。

下面，我再来谈，好爸爸是什么样子的，好爸爸怎么教育孩子。

高尔基说："单单爱孩子，这是老母鸡也会做的事情，可是善于教养他们，却是一桩伟大的公共事业。"那么，爸爸如何做好这一桩伟大的公共事业呢？

首先是要把孩子当孩子。

把孩子当孩子，先要把孩子当人。孩子不是我们的私人物品，更不是我们的宠物，我们应该把孩子当人，把孩子当成和我们平等的人，倾听孩子的呼声，尊重孩子的想法，特别是要蹲下身子，看着孩子的眼睛，与孩子轻声说话。

把孩子当孩子，意味着爸爸要了解孩子的内心，不是从大人的角度，而是从孩子的角度出发，了解孩子的成长规律。儿童不是尚未长成的大人，儿童期有其自身的内在价值。因此，要努力保护孩子爱玩、爱游戏的天性，努力保护好孩子的好奇心。比如，给孩子读东西，不要仅仅功利性地追求"有意义"，有时候"有意思"就会让孩子感觉"有意义"。著名作家肖复兴走上文学之路的一段因缘，就常常让我回味无穷。

肖复兴曾读美国作家马尔兹的小说《马戏团到了镇上》：小镇上第一次来了一个马戏团，两个来自农村的穷孩子从来没看过马戏，非常想看，却没有钱，于是他们赶到镇上，帮着马戏团搬运东西，这样可以换取一张入场券。他们马不停蹄地搬了一整天，晚上坐在看台上，当马戏演出的时候，因为劳累，竟然睡着了……这个故事多么简单，但两个孩子渴望看马戏最终没有看成,却格外让童年的肖复兴感到异样。一种莫名的惆怅,一种夹杂着美好与痛楚的忧郁的感受,随着和肖复兴差不多大的两个孩子的睡着而弥漫开来,然后,弥漫到肖复兴的整个生命里去,肖复兴从此走上了文学之路。

这就是故事的意义感,一种来自悲剧的失落占领了孩子的心灵,孩子尽管小,但一样感受到了伟大的失落和共鸣,从此喜欢上了文学。意义感,会带来强烈的学习冲动。从这个角度出发,我们说,没有意义,就没有学习。那么,"有意思"呢?

办公室里有一位同事,她家有一个胖儿子,常常来办公室玩。小胖子特别喜欢下棋,常常缠着大人来一盘,拗不过他,同事只能和他对垒。小胖子非常厉害,三下两下,同事就招架不住了。这个时候,小胖子就开始骄傲了,又是抖腿,又是哼着小曲,又是背着手,慢慢踱步……总之,用尽各种方式,表达对我同事的蔑视。后来,小胖子每下一招棋,就吹着口哨,出去溜达一圈,想用这种方式来羞辱对手。同事忍无可忍,趁着小胖子踱步,偷偷地移动了小胖子一个棋子。小胖子回来后,继续下。最后,风云突变,同事终于把他干掉了。这时候,小胖子突然偏着脑袋,把脸凑到我同事的面前,对他说:有意思吗?

"有意思吗?"电光石火间,我醍醐灌顶,灵台透亮。任何时候,爸爸都要深入反思:有意思吗?我让孩子读这本书有意思吗?我带孩子做这个活动有意思吗?我这样教育孩子有意思吗?这样的追求会增加我们教育的理性色彩。在教育中,爸爸应该把"有意思"和"有意义"结合起来。

其次是要和孩子建立亲密关系。

如何建立与孩子之间的通道,进而获得一种语言密码,走进孩子的心灵,与孩子建立起亲密关系呢?

第一步是接纳孩子,让孩子有安全感。对孩子而言,爸爸就是孩子的天，爸爸不接纳孩子，意味着孩子的天塌了。一个没有天的孩子，可想而知，生活是多么的暗无天日。所以，爸爸必须无条件接纳孩子，给孩子一种生命的安全感，让孩子懂得，无论什么时候，爸爸都是自己最坚强的后盾，这种后盾不附加任何条件，无论孩子多么失败，多么让人失望，就算全世界都对他失望，爸爸依然会爱他、宠他。也就是说，爸爸努力让孩子意识到，他们的价值并非取决于他们的表现棒不棒，成绩好不好，而只是取决于一个事实，他们是爸爸的孩子，他们永远是爸爸手心里的宝。

第二步是赏识孩子，让孩子有成就感。聪明的爸爸总是很少数落和批评孩子，他们似乎总有一双善于发现的眼睛，能看到孩子的优点和价值。认准孩子的赏识点之后，他们会尽力表扬孩子，肯定孩子值得夸赞的地方，增强孩子的自信心和成就感，让孩子觉得："我能行！我真棒！"爸爸要经常跟孩子说："我相信你，你自己可以做到的！"小孩子越自己做事，就越有成就感，自信心就越强。自信心和成就感会让孩子从小就独立。爸爸赏识孩子，一定要赏识他的行为修养，而不要赏识孩子的外貌或成绩。更重要的是，我们要借助赏识来规范孩子，让孩子知道什么是该做的，什么是不该做的。可以说，赏识是最高明的约束。

第三步是爱护孩子，让孩子有温馨感。爸爸都爱孩子，但爱的方式却未必对头。爸爸的爱应该让孩子感到温馨，让孩子觉得家庭是一个温暖的港湾，是能够疗伤的所在。但爸爸的爱绝对不能是溺爱，溺爱孩子只会使孩子变成废物。在我看来，爸爸爱孩子要做到：无条件，有原则。所谓无条件，意味着当孩子犯了错，只要不是大是大非、大奸大恶，就算别人都讨厌他，都不接纳他，我们也要让孩子知道，天不会塌下来，世界末日不会来临，爸爸不会抛弃他们，爸爸依然会爱他们。所谓有原则，意味着我们尽管爱孩子，但决不能袒护孩子。接纳是接纳，错误是错误。爸爸绝不能对孩子的错误视而不见，颠倒黑白，而是要和孩子辨析错在哪里，如何更正，然后和孩子一起承担，共同面对，直至孩子跌倒了爬起来，重新被别人认可和接受。这样我们就使得孩子犯错反而成了孩子成长的契机，要知道，危机和遭遇常常能让孩子更好更快地成长。

第四步是陪伴孩子，让孩子有存在感。对孩子来说，爸爸舍得为自己花时间，意味着"爸爸很在乎我"。爱是需要时间来积淀的，不花时间和孩子相处，一切的爱只能是空谈。舍得为孩子花时间的爸爸才是好爸爸。心理学家研究发现，孩子烦躁、孤僻、冷漠、脾气多变，甚至具有攻击性行为，往往都是由缺少爸妈的陪伴造成的。著名作家池莉说："我发现从古至今，孩子都是一样的，家长却发生了巨大的变化。现在太多的父母只愿在孩子身上花钱，不愿意花时间、精力和心思。实质上是家长变得糊涂了、自私了、盲目了、愚蠢了、懒惰了。"这段话极有道理。最好的教育，就是多陪陪孩子，关心他们，呵护他们，让孩子在爸爸的见证下健康成长。有的爸爸可能要说，我也想陪伴孩子，可是不知道怎么陪伴啊！其实很简单，孩子也许并不在乎爸爸陪自己做什么，只是在乎陪伴本身，甚至孩子只需要一个观众、一个听众。当然，爸爸完全可以发挥主观能动性，陪孩子散步，陪孩子旅行，陪孩子运动，陪孩子阅读，陪孩子游戏，陪孩子聊天……在陪伴中，爸爸和孩子加深了感情，促进了沟通，感受到了孩子一天天的成长，感悟到了血浓于水的亲情与温暖，这对爸爸自身来说也是一种提炼和成就。

再次是让孩子学会选择和担当。

爸爸和孩子的亲密关系建立起来之后，我们还需要引导孩子学会选择和担当。很多爸爸会困惑，为什么我们的孩子那么不负责任？这是什么原因？想想看，孩子把人家东西打坏了，谁来负责？是我们爸爸负责。孩子在外面打了人，谁来负责？还是我们爸爸负责，孩子从来不会负责。古代奴隶制下，一个奴隶杀了人，人家要告奴隶的主人，也只要主人赔偿，从不要求奴隶负责。这是为什么？道理很简单，奴隶没有独立人格，他们不用负责任，也无法负责任。

更让我大吃一惊的是，西方奴隶主为争夺奴隶经常发生战争和冲突，而奴隶只负责后勤，做好饭，服侍好奴隶主，然后，搬一张小凳子看着奴隶主冲杀……等到奴隶主战死了，奴隶就上去收尸、埋葬。打仗不是奴隶的事情。奴隶没有独立人格，他们只负责服侍好奴隶主。这个奴隶主战死了，他们就归属于战胜的下一个奴隶主。这是奴隶的命运，也是他们的本分。

了解了这些，我们就知道，让孩子有责任感，首先要让孩子有自己独立的人格，拥有自己的选择权。价值澄清理论认为，个人的价值或价值观是经验的产物，不同的经验就会产生不同的价值。价值的形成与发展完全是个人选择的结果。有效的价值形成过程可分为三阶段——选择、珍视、行动。美国休斯敦儿童博物馆中有这样一个标语："我听过了，就忘记了；我见过了，就记住了；我做过了，就理解了。"我看过之后，把它进一步概括为："我澄清了，我选择了，我就珍视了。"由此可见，选择和担当相辅相成，没有选择就没有担当。那么，如何让孩子拥有选择权呢？

爸爸首先要让孩子做出与年龄相符合的选择。孩子小时候做的选择越多，就越有主见，未来规划人生的能力就越强。一开始，孩子可能选择不好，但爸爸一定不要代替孩子，一定要让孩子学会在错误中成长，而且一定要让孩子明白，任何选择都会有相应的结果产生，孩子要学会对自己选择产生的结果负责。让我们的孩子从小就常常独立做出决定，对孩子的独立思维和选择判断能力极为重要，孩子会在这个过程中学会负责任和担当。能决断，敢担当，这是领导力的核心要素，具有这种素质的孩子往往能够成就大事。我们无形中让我们的孩子具有了核心竞争力，何乐而不为？

最后，就是爸爸要对孩子进行身体教育和审美能力培养。

孩子在亲密的基石之上，学会了选择和担当，爸爸还有最重要的事情要做，那就是对孩子进行身体教育和审美能力培养。身体是"1"，其他的是"1"后面的"0"，没有了身体的"1"，再多的"0"都没有任何意义。因此，爸爸一定要把孩子的身体教育看成首位。

这种重新发现，首先来自对身体的重新审视和发掘，这就是我们所说的身体教育学。爸爸应该抽出时间带孩子去户外运动，参加锻炼，文明其精神，野蛮其体魄，发现身体的价值，挖掘身体的教学意义。身体教育的真正目的在于：增进健康，增长力量，让孩子产生强健的行动能力与冒险精神，让孩子不至于成为思想的巨人、行动的矮子。身体教育能让孩子自信满满、雷厉风行、决策果断、敢于冒险，而不只是耽于幻想、优柔寡断。更重要的是，身体强健还有一个隐秘的价值：它是艺术冲动的策源地，孩子会因身体强健产生创造冲动和科学精神。在这个特殊时候，爸爸一定要努力帮助孩子摆脱功利主义，带领孩子进入审美主义，提升孩子的精神境界，让孩子过一种幸福审美的人生。

比如我带着儿子王启元阅读古希腊作品，接受古希腊人诗性生活的熏陶，因为古希腊人有真性情和真血性，我爱即我爱，我恨即我恨。特别是古希腊人追求自然主义，将万物渗透进浩渺宇宙之中，这与中国古代的天人合一思想非常相似。古希腊人重情，爱美，坦荡荡，不虚伪，不掩饰。他们所追求的精神之美，完全超越了味觉、触觉、视觉、听觉的心灵感应，在无限的空间里真情激荡。人活到这个份上，才不枉来人世一遭。古希腊人还勇敢地追求形而上，发明了许多"主义"。我们说英雄，人家说英雄主义，我们说浪漫，人家说浪漫主义，人生的境界一下子就提升了。这种生命的提升，恰恰是孩子生命成长的精神导向，是一种理想主义的回归，也是一种精神的张扬，值得爸爸们带着孩子徜徉其间。孩子会在这样的阅读中，提升生命的质感和敏锐度，富贵不张扬，贫穷不落魄。

总之，好爸爸修炼的路，是一条艰苦的路，但征程即真经，当有一天蓦然回首时，我们会觉得，一切都是值得的，因为我们有最好的教育，我们带着孩子看到了绝美的风景，活出了最精彩的人生。

第二章

心灵的困境

> 对宽广的理解力和深刻的心灵来说，痛苦和煎熬总是在所难免的。我认为，真正伟大的人一定体验到世上最大的悲伤。
>
> ——陀思妥耶夫斯基

孩子的心理问题，怎么看，怎么办

2017年，中国青少年研究中心联合日本和韩国相关机构共同开展针对中国、美国、日本和韩国四个国家高中生心理健康状况的调查。

中国的问卷调查取自北京、江苏、四川、湖南、辽宁、陕西6省市的24所高中，有效问卷3238份，美国的有效问卷1519份，日本的有效问卷1705份，韩国的有效问卷2015份。通过对四国高中生问卷调查结果的对比分析发现，我国高中生的心理健康已陷入谷底：水平呈现"四低"趋势，即情绪健康水平低，自我评价低，压力感低，人际支持低；高中女生比男生更焦虑、抑郁，自我评价更低，压力感更高。相对而言，这6个省市的发展程度超出了中国的平均水平，但学生的心理健康状况仍然让人不忍直视，可见中学生心理健康问题的严重性。

2021年10月，教育部官方网站发布了《关于政协第十三届全国委员会第四次会议第3839号（教育类344号）提案答复的函》，明确提出将抑郁症筛查纳入学生健康体检内容，建立学生心理健康档案，评估学生心理健康状况，对测评结果异常的学生给予重点关注。这说明了什么？说明国家已经意识到学生的心理健康问题严重，已经逐步采取有效措施来干预。

小学和初中的状况也不乐观，尤其是在新冠疫情之后。目前各校都配备了心理健康老师，但效果如何还有待观察。为什么这么说呢？因为当孩子找心理健康老师了，大多是心理已经产生问题了，我们更应该在前端做文章。

这让我想起了北京吴云清教授主持的一项调查：孩子郁闷、苦恼时，讲心里话的首选对象。这个调查很重要，因为孩子有了倾诉的对象，情绪得到宣泄，心理障碍就会化解，孩子产生心理问题的几率就会大大降低。

调查对象是北京10所中小学的学生，收回有效问卷433份，调查结果如下图所示。

问题	谈话对象	百分比	排序
郁闷、苦恼时，讲心里话的首选对象	母亲	29%	1
	父亲	5.9%	6
	校内同学	18.5%	3
	校外同学	9.7%	4
	班主任	7.5%	5
	科任老师	0.5%	7
	对谁也不说	28.9%	2

教育不能光靠感觉，靠经验，一定要有数据，要有科学实证。这个调查结果告诉我们三个层面的事实。

第一个层面，青少年的选择意向说明了三点：一是妈妈和校内同学是孩子最信任的人；二是班主任和科任老师的作用寥寥；三是将近三分之一的孩子有话憋在心里，意味着这些孩子对谁也不信任，缺乏必要的沟通和宣泄，心理压力很容易累积起来，最终形成心理障碍。由此看来，未来在解决孩子心理问题时，一定要充分发挥妈妈和校内同学的积极作用，让孩子在家庭和学校都能感受到自己被关注和重视，心里话能够大胆说出来，能够被听见并且产生积极回应。

但这里有一点很奇怪，孩子为什么愿意和同学说心里话，而不愿和老师说呢？能说心里话，意味着把对方当成朋友。同学之间合得来，互相理解，彼此相知，当然能成为朋友，朋友愿为对方保守秘密，所以孩子往往更能够敞开心扉。

即便这是北京的中小学，孩子们也不会向老师敞开心扉。老师也没有真正走进学生心中。当老师没有走进学生心中，事实上教育就没有真正发生。那么，这个责任究竟是在成年人还是在学生身上？这就是第二个层面的问题。

孩子为什么不愿与老师说心里话，调查结果是：一是老师要求严，说了惹他们生气；二是怕说得不对受批评；三是说了没用不如不说；四是学校抓学习，没时间说。由此可见，学生能否说心里话不在于学生，而在于老师，是老师的态度和教育方式出了问题，导致孩子心里话没地方说、没时间说。为了解决孩子的心理问题，我们一定要尊重孩子对我们的信任，要转变态度和方式，孩子的感受大于一切，任何时候都要参与到孩子的心理建设中去。

父母与老师不同，父母和孩子有血浓于水的亲情，孩子觉得靠得住，只要父母较为开明，不简单粗暴，有耐心，孩子的心里话是会对父母说的。师生关系则复杂多了，师生是两代人之间正常的社会关系，教师的角色、地位和身份有着规定性，况且与学生的关系并不是一对一的关系，这就使得师生的沟通有一定的障碍。当然孩子有心里话不和老师说，并不完全表示孩子对老师不信任。老师只要为人正派，尽职尽责，言而有信，教学高效，那么即便不能成为学生谈心的对象，也仍然能够赢得学生的信任和尊重，因为多数学生并无以老师为朋友的奢望。

第三个层面，假如孩子肯和我们说心里话，我们应该如何应对？根据吴云清教授的调查，孩子的心里话大致可分为四种，一定要区分情况认真对待。

一是孩子对时事的想法。首先要肯定孩子关心时事是对的——家事、国事、天下事，事事关心。其次，孩子说得有道理，我们要积极赞扬；孩子说得有偏差，我们也要认真倾听，给予必要的引导，但一定要尊重孩子的想法。

二是孩子对学校、班级或家长的意见。对于这些意见，我们要认真对待。即使孩子有偏见，甚至有情绪化的字眼，我们也不必苛责他们，而要冷静分析孩子这种想法产生的背景，细致耐心地对待。不是锤的击打，而是水的载歌载舞，使得鹅卵石臻于完美。和孩子交流，要永远如沐春风，这一点我做得远远不够。

三是孩子心中郁闷的合理宣泄。这一类大多属于心理"症结"。我们首先要为孩子感到高兴，孩子的郁闷宣泄之后，心理会趋于平静，会重新找到一种平衡。但我们不能止步于此，而要耐心地分析原因，帮助孩子走出心理误区。

四是孩子的个人隐私。一般来说，孩子不会轻易向人倾诉自己的隐私。在这种情况下，我们应以信任的态度倾听，并注重分析其言外之意。最重要的是，一定要为孩子保密。如果是孩子告诉我们的秘密，连孩子的父母也不能乱说，只有这样才能真正成为孩子的"心理按摩师"。

当然还有另一种好办法，我做老师时常常用。我反其道而行之，我先和学生说心里话，快乐、悲伤、郁闷、出丑都和学生分享。孩子们觉得被尊重，觉得我拿他们当朋友，于是也乐意与我分享心里话。当师生的心灵慢慢靠近，这时候教育才真正发生。

假如焦虑笼罩着你

王老师，你好，我每天都拜读你的文章，很喜欢看你的作品，这是我每天最好的精神食粮。我自己的孩子在高二，有两个亲戚家孩子在高三创优班。孩子很优秀，临近高考他们都出现了不同程度的紧张和焦虑，最近几天频繁地接回来想了很多办法调节情绪也没什么效果。能不能请王老师写一些话送给现在的高三孩子，让孩子们淡化焦虑和紧张，轻装上阵。

随着高考日益临近，不少学生紧张焦虑，精神状态欠佳，很多家长也跟着心态失衡，家庭气氛极为沉闷。所有人都知道这样不行，孩子们应该轻松上阵，但说起来容易做起来难。有家长就希望我说一说，考前如何减轻焦虑。他们认为我的话或许管用。我一下子被架到火上，弄得自己也很焦虑。哈哈。

关于考前焦虑，我有三个判断。

一是所有人都会焦虑。

在高考这样的大考前，如果你感觉到焦虑，恭喜你，你是一个正常的孩子！焦虑是正常的，不焦虑反而不太正常，需要引起我们注意。

我做老师的时候，为了帮助同学们认识这个问题，考前两周我会做一个测试。我对全班同学说，感觉到紧张焦虑的同学请举手，结果百分之九十以上的同学举手了。我让同学们回头看一看，大家一看，忍不住哄堂大笑，脸上愁云一扫而空。为什么？因为紧张和焦虑是一种内在的感情，本来大家都处在不明状态中，以为人家全都胸有成竹、冷静沉着，只有自己一个人在瞎担心、干着急、胡焦虑，谁知道紧张和焦虑是标配，根本不是自己独家拥有的。紧张和焦虑一旦被普遍化，也就不可怕了。原因是人都有一种心理，不患寡而患不均，大家全都紧张焦虑，也就无所谓紧张焦虑了。正如胡锡进曾经说的，给大家全都发钱，也就相当于没发钱。

这个小小的活动之后，大家平复了心情，甚至以"我叫不紧张"来互相调侃，到最后根本忘记了焦虑这回事。

二是要与焦虑和平共处。

一般人面临大事，难免会紧张焦虑。贾岛焦虑："吟安一个字，捻断数茎须。"杜甫焦虑："穷年忧黎元，叹息肠内热。"李白更焦虑："白发三千丈，缘愁似个长。"正因如此，我们更要学会应对和接纳焦虑，与焦虑讲和，与焦虑和平相处。

很多人焦虑的内容是：考前失眠怎么办？考砸了怎么办？事实上可怕的不是焦虑，而是对焦虑的焦虑。这种担心强化了我们的焦虑情绪，这种焦虑又使我们感到恐惧，我们陷入这样一种不良情绪的恶性循环。

那么，怎么破解呢？

我曾有一段时间失眠，每天我都早早上床睡觉，结果越渴望睡着越睡不着，越睡不着越紧张，胡思乱想，乱七八糟，到最后竟然真成了失眠症患者。每天我就在调整睡姿和数羊中守着无边寂静的黑夜，一直到天亮。后来的后来，我终于想明白了，既然失眠是难免的，那我就接纳它，不要老想着对抗它。我把失眠当成自己的朋友，和它讲和，与它和平共处，能睡多长时间就睡多长时间，没有睡着的时间也是在休息，只是相当于给睡眠打了个折。因为想开了，心里没负担了，累了自然就睡着了，我的睡眠就这样好起来了，而且越来越好，然后我就走出来了。

焦虑也是如此，我们不把焦虑当回事，我们和焦虑讲和，平心静气对待焦虑。人生在世，总会焦虑几下的，不焦虑难道你面对的是个假高考？这样一想，也就好多了。

我的经验是，考前那一晚睡眠质量不一定有百分百好，但人在注意力集中的时候，精力充沛，思维灵活，那点睡眠质量下降根本不影响考试，所以一定不要担心因为睡眠不好影响自己考试的发挥。第一天考完，到晚上累成狗，绷紧的神经一放松，脑袋还没放到枕头上就睡着了，这是所有学生的普遍情况，所以担心睡不着是一个伪命题。

担心考砸更是一个伪命题，你担心就有用吗？你考砸了人家就考不砸？凭什么长他人的威风，灭自己的志气？你要这样想：我考砸了，人家考得更砸。永远不要为没有发生的事情焦虑，经验告诉我们，如果你担心某件事情发生，那么它就更有可能发生。所以，不必担心，我们只需尽自己最大的努力，求最好的结果。得之，我幸；不得，我命。

三是适度的焦虑是一件好事。

焦虑是一种愿望的表达，焦虑说明我们对自己有很高的期待，希望自己变得更好，不允许自己落后和失败。适度的焦虑是一件好事，我们所要做的，就是把这种愿望变成现实中的动力：考前有规律地整理错题笔记，帮助自己查漏补缺；修改一下自己的旧作文，让自己对新鲜出炉的大作爱不释手；考前把书读得越来越薄，提纲挈领，做到心中有丘壑……这样你还焦虑什么呢？

随着复习的一步步深入，我们就会感觉到自己越来越强大。当我们觉得自己无所不能、无往不胜时，焦虑就会无影无踪。我们摩拳擦掌，迫不及待，我们期待着高考早点到来。考完后海阔凭鱼跃，天高任鸟飞，享受一个最完美的长假期，其喜洋洋者矣！

记得有一年高考，到了后期，都是学生自主学习。我天天巡视，因为无所事事，心里反而没底。学生小冯和小钱是闺蜜，快要开考了，她们嘻嘻哈哈走过来，和老师一一拥抱，可能是看出了我的紧张，小钱把记得满满当当的笔记塞给我，踌躇满志地对我说："王老师，放心好啦，不管什么题，我们都没问题的，相信我们，等着我们的好消息。"然后她们俩潇洒地走进了考场。

我心里的石头一下落了地，这一幕鼓舞着我。这说明什么？说明考试重要的不是题，而是人，是进考场的那个人，是此刻、当下的你自己。我们只要把自己做好了，就没有打不了的硬仗。如果还有问题，那就不是我的问题，而是题的问题，是老天的问题。这不在我考虑的范围之内，这叫作生死有命，富贵在天。

但高考和命和老天无关，高考一定是一分耕耘，一分收获，一定会把你们的汗水和劳动测量出来的。

后来小冯和小钱考得都非常好，小冯考取了南京大学，小钱考取了浙江大学。她们俩报考的专业互补，我问为什么，她们说，将来一起做合伙人创业。孩子们诚不我欺！

很多年前，我走上考场的时候，我的老师集李白的两句诗送我们："仰天大笑出门去""直挂云帆济沧海"。我默念着这两句，豪情满怀地走进考场。

提前预祝今年高考的同学们倚马可待，金榜题名，创造属于你们自己的生命传奇！

警惕优秀孩子的心理健康问题

朋友转来一个轻生孩子的爸爸发在朋友圈的一条信息，信息所述情况大致如下：

孩子小学高年级，极为聪明和优秀，学习从来不用父母操心。在完成学习任务后，孩子还有个人的兴趣爱好，动手能力超强。孩子的爸爸是个很有公益心的人。疫情期间，孩子爸爸想要捐赠医院一款抗疫消毒剂，需要做一个视频介绍，找了一个精通电脑的人一下午都没搞定。这个十来岁的孩子看到了，一个小时做了两个小动画，一个是产品介绍，一个是使用方法，交代得清清楚楚、明明白白。几十万的消毒剂很快就捐出去了，大家很容易就明白其功效，懂得其使用方法。小动画广受好评，足见孩子的聪明能干。

有一天，爸爸接孩子放学回家，在途中接到了班主任老师的电话，班主任偷偷提醒孩子爸爸，孩子可能在玩游戏，而且大额充值，需要注意。同时再三提醒孩子爸爸，一定不要责怪孩子。但孩子听见了这个对话。接完电话后，爸爸说："今天回家必须说清楚！"到家后，孩子迅速下车，还没等爸爸回去，就跳楼了……

这个爸爸还说了两个细节，让人泪目。一个是家人在收拾这个孩子的遗物时，发现了一个小箱子，里面全是这孩子画的漫画和写的书，画得、写得非常有深意，感情极为细腻。还有一个细节是，孩子非常喜爱自己的班主任也是语文老师，最后跳楼的时候，是抱着一本语文书一起跳的。我作为一个语文老师，看到这里瞬间热泪涌出。爸爸猜测，孩子应该是用这种方式表达对班主任的喜爱，不愿意班主任的形象受损……

家长一次次复盘推演这个悲剧，他的结论是孩子太要强了，非常注重自己在老师和同学面前的形象，也不敢接受自己的盘问。更重要的是，孩子一定被恶魔迷了心窍，所以才造成了最终的悲剧。

一个可爱的孩子说走就走了，不单孩子的父母亲人、师长朋友，就是我们这些听到消息的路人，同样扼腕叹息，痛心疾首。生命如此宝贵，青春如此绚烂，未来的路还很长很长，孩子为何说走就走了呢？

他难道不知道父母对他的爱？难道不知道13个年头走过来的不易？难道不知道这一走，父母该如何寝食难安，甚至永远不可能再有快乐？还有他最爱的老师该有多么大的愧疚，或许永远有一块心病难以治愈？孩子何以会走这一步？这背后到底隐藏着什么秘密？

探究这个原因，或许能够使我们的教育少一点悲剧。

在我看来，首先是家庭教育的问题。

这个家长或许是结果导向、分数导向，对待孩子就像管理自己的员工一样。员工只需要活好、工作有效率就一切OK了，但孩子是孩子，不是员工，孩子需要陪伴，需要交流，需要聊天，需要释放，需要发泄，需要倾诉，需要说说体己话，需要开开玩笑，甚至打打闹闹。家庭必须要有一点烟火味，要接地气。

父母心里有对孩子的爱还不够，还需要表白，要告诉孩子，成绩很好，这非常棒，但即便成绩不好也没关系，你们还是会一如既往地爱他，一直爱。你们爱他不是爱他的成绩，是爱他这个人，是爱他的一切，包括他正在改正的缺点。父母永远是孩子最后的后盾，即便整个世界放弃了他，你们仍然是后盾，仍然爱他，绝不会放弃他。

我们看看这个父亲，他实在太忙了，知道孩子成绩好就不再管他了，不知道他画了很多漫画，也不知道他写的书，甚至请别人做小视频，也不知道自己孩子有这个本领。孩子玩游戏，充值的大额的钱从哪里来的？一个 13 岁的小朋友，如何管理大额的钱也是需要教育的，但这些父亲都不知道。一旦孩子犯错后，就是威胁"今天回家必须说清楚"。

复盘到这里，我的心也很痛。实在太可惜了，多么好的一个孩子！如果我们的家长，欣赏孩子的漫画，追捧孩子写的书，不太在意他的成绩，每天和他多交流班级趣事，多听听孩子说说心里话，何至于此！

其次是优秀孩子的问题。

有一个问题一定要引起老师和家长的高度重视：问题最大的不是成绩不好的孩子，而是成绩优异的孩子。不妨细想一下，出事的是不是绝大多数都是所谓的好孩子、优秀孩子？

这究竟是怎么回事呢？我们不妨追问，优秀的孩子为什么优秀？很多孩子不是靠自律，而是靠他律。他们不是喜爱学习，而是太懂事了，他们克制自己的贪玩，用自律满足父母和老师的高要求，用好成绩宽慰父母和老师的心，以换取一些可怜的自由。但事实上他们是不快乐的，他们逐渐被学习绑架了，被好成绩绑架了。优秀成了他们的标签，成绩格式化了他们，学习狭窄化了他们。原本丰富多彩的生活，成了用单一成绩衡量的黑白世界。稍微玩一会儿，他们就有一种道德的负罪感。但辛辛苦苦投入学习，如果再没有取得效果，那对他们就是致命的打击。因为除了学习，他们什么也没有。他们可能也有兴趣爱好，但他们不认为自己的爱好和天赋是宝贵的，不知道那也是很重要的学习，他们以为分数才是一切。所以，当分数失去了，他们找不到自己，自然也找不到存在的价值。

还有一点也不容忽视，对于成绩优异的孩子，老师的重点都集中在孩子的学习上，真正的教育其实是很少的，因为他们无需教育。偶尔的关注，往往也聚焦在他们的成绩波动上。对于优秀学生，很多时候没有教育。这也是很多优秀孩子走出校门之后，反而没有学困生更热爱老师和学校的原因之一。

以这个孩子来看，平常自然是优秀的。一般来说，老师在孩子学习蒸蒸日上之时，不太可能寻找孩子的问题。那么这一次班主任关心他打游戏并且大额充值，为什么？很有可能是孩子的成绩有了波动。孩子打游戏，大额充值，班主任怎么知道的？孩子不大可能主动汇报给老师，父母又是老师通知才知道的，那么大概率老师是从同学那里知道的。对于一个要强的孩子来说，成绩波动是一个打击，大额充值的秘密被泄露又是一个打击，在老师面前形象受损更是一个打击，唯一的温暖和港湾是家庭，但父亲严厉地告诫他：今天回家必须说清楚……对这个孩子来说，这一天的打击实在太多了。根本不是什么恶魔迷了心窍，而是孩子太优秀了，太顺利了，他没有经历过这样的挫折，一时之间想不开，铸成了大错。

但对学困生来说，他们每天经历的都是挫折、冷眼甚至歧视，他们早就从这个过程中锻炼出来，所以油盐不进，百毒不侵，屹立不倒。越是好的学校，有心理问题的学生越多，也就是这个原因。

从这个角度来说，优秀学生的心理健康教育、挫折教育必不可少。同时一定要给优秀学生减压，成绩只是一个证明，并不是生活的全部。

最后是生命教育的问题。

老实说，我们的生命教育其实是缺失的，死亡教育更是一片空白，学生对"死"缺乏最基本的了解和思考。血的教训告诉我们，学校急需开展生命教育，引导学生走出生命误区，教育他们珍惜生命，热爱生命，理解生命意义，建立积极乐观向上的人生观。

生命教育是一种全人教育，既关乎人的生存与生活，也关乎人的成长与发展，更关乎人的本性与价值。生命教育的核心在于，通过生命管理，让每一个人都成为"我自己"，都能最终实现"我之为我"的生命价值。

作为老师，我们应该擦亮一双双对美孜孜以求的眼睛，唤醒一颗颗对文明怦然心动的心，引导、激励学生蓬勃奋发的生命激情，让孩子们感受到世界的纯真和美好，青春的绚烂和可贵，生命的灿烂和光华；还要让他们认识到生命是一个偶然的过程，人与自然是一次美丽的邂逅，爱情中弥漫着甜美和忧郁，真理既充满钻石一样的光芒，又像雨巷中的丁香姑娘一样可望而不可即……在美的提炼和升华中，在生命的认识和充实中，让学生独立形成自己美好的思想，形成自己的人生观和世界观。生命美好，亲情珍贵，人间值得。

记得过去每看到一次这样的悲剧，心惊胆战的我，都要第一时间和孩子讨论一番。我想听听他的看法，事实上就是想进行一次生命教育。孩子每次都分析各种可能，每次都叹息惋惜，甚至有点痛苦不安：他们怎么就那么糊涂呢？

再有一次，我们又在讨论，我孩子突然说："爸爸，以后我们不再讨论这个话题了，我懂得你的意思。爸爸，你放心好了，不论出现什么打击，我答应你，永远不会走这一步……"从那以后，我再也没和孩子交流过这个话题，关于生命话题的讨论已经结束了。一旦解决了这个问题，其他的都不是问题了。一个人连死都不怕，还有什么值得可怕的呢？

汪国真的很多诗歌我觉得缺一点诗味，但他有一首诗歌非常好，可以拿来作为生命教育的蓝本。标题是《热爱生命》。

> 我不去想是否能够成功
> 既然选择了远方
> 便只顾风雨兼程
>
> 我不去想能否赢得爱情
> 既然钟情于玫瑰
> 就勇敢地吐露真诚

我不去想身后会不会袭来寒风冷雨

既然目标是地平线

留给世界的只能是背影

我不去想未来是平坦还是泥泞

只要热爱生命

一切，都在意料之中

  我希望我们每个人，一定要把时间空出来，和我们的学生、孩子认真交流一次。从汪国真的《热爱生命》到史铁生的《我与地坛》《秋天的怀念》《合欢树》……好好进行一次生命教育。我们再也不能出现下一个悲剧了，任何东西与生命相比都不值一提。我希望我的读者孩子们，永远，永远不要做傻事！

  汪国真说得真好，只要明天还在，我就不会悲哀，冬雪终会悄悄融化，春雷定将滚滚而来！只要热爱生命，一切都在意料之中！因为青山还在，还担心没柴烧吗！

能否安静下来，让孩子们过一个好年

在我眼里，上有老下有小的"大人"，快要成为贬义词了。

经典作品《小王子》也是这个观点。在小王子的眼里，大人们糟糕透顶，什么都不懂，总要小孩给他们解释，当然孩子们会耐心和大人讲道理。他们语重心长地教导大人：

"大人们总想着去解释，可他们忘了语言本身就是误会的根源。"

"一旦你驯服了什么，你就要对她负责，永远负责。"

"最大的问题不是长大，而是遗忘。"

"所有的大人都曾是孩子，可惜只有少数人记得这件事情。"

之所以想起大人和孩子之间的矛盾和代沟，是因为一个好孩子给我的留言。这孩子一看就是一个非常棒的孩子，她跟我说：

> 王老师好，我是个学生，我好累呀。我是一个一直不敢去医院看精神科的小女孩……王老师我很喜欢你的文章，我从初一开始慢慢了解你，马上快初三啦。
>
> 不知道这个图片对王老师有没有什么影响，先跟王老师道个歉。

是一张被利器划伤的手臂的照片。看到这张图片，想到一个花季孩子对自己的伤害，我的眼泪止不住地往下流。

我很感激她，她从初一就读我的文章，读了快三年了，慢慢了解我。我的很多长篇文章她能看下来，真心不容易。但我的文章并非灵丹妙药，总是安慰，也不过是安慰而已，孩子们很难治愈。

如果有精神问题，还是要看医生的，而且一定要去看。抑郁不仅仅是心理问题，而是真正的疾病。其实是疾病反而是好事，疾病可以用药物来治疗，并且可以治愈。

重要的是勇气，勇气是最大的美德。要看精神科，不是孩子你的过错，这是我们的过错，是大人的过错，是教育的过错。更何况任何一个人都不可能一辈子不生病，生病就去治，治好就 OK 了，就这么简单。

孩子又告诉我：

> 这次考试没考好，而且是出乎意料的差，学习不在状态，不知道原因出在哪儿。然后被家长贬低了几天，可能压力比较大吧，就伤害了自己。但我知道这是不正确的，我会找回正确的方式，找回良好的学习态度！

> 刚读完今天的文章，被文章和王老师的思想触动，想着悄悄给王老师发个信息吧。但是没想到王老师真回了我！谢谢王老师！真的感谢！

感谢孩子信任我。一直以来，我都有一个观点，我信奉错误价值论，我鼓励孩子们多多犯错，最喜欢孩子们犯错。先让孩子们大胆犯错，经历错误，探究错误，解决错误，这就是最大的进步。没有错误，可能有分数，但却没有深刻的进步。学习是一个长期的过程，不要在乎一城一池的得失。

孩子你考得"出乎意料的差，学习不在状态"，这都不是事。你只需回到自己的内心，把"出乎意料的差"的原因找到，把错误的试题真正弄懂，把自己的心态调整好，状态自然就回来了。错误都找到，问题都解决了，与考满分没有任何区别。你还会在这可见的进步中获得成就感，这比满分的成就感更大！

家长由于认知的原因，他们贬低你，但你自己不要贬低自己，你是自己的，你人生的路是由你自己选择，你的快乐和幸福也建立在你的自我之上。自我越强大，来自外界的干扰就越小，你的心理就越健康。哪吒说，我命由我不由天，我说，更不由家长。

我也特别想告诉你：将来决定一个人走多远的不是分数，而是一个人的能力和兴趣，永远保持对生活的热爱，坚定自己的信念，永远积极向上，每天都与昨天的自己相比，只要每天有进步，每天的太阳是新的，你就走在正确的道路上，你就是一个最棒的孩子！

我不想多说了，我想告诉所有的家长。这是一个孩子，但她是所有的孩子，而且很可能就是您的孩子。她把袖子放下来，家长什么也发现不了，还是会贬低她，还是拿她与别人家的孩子相比，完全看不到自己孩子的痛苦和伤痕累累。

所以，这个假期，我多么希望，家长们不要纠结于孩子考得怎么样，更不要老拿孩子的成绩开涮，无论孩子成绩好还是不好，都不要拿来说事。让孩子安安静静地过一个好年，放过孩子也放过自己，不行吗？尤其是孩子成绩不好，他们自己已经很痛苦、很难过了，你们看到的满不在乎，不过是强颜欢笑，你们还天天揪着人家小辫子有意思吗？

不妨想想自己当初的熊样，你们在校园里也未必拔尖，凭什么要求孩子一定要出类拔萃？就算自己当初很厉害，现在是大人物，那也没什么了不起，你觉得很好的生活，未必就是孩子喜欢的生活。

生命是孩子自己的，不要把你们认为的意义强加给孩子，他人的美味也许是我的毒药。成人极端的功利主义已经严重毒害了孩子。"如其所是",才是对孩子最好的教育!

非马的诗歌《鸟笼》这样写道:

打开
鸟笼的
门
让鸟飞
走
把自由
还给
鸟
笼

鸟不得自由,一直在扑棱、挣扎,鸟很累,最终笼子也不得安宁。所以打开笼门,获得解放的,不仅是鸟,也是笼子。

大人啊,也不知道你们这些"聋子",有没有听见……

家长的焦虑从何而来

我对教育的各种改革比较悲观，最重要的原因是，教育的本质就是人的本质。人的本质不是单个人固有的抽象物，在其现实性上，人是一切社会关系的总和。教育也是如此，教育也不是单独教育固有的抽象物，在其现实性上，教育也是一切社会关系的总和。如果单独对个人进行教育，单独地对教育进行改革，估计都很难成功。

令狐冲在失去小师妹后，心灰意冷，想要退出江湖，甚至用最心爱的宝剑戳着羊肉吃烧烤，不管不顾了。但任我行当头棒喝："有人的地方就有恩怨，有恩怨就有江湖，人就是江湖，江湖就是人，你怎么退出？"令狐冲一声叹息，绝望如灰。

焦虑也是如此。焦虑是我们基因的一部分，我们穷怕了，饿怕了，苦怕了，向来居安思危，这种"思虑"一旦过头了，可不就是焦虑吗？

《列子》记载，杞国有个人老是担心天会塌下来，以至于吃不下，睡不着，焦虑得不得了。有人就去劝导他："天不过是积聚的气体罢了，没有哪个地方是没有气的，你的身体屈伸和呼吸，整天都在空气中进行，为什么还担心天会塌下来呢？"那人说："天果真是积聚的气体，那就不怕了，但太阳、月亮、星星不会掉下来吗？"劝导他的人又说："太阳、月亮、星星也是空气中发光的气体，即使掉下来，也不会伤害到谁。"那人又说："如果地陷下去了怎么办？"劝导他的人说："地不过是堆积的土块罢了，它填满了四处，没有哪个地方是没有土块的。你的行走，整天都在地上进行，为什么还担心地会陷下去呢？"

这个寓言比喻不必要的、没根据的焦虑和担心，属于脱裤子放屁找麻烦。但从这个杞人的担心中，我们发现了什么？他从担心天塌下来，到担心太阳、月亮和星星掉下来，再到担心地陷下去……他的焦虑不是孤立的，而是一切关系的总和，所以要解除其焦虑，必须要综合解决，仅仅靠头痛医头、脚痛医脚的方式是无法奏效的。

当然我们也曾有过不焦虑的时期。我读书的时候，周围没有一个人焦虑。我爸妈直接告诉我："读书就是认识几个打眼字，不是一个睁眼瞎就好了，指望你读书做官发财，我们老祖坟没有那么大的力。"这段话翻译一下就是胡屠户的话："不三不四，就想天鹅屁吃。"所以我们读书，呼啸而来，呼啸而去，每天回家书包一扔就玩儿去了。掏蜜蜂、捉知了、钓黄鳝、放风筝、打猪草、过家家……我们什么都玩过，也乐过。到了后来玩疯了，晚上书包也不带回家，父母也不管。我晚上看一会小人书，我爸认为浪费电，直接把灯关了。

那么，为什么那时候家长不焦虑呢？因为那时候能考上中专的，凤毛麟角，每个乡镇只有一两个。老百姓都认为是风水好、老祖宗发威、文曲星下凡，不认为是人力所为，所以听说某人考取了，羡慕几句，笑说几声就过去了。没有人失落，没有人难过，更没有人伤心，父母做梦也梦不见自家孩子能考取，考不上是常态，考上了才见鬼，这还有啥焦虑的？

孔子在《论语·季氏》中指出："不患寡而患不均，不患贫而患不安。"意即不应担心财富不多，只需担心财富分配不均；不要担心人员稀少，只需提防境内不安宁。财富分配平均，大家都穷，就无所谓贫穷；人民和睦相处，便不觉得人少。大家都考不上，就无所谓考上考不上。既然考不上是常态，当然没人焦虑考不上怎么办。

那么，从什么时候开始，老百姓变得焦虑了呢？高校大量扩招之后，原本考上大学的人是天之骄子，后来考不上大学的是笨蛋傻子，这样一来，老百姓砸锅卖铁，孤注一掷，很多父母到城里租房子陪读，所以孩子的压力陡然增加了。孩子自己也有压力，十年寒窗苦读，在扩招的背景下，如果还考不上，就证明自己是"二傻子"，将来连媳妇都娶不上。兹事体大，一定要考上，还要考得好，这就有了竞争。

原先考取的人国家包分配工作，提供免费住房。扩招之后，工作不包分配，自谋生路，所以一定要上名校，这就有了985、211、双一流、C9⋯⋯而且各高校之间还有鄙视链。社会上找工作的门槛越来越高，社会焦虑感越来越放大。为了拼名校，家长买学区房，送孩子进培训班，家庭投入太大了，必然就要求产出，这样竞争的压力越来越大，社会焦虑与日俱增，而且越来越被贩卖。

原先的考试有严格的分层，把真正的尖端人才挑选出来。现在泥沙俱下，很多人一年年读，连眼珠都不转地读到最后也考取了，有的人还做了博士、研究员，甚至还成为所谓的"专家"。

原先的考试制度下，最早被淘汰的那些人只能去读职业学校，后来这些蓝领工人当了技术员，成为骨干，成为大国工匠。扩招之后，几乎所有人都是本科，都是大学生，都是研究生，再也没有人愿意去当工人了，这一块是严重的缺失。

我有一个企业家朋友，工厂里严重缺少技术人员，对于好的电焊工，开价到了月工资两万元，远远超出教授工资了，但还是找不到人。作为制造业大国，未来没有技术人员怎么办？

我曾经与教育部的一位朋友聊天，她的孩子刚上小学毕业班，她就焦虑得不行了，唉声叹气，说晚上已经失眠了。

我问，你焦虑什么呢？她说害怕孩子考不上好初中。

我问，考不上好初中会怎样？她说，那就很难考上好高中了。

我再问，考不上好高中会怎样？她更加凄惨，声音颤抖，说那基本就与好大学无缘了。

我突然问，你当年上的是哪所大学？她一下来劲了，说是北京大学。

我再问，你对现在的工作和生活满意吗？她犹豫了一下，不太满意，不，一点也不满意。

我笑着说，你看看，你考取了北京大学，中国最顶尖的大学，你在国家部委工作，你都并不满意，因为没啥自由，也没啥创造性，可见一个人考取什么学校，和他未来的人生幸福关系并不大。更何况就算你孩子考取了北京大学，现在很可能去竞争一个小学老师的编制。竞争到了，买一个房子，娶一个妻子，生一个孩子，然后再"鸡"下一代娃，让他上好小学、好初中、好高中，考好大学，买一个房子，再生一个娃……这与当年那个放牛娃有什么区别？

她哈哈大笑，说，不焦虑了。

她转而问，你焦虑吗？

我说，我不焦虑。儿孙自有儿孙福，小孩回来了，找到工作更好，找不到工作就卖苦力。凡事皆有因果，好的生活是他该得的，不好的处境也是他应该的。你选择了某种方式，你就必须承担。

不过，如果他混不下去，我和程老师就雇他烧饭、打扫卫生，我们付工资。或者他开个什么店，作为老爹，我一定会为他站台吆喝的，但他必须确保质量，不然我也是万万不肯的。

孩子为什么恐惧学校

看到 2020 年度最佳摄影《开学》，画面上的妈妈衣袂飘飞，拿着手机，开怀大笑，而一旁的小孩子扎着马尾辫，痛哭流涕，生无可恋。

获奖作品实至名归，妈妈的喜形于色与孩子的灰暗绝望构成了强烈对比，形成了巨大张力。这一切都是开学带来的。妈妈高兴"神兽"终于归笼，无娃一身轻；孩子的绝望则在于一脚踏空，从此进"监牢"了。

那么，问题来了。学校是什么？有一本书的名字叫《学校 一个让人幸福的地方》，杨九俊先生甚至说，校园里应该流淌着奶和蜜。但校园何以让这么小的孩子如此恐惧？

想当年，魏巍写的《我的老师》中，即便在暑假里，小孩子从睡梦中醒来，还要去找自己的老师。现在还有这样的情形吗？现在校园居然成了孩子们的噩梦，这究竟是为什么？我认为很大的原因是，我们的教育质量观出现了问题，教育评价单一，过于看重分数和升学，用冷冰冰的分数代替了活生生的人。我们教书大于育人，有的甚至只教书不育人。

昨天看到一位读者给我的信息：

> 刚刚同事说，孩子的老师生病（肺炎）不能去学校了。她和孩子的爸爸商量着去看望老师，希望她早点好起来。孩子在旁边听到了，反对爸妈去看老师，他说："我不希望老师的病赶紧好起来，这样就没有那么多作业了……"孩子越说越难过，哭起来了，哭得很伤心。他的妈妈说还真不是装出来的，让她

很吃惊。

岂止孩子的妈妈很吃惊,我也很吃惊,简直无语了。老师生病得了肺炎,孩子们竟然觉得很享受,巴望着老师病得时间更长一点。原因很简单,因为老师生病,不能来学校,少一个老师,孩子的负担就能减轻一点,尤其是作业负担减轻了。我没想到因为作业,孩子和老师的矛盾竟然到了这个地步,竟然不惜牺牲老师的健康,堪称"你死我活"。

孩子的感受是最真切的,你能完全责怪孩子吗?我们是不是也要反思一下我们的责任?

最近《三联周刊》发表了一篇文章,我没有看内容,也不需要看。标题是《前半生鸡娃拼高分,后半生带娃看心理医生?》。这是不少家庭惨痛的现状,只是他们在黑暗中,不愿意被别人知晓。

当年有一句话:知识就是力量,时间就是金钱。时间就是金钱,可能还没有过时,但知识就是力量,则值得商榷。我们的教育一直以来有一个偏差,就是过于注重知识教育,甚至把教育等同于知识,等同于做作业。一切教育全都局限在知识上,老师想方设法传授知识,学生想方设法记住知识,高考天罗地网地考知识,知识成了教育的全部。

在 ChatGPT 席卷的今天,人工智能通过机器进行深度学习展开工作,这种学习过程就是大量地识别和记忆已有的知识,其知识积累一日千里,光速进步。机器可以轻松碾压那些通过死记硬背、大量做题而掌握知识的人脑。人类一切知识学习都能被机器瞬间取代,我们辛辛苦苦获取的知识毫无优势,教育必须超越知识。与其记住大量的事实和知识,不如训练一个能够独立思考的大脑;与其给予无数确定无疑的答案,不如保护好孩子的好奇心和想象力;与其满足短期的功利主义,不如追求长期的更高的价值。

有人大胆断言,减少孩子抑郁现成的、最好的办法,一是每天让孩子们把觉睡饱，小学不少于10小时，中学不少于9小时；二是让孩子们多多参加户外运动，每天锻炼1小时，确保孩子的体育运动时间，孩子就会活蹦乱跳，绝不会抑郁。

　　如果再增加孩子的审美和音乐熏陶，培养孩子积极而美好的情感，相信孩子一定会健康发展，孩子会喜欢、迷恋校园，会发现校园里的"奶"和"蜜"，说不定钱学森之问还能顺利破解！

有的溺爱会伤人

每天晚上,我和程老师都会散步。绕着湖边走到小森林后的大广场,再从广场舞大妈中穿越,原路返回。这个过程大概六千多步。

回家后我就"葛大爷瘫",程老师则会继续跑步,争取上一万步。她不是热爱跑步,而是希望获得蚂蚁森林的能量。我没有感受到蚂蚁森林的能量,但我感受到了马云的能量。马云对中国女性的心理研究也许达到了历史最高级别,他怎么就那么善于"骗人"呢?女人怎么就那么好"骗"呢?

程老师在蚂蚁庄园养了一只小鸡,她只有不断完成马云老师布置的"作业",才能获得饲料。但就算如此,程老师的小鸡还是常常缺饲料,饿得哭鼻子。我们程老师如同小鸡真的挨饿一样,央求我帮忙。通常的口吻就是:"王开东,你帮帮忙嘛,我家小鸡饿得跟跄了……"然后天知道,我就用支付宝扫码付钱给她,一般就是支付一元钱,再支付一元钱。我能获得360克饲料,然后再用这些饲料喂养她的小鸡。她还让我看。当小鸡吃到我的饲料时,她满脸绯红,给我一个大大的拥抱,她想以此说明我的付出是有价值的,让我获得满足感和成就感,但我只觉得傻。

为了让我弄明白这个事情,她也让我养了小鸡。我发现,我的小鸡一百天不吃,也饿不死,但她的小鸡却不能挨饿。有时老母亲半夜还帮小王子喂小鸡,给他的小树浇水。

我们每晚散步的湖边转向森林的地方,有一座桥,桥边有一些野猫,一开始是一只,后来两只,三只,渐渐多起来。后来才明白,每天差不多 7 点左右，有一个小朋友跟着爷爷奶奶定时来喂这些野猫。小朋友不算小，大概有 12 岁，应该是一个初中的学生，或者是小学高年级的学生。

有天晚上，我仔细观察了他喂养的全部过程。他带了一个白色的小桶，里面装满了猫粮，还有几个猫罐头。猫一开始都在吃猫粮，后来有了罐头，都不吃猫粮了，争抢着要吃罐头。小朋友打开一个一个罐头，用勺子把罐头里的肉撬出来，猫就在他手心里抢，吃得津津有味。他叫它们的名字，抚摸每一只猫，不偏不倚，不因为好看不好看就有所偏爱。我想和他打声招呼，但看他的意思，根本不想理我，于是作罢。

在路上，我和程老师就感叹这个小朋友的耐心。一个人善良，有爱心，再怎么坏也坏不到哪去。然后又想起他的爷爷奶奶，他们老两口就这样陪着孙子，也蛮可爱的。一般老年人会觉得浪费，舍不得钱，但于一个孩子的健康成长而言，这些算什么呢？至少孩子每天都能走很长的路，既锻炼了身体，又增添了耐心和爱心，有什么不好呢？

这以后我们对这个小朋友非常感激，似乎他帮了我们一个很大的忙。因为我们家也养猫，叫云朵，一个云朵就把我们折腾得人仰马翻，也深感压力重大，但这小朋友饲养了这么多流浪猫，而且决不歧视，不怕麻烦，这是很不容易的。

但昨天我们突然发现事情有了变化。晚上走到路边，先是有一只花猫窜出来，向我张望，然后失望地走开。然后又是一只灰猫，看见我们，跑得屁股一歪一扭。它看见不是要等的那个人，垂头丧气地走了。最让人伤心的是，一只羸弱的小猫，就独自端坐在石头上，远远地凝望，带着无限的凄惶。那个人也许很快就来，也许永远不会来……

关键昨天降温，这些小猫又冷又饿，该怎么办？如果寒冬到来，白雪皑皑，这些可怜的小东西又该如何挨过？

我知道，过去它们肯定有自己的生存法则，肯定有自己的路子，但小朋友天天让它们吃香的喝辣的，慢慢就使得它们失去了"谋生"的能力。也许最初就应该狠心一点呢，也不至于现在这样失落。如果爱就深爱，如果爱不能持久那就冷漠一点好了。现在小猫被抛弃，如同孤儿，它们再也回不到过去了。这多可怜，溺爱反而谋害了它们。

由小朋友和猫咪，我又想到了我们的教育，有多少谋害以爱的名义进行？有多少罪恶假正义之名？一句我是为了你好，绑架了多少孩子？

我们的孩子一旦失去了生命的野性、活泼泼的生命激情，将来很可能就会沦为巨婴，像小燕子一样张大嘴巴等待喂食，既不能经历风，也不能承受雨。如果等到那一天，一切就都迟了。溺爱不如不爱，特别狠心未必是一件坏事，正如犹太裔女作家沙拉写的一本书——《特别狠心特别爱》所传达的那样。

孩子和老人，谁更需要你

有一天，我看到一个朋友发在朋友圈的感慨，她说她的老母亲就是自家不花钱的老保姆，不仅帮她接送孩子，还要洗衣做饭，照顾一大家子人的饮食起居，忙得脚不沾地，完了还要承受老两口分居的孤苦，年轻人也难得和她说说话。有那么一刻，她觉得自己的老母亲挺可怜的，于是下定决心，放了老母亲一天假……

看到这则感慨，我觉得挺心酸的。教师就算累吧，好歹还有周末，一年还有两个假期喘口气。中国老年人则是"无期徒刑"，孩子上学脱几层皮，终于考大学了，又愁孩子工作，然后愁房子愁结婚。孩子有了下一代，又要背井离乡去带孙子，现在又生二胎，简直没完没了。

中国老一代真的太可怜了，他们心里永远装着后代，唯独没装自己。我们总嘲笑老人放不开，但我们自己是不是也有责任？作为中年人，我们太忽视老人，太在乎孩子了，我觉得这是中年人的一大误区。

对于孩子，学区房背债去买，优质学校花钱去上，吹拉弹唱等才艺恨不得都报一个遍，希望自己孩子十八般武艺样样精通。为此我们大包大揽，尽心尽力，甘愿当牛做马，把自己的全部希望寄托在孩子身上。这太偏激了，为了下一代，简直无所不用其极，甚至不惜一切代价。老年人算什么？老年人只能是代价。

我们自己这么想、这么做也就罢了，但绑架老年人真的应该吗？即便老年人愿意，这么做合理吗？谁给我们的权力？

有的人想得很简单，这是我的孩子，不也是老人的孙子？他们不带谁带？再说我们也不会带啊！但他们忘记了，老一辈终究会离开，我们也会成为老一辈，然后踏上这条破船，唱同一首歌。我们不会带可以吗？说实话我们不愿意，也真不会带，但这未必由得了我们。这是什么？这是传统啊！未来我们就像牛背枷一样，承担耕田的重任。牛愿意吗？牛不愿意，但也由不得它。

想到这一天，我就非常恐惧，白雪飞顶，老态龙钟，看着身边的朋友、知交多零落，身体状况每况愈下，"主机"磨损，无法修复，还要承担带孩子、做家务的重任，疲于奔命，而且无法诉苦。要命的是，这沉重的劳役还看不到尽头。唯一安慰的是这都是我们的孩子，一大家子人在一起，享受天伦之乐。但仅仅这样真的够了吗？

我还有一个不祥的预测。一般岁数大了之后，婆婆会带孩子、洗衣、做饭，比较受待见，因为有剩余价值。作为糟老头子，公公基本上就是反面角色，所以肯定不受欢迎。这样一来，有价值的去劳役，没有价值的独守空门，像侯银匠一样经受孤苦。"姑苏城外寒山寺，夜半钟声到客船"，这差不多是很多老男人共同的宿命。

直到有一天，老人离开我们，我们自己突然也老了，这时候才会忏悔。当初对老人的关心是不是少了点？或者无数次猜测当年他们的心境。史铁生无数次这样做过。前天读到我老朋友的一则微信，他也这样猜测……一瞬间控制不住自己，鼻子发酸，眼泪止不住而来，擦也擦不完，每个中年人都伤痕累累。

朋友在朋友圈这样写道：

2008年母亲罹患癌症离开我们，我们很快卖掉了全家一起生活了八年之久的七莘路房子，搬到这个房子。我记得最后一次到那个房子是晚上，我几乎没有拿房子里的东西。在房子交给买家之前，表姐想要那房子阳台上的一个小家具。我打开屋子的灯，熟悉的空间，恍惚间好像母亲还在的样子。我匆匆拿了东西下楼，几乎是逃离，内心像是被重重地刺痛。现在，每次车子经过七莘路，我都忍不住抬头看着那个熟悉的阳台，还有我们装的晒衣架。

母亲每天接送她的孙子上幼儿园、小学，解决了我们的后顾之忧。我和妻子每天早起乘着公交车，分头去离家很远的公司上班。我在浦东上班三年后才调到松江大学城工作。母亲送完孩子后，还要准备全家的饮食起居。我托了熟人，让父亲在附近的小区做了一份保安的工作。

母亲患病之前，七莘路的旧居里充满了我们全家三代平静幸福的时光。母亲接到孩子后，照例带着孩子在小区的公共活动绿地逗留。孩子们在绿地上撒欢追逐，家长们聊着家常。我下班就到那块绿地与他们会合。母亲经常骄傲地向邻居介绍我，接受他们礼节性的祝福。

母亲被查出病情后，慌乱与焦虑笼罩着我们小小的居所。在治疗的两年里，我带着母亲无数次往返家与医院之间，经历了无数的希望与绝望。母亲的病耗光了家中本就不多的积蓄。妻子自始至终甚至在私底下也不曾有半点怨言。

母亲的不足一个甲子的一生，我甚至没有能力去评价。即使作为长子，我也似乎没有深入了解她的内心。但是，在七莘路那间旧居，她在晾晒衣服或收纳整理衣服的阳台上，偶尔会停下来盘整人生。有了孙子、能够遇到善待她的儿媳应该是她并不顺遂的一生中值得肯定的事吧？

每个窗后，都是细密、庸常但仍然动人的人生故事。

我去过朋友的新家，我知道他妻子的贤惠，她总是在笑。我还知道，他妈妈心甘情愿，内心里充满着骄傲。朋友和我说过，有很多个晚上，他母亲站在阳台上，看着大上海的繁华璀璨、灯火辉煌，满足地感慨："儿子啊，记得过去我们乡下劳动的时候，草帽上就写着北京和上海，没想到我们真到上海来了，还成了上海人。"母亲说了一遍又一遍，啧啧称奇，啧啧赞叹。当朋友和我说起这段往事，我感动不已，为朋友，为他母亲，也为我自己、我的父母。每个农村孩子的奋斗，都很艰难。任何一个人的人生都是一部《史记》。

有一次和程老师交流这话题，我们一致决定，下阶段更重要的任务应放在老人身上。孩子的未来会很长，吃点苦栽点跟头都没关系，他们会有更美好的未来。老人也是孩子，复归于婴儿，而且是最无助的孩子，他们最需要我们，一旦失去机会就无法补救。树欲静而风不止，子欲养而亲不待。

我已经失去一次机会了，我父亲2007年食道癌去世。那时候我贷款买房，欠了一屁股债，每个月捉襟见肘。因为家里穷也借不到钱，最终没有帮父亲开刀治疗。事实上父亲内心是渴望治疗的，我们都能感受到。这么多年，每想起来都浑身发抖，似乎我是父亲过世的间接同谋，也是凶手之一。也许开刀还是治不好，但做过胜过错过，只是这个遗憾再也无法补救了。

好在我们还有三个老人，我妈妈现在就安顿得很好，她怎么喜欢就怎么过，想吃什么我们就尽量满足。程老师全力支持我，每次回家给生活费都是她细心数好，用信封装好。有时候我忘记打电话，也是她提醒我，并督促我把电话打了，害怕一回头我又忘记了。对于她爸妈，我们希望他们一道来，一道回。也告知另外两个兄弟，不要打扰老人们，自己的事自己干。我希望老人们万事不操心，晚年享受夕阳红，活出自己的幸福。

生命的后半段，老人最重要。我们应给他们最大的自主权，让他们自由。我们就做麦田里的守望者，除了必要的陪伴，不要打扰他们。这一点非常重要，我们带着孩子一块孝敬老人，让孩子耳濡目染。未来有一天，或许这就成为我们的家风，我们的晚年就不凄惶，不悲催。

当孩子遭遇至暗时刻

昨天收到一个妈妈的求助。这个求助比较有代表性,不妨隐去求问者,一同说一说。

> 王老师好,请教,女儿高二,这次期中考试时与人对答案,被同场同学举报调监控(之前没有过此类行为,考前她听闻考后要重分重点班,思想压力巨大),学校怎么处理目前还不知。我头都大了,请教这事应怎么教育孩子呢?话说重了怕她厌学,话说轻了怕她不吸取教训。

我觉得这时候要的不是教育,教育什么时候都可以。现在最重要的是保护,先保护她不受更多的伤害,做她最强大的后盾,做港湾,不抛弃她,让她渡过这一难关。

要知道她这一关并不好过。因为是同学举报,在班级里她肯定会被同学孤立;被举报后又有监控查证的恐惧;查实后,又有被老师批评蔑视的担心,还有即将到来的处分通告的羞辱。教训不可谓不多。

原本为了重点班,思想压力就巨大,现在的压力要大上100倍,很可能重点班要泡汤了。所以,这个时候一定要站在孩子身后,因为孩子是自己的,家里人都不关心谁来关心?家里人都不呵护谁来呵护?

等到这一关差不多过了之后,或者孩子主动与你交流时,你可以帮助她分析,而不是教育。谁都不愿意听别人教育,孔子的教育也不是每个弟子都爱听的。但分析就不一样了，分析是站在她的立场和角度，是为她提供帮助。要把"我与她"变成"我与你"，最后变成"我们"。

如何帮助她分析呢？

第一，肯定她的努力向上。这一点其实非常可贵，很多孩子得过且过，浑浑噩噩，但她是一个对自我有要求的孩子。一定要上重点班就是她的自我要求。只是这个要求太强烈了，以至产生了只能成功不能失败的执念。但考试一锤子买卖，充满了太多的不确定，于是从不作弊的孩子选择了作弊。她是头脑发热、一时糊涂才铸成的大错。她是初犯，她的错误是可以理解的。但可以理解的错也是错，这一点必须明确。有错必须要认。

第二，原谅同学的举报。让孩子设身处地，换位思考。如果她不作弊，凭借自己的努力考，那她对别人作弊怎么看？她一定会非常痛恨，她未必会举报，但她一定会支持举报，因为这不仅是维护她自己的权益，也是维护社会公平正义。容忍别人作弊，就是容忍不公，就是容忍别人践踏自己的努力。这样一想，就能化解对别人举报的怨恨。为了以后和平相处，也为了不存任何内心的疙瘩，让自己心清如水、心平如水、心静如水，最好勇敢地向同学道歉，争取获得同学的原谅。同学是为了正义举报，但一定觉得会被你仇恨，当你走出这一步，极大可能会被同学原谅。因为同学是要做一辈子的，不要被这件事打断，集体的温暖对一个人的成长很重要。

第三，剖析她的错误。要告诉孩子，她确实错了，而且错得很严重，一定要认错。进重点班动机强烈不是理由，压力太大也不是理由，同学也有人对答案更不是理由，犯错误就是犯错误，犯错误没有理由。如果有理由的话，人人都可以找到理由去犯错，那这个世界就乱套了。错虽然犯了，但她还年轻，犯错是难免的。人非圣贤，孰能无过？况且圣贤也说过："君子之过也，如日月之食焉：过也，人皆见之；更也，人皆仰之。"告诉她，我希望你改正错误，让大家都来仰望你。

  第四，勇敢地接受惩罚。当我们做出某种选择，就势必要承担选择的结果。学校有校纪校规，考试作弊，属于不公平竞争，肯定违反了校规，也肯定会被学校处罚。《悲惨世界》里说："尽量少犯错误，这也是为人的准绳。不出一点儿差错，这是天使的梦想。生在尘世，就难免有错。过错就是一种地心吸力。"所以重要的不是不犯错，而是在犯错中成长。王怡曾有经典雄文《在作弊中慢慢成长》。无论最后如何处罚，要相信学校对学生总会从宽处理的，所以任何处罚，都是她应该接受的后果。至于是否进不了重点班了，我觉得不重要。因为真正决定一个人成长的，不是班级，是自己。

  最后祝愿这个妈妈，还有这个孩子尽快走出来，阳光明媚地生活。

孩子，我希望你心安理得地混日子

前天，苏州突然降温。我和程老师早上急匆匆到学校，突然收到儿子发在"我们一家"微信群的信息："爸爸妈妈注意保暖啊，我看了一下，苏州的气温比我这儿低好多。"我和程老师在不同的学校，但都是秒回。说实话，我们有点受宠若惊。那天晚上，回家的路上，睡觉前，还有半夜醒来，我们一直在猜测，儿子为何突然懂事了？或者儿子怎么突然婆婆妈妈了？

最近儿子非常反常，报了托福开始苦读；节衣缩食，买了训练馆的票进行形体训练；还去上海看一个八竿子打不着的音乐会……现在又对我们嘘寒问暖，这简直就是糖衣炮弹。我记得他是到了冬天都不记得换衣服的人，常常外面一件袄，里面还是夏天短袖。或者穿好了裤子，一边裤管高高卷起，从白天到晚上，他不注意也不在意。但现在，他这是怎么了？

我们老夫妻商量到很晚，然后又迷迷糊糊地猜想，结论就是，儿子很可能喜欢某个女生了，或者干脆就是有对象了。按照我的经验，只有女人能够改造男人。最后我们假定儿子有女朋友了。我们就猜想小姑娘是哪里人呢？不能太远了，对，太远了，将来在哪里过年是一个大问题。不能太富了，大富大贵的姑娘，我们平民家庭难以伺候。但也不能太穷了，人穷容易志短……

小姑娘猜想完了，就猜想亲家。小姑娘父母是什么人呢？什么样的父母就有什么样的孩子。一个家庭幸福的孩子，无形中就具有了幸福力……

在枯燥的带高三备考中，这个话题给了我们很多乐趣。其实，儿子很可能什么事也没有。我曾经告诉儿子，一旦恋爱了，第一时间告诉我，我们提供恋爱资金。但儿子迄今还没有申请恋爱资金。

后来我们就想到一个问题，我们家是男孩，做父母的还如此着急，家有女儿的更是可想而知了。网络上很多的失联女孩，过几天找到后，基本上都是冷冰冰的。这让做父母的怎么不担忧？就算孩子上了大学，读研读博，还有那么多的教授学者居心叵测。就算长大成人了，孩子找一个什么样的男朋友，这又是一大难题。男人不坏，女人不爱。但如果真嫁了一个坏男人，未来谁敢保证？可怜天下父母心！

汪曾祺的《侯银匠》写得好。侯银匠的妻子走得早，他一个人把女儿拉扯大，好在女儿侯菊精细能干，两个人相依为命，日子过得波澜不惊。但女儿毕竟要长大，长大就要出嫁，出嫁了就是人家的人。侯银匠多方谋求，细细打听，终于给女儿找了一个好人家，可是到了出嫁那天，鞭炮一响，侯银匠的眼泪就下来了……好像这个鞭炮与眼泪之间，建立起了一种反射关系，但哪个父亲不是如此呢？

我有一个好友，曾经是"江湖中人"，当年叱咤风云，是很多小弟公认的大哥。但他却自称在家是四把手。女儿一把手，小狗二把手，老婆三把手，他当然是四把手了。女儿出嫁那一天，他迟迟不肯出门，一个人关在房中号啕大哭，任凭谁也阻止不了！我看见婚礼上他眼睛里的泪水和怒火，不像笑，也不像哭，也不是哭笑不得。最后确认过眼神是笑，但肯定笑得比哭还难看。我为那个小男人担心，将来如果有问题，我相信大哥会拆了他的骨头。

但今天刷屏的这个父亲就不一样了。他在婚礼上声泪俱下。他不是大哥，但他是每个父亲的老师，他代表家有女儿的父亲说出了心里话，我当时看到也止不住飙泪。他在婚礼上对女婿说："第一个抱她的人是我而不是你,第一个亲她的人是我而不是你,第一个爱护她的人是我而不是你,可是能陪伴她一生的,我希望是你而不是我!如果有一天你不爱她了,不要背叛她,更不要打骂她,你跟我说,我带她回家!"

这个父亲太可爱了,怎么这么会说话。害得我每看一次就流泪一次。语言太伟大了,什么都能表达出来。不会表达的人是事实上的哑巴,有万语千言却无法说出口,好像是一只鸭被捏住了脖子。新娘忍不住当场给父亲跪下,那一刻全场泪奔!

每一个做丈夫的人,都要善待自己的妻子,她们都是别人家珍贵的女儿,都是父亲手心里的宝。除了父母,她们谁都不欠。

高晓松对女儿说:"希望你心安理得地混日子。""愿你一生温暖纯良,不舍爱与自由。"这个"矮大紧"太坏了,对别人说,生活不仅有眼前的苟且,还有诗和远方,但却让自己女儿混日子,真是内外有别。但我喜欢。

《万物生长》的作者冯唐对女儿说:"煲汤比写诗重要,自己的手艺比男人重要,头发和胸和腰和屁股比脸蛋儿重要,内心强大到混蛋比什么都重要。"冯唐够"杂种",他希望自己的女儿够混蛋,只有混蛋才能欺负人而不被人欺负,只有混蛋才不会被伤害。春风十里不如你,那都是骗女孩子的,不是说给女儿听的。

杯中窥人的韩寒对女儿小野说:"这世界不是那么好也不是那么坏,但这世界上的很多东西,不能只用好或者坏来形容。"他希望女儿健康快乐,有没有出息都是假的,只要她人品好、善良,想玩什么就玩什么,什么出人头地、理想抱负,都是空的。这个观点很韩寒。世界的确很难用好或坏形容。有人认为这个世界好,有人就认为这个世界坏。他人之美味,我之毒药。有没有出息也是假的,关键是有出息没出息由谁来界定。生命是我们自己的,为什么由别人来界定?

作为一个父亲,希望自己的女儿活成女强人、女汉子、铁娘子,压住所有男人一头，雷厉风行，大声骂娘，风光无两，那有意思吗？当然这都是中国男人。还有一个小扎，扎克伯格。小扎还是很男人的。在自己女儿出生的时候，小扎就决定将自己与妻子持有的Facebook股份中的99%捐出，为下一代改善世界。

  小扎为什么要这样做？他在给未来女儿的信中说："Max，我们爱你，我们希望你生活在比今天更好的世界，并觉得为你和所有孩子打造一个更好世界，是我们的责任。"因为爱自己的女儿，兼带爱整个世界，这就是小扎的情怀。不管这个世界有多大，也不管这个世界有多糟糕，但我们的孩子只拥有这一个世界，所以让我们的孩子有一个更好的世界，是每一个父亲的责任。于是我们父亲们，沉默地扛起了闸门，放女儿们到光明的地方去……

别人不喜欢你，怎么办

很多人很困惑，为什么自己努力、善良，与人为善，信奉吃亏是福，但别人就是不买账，无论如何就是不喜欢你。

这让他们很受伤，我年轻时也是如此，很在意别人的看法，我希望获得所有人的喜欢。慢慢地我发现，我成了一个讨好型人格的人，逐渐失去了自我，这让我无所适从。

后来，我明白了几条人性的铁律。

一是不论你如何做，总会有人不喜欢你。

你又不是人民币，凭什么每个人都喜欢你？即便你是人民币，还有人视金钱如粪土呢！

人往往都是矛盾的、对立的，人之不同，犹如其面。有人喜欢你，就一定有人不喜欢你。让所有的人都喜欢你，不仅不太现实，也毫无必要。重要的是，我们要让好人喜欢你，让坏人厌恶你。除非你做"乡愿"，做好好先生，圆滑世故，左右逢源，那才有可能好人和坏人都喜欢你，但这正是儒家所鄙视的，孔子说："乡愿，德之贼也。"

现在，越没本事的人越喜欢学人情世故，学怎么讨人欢心，这些都是奴才干的事，学这些，不就是底层人学做奴才吗？

如果你没本事，没有核心竞争力，讨好谁都没有用。如果你厉害，根本不需要人情世故，做个正直的人就可以了，学那些只会越学越坏。

二是如果你足够优秀，那一定有人不喜欢你。

人性的特点是"笑人无，恨人有"。如果你一无是处，一定会被嘲笑，被鄙视，被冷落，你大概率会陷入无物之阵，处于鬼打墙的境地。一旦你卓尔不群，木秀于林，则风必摧之。既然你高出其他树，大风一定会认出你，揪住你，摧毁你。

枪打出头鸟，为什么？因为你出头了，不打你打谁？别的鸟都躲在树荫里呢。出头的椽子先烂。为什么？因为你出头了，历经狂风暴雨，烈日炎炎，怎么可能不烂？只要你足够优秀，引起别人的瞩目，就一定会被修理，被规训，被摧残，被打击。

《三傻大闹宝莱坞》中的主人公说："你的朋友不及格，你感觉很糟；你的朋友考第一，你感觉更糟。"所以有人不喜欢你，很大可能不是品德问题，而是人性问题。你优秀，人家或多或少会嫉妒，小兽撕咬，万箭穿心，背后说坏话、怪话、风凉话，这都是人性的法则。

所以重要的是，不要担心人家喜不喜欢你，而要担心你自己够不够优秀。譬如你自己也做不到喜欢所有人，凭什么强求其他人都喜欢你呢？

三是要自己喜欢自己，用喜欢的方式过完自己的一生。

我们不能让别人喜欢自己，但自己却一定要喜欢自己。敝帚还要自珍，更何况自己这个大活人呢？

黑松汽水有句广告词："生命就应该浪费在美好的事物上。"其实，生命从头到尾都是浪费，我们需要判断的仅仅是，这次浪费是否是"美好"的。如果是，那就勇敢地去浪费，毫不足惜。从浪费出发，去抵抗命运的虚无。

塞林格说："一个不成熟男子的标志是他愿意为某种事业英勇地死去，一个成熟男子的标志是他愿意为某种事业卑贱地活着。"

卑贱地活着，把时间浪费在自己喜欢的事情上，把时间浪费在美好的事情上。

梭罗在《神的一滴》中写道："在那种日子里，懒惰是最诱惑人的事情，我就这样偷闲地度过了许多个上午。我宁愿把一天中最宝贵的光阴这样虚掷，我是富有的，虽然与金钱无关，因为我拥有阳光照耀的时辰以及夏令的日月，我挥霍着它们。"

请注意梭罗的用词。"懒惰""偷闲""虚掷""挥霍"……梭罗就像一个无所事事的懒汉，在与美好事物的相处中，获得了生命和精神的双重滋养。

还是庄子最得我心："举世誉之而不加劝，举世非之而不加沮。"

我是我自己的，我要用喜欢的方式，过完自己的一生。

怎么培养孩子的情商

戴尔·卡耐基说，一个人成功，15%靠的是专业知识，85%靠的是人际交往等软科学本领。专业知识的获得和智商有很大的关系，而人际交往等软科学本领，却常常属于情商的范畴。爱因斯坦说，什么是教育？当你把学校教给你的东西都忘掉之后，剩下来的就是教育。学校教给你的东西是什么？基本上是一些专业知识。而剩下来的是什么？剩下来的是专注、拼搏、探究、坚持、合作等精神层面的东西，这些东西才叫作教育。唯有这些东西，才能对我们的人生产生重大作用。

当然，孩子的智商是恒定的，我们没办法改变。但是孩子的情商，我们却可以通过后天来进行培养。那么，什么是情商？家长该如何培养孩子的情商？

情商是指人认识情绪和管理情绪的能力。孩子能够认识自己的情绪并且能够妥善管理好自己的情绪，就能产生正效应，这就叫作高情商。如果不能认识自己的情绪，没办法管理自己的情绪，任由情绪泛滥，不可收拾，情绪就会产生负效应，这就叫作低情商。

举例来说，每个孩子都有羡慕的情绪。比如人家有好玩具，人家爸妈很随和，人家学习好，甚至人家有漂亮的衣服……也就是说，羡慕是一种普遍的情绪。就以学习来说吧，孩子都羡慕成绩好的学生。但情商低的孩子，不会认识情绪和管理好自己的情绪，因为羡慕而嫉妒，因为嫉妒而憎恨，因为憎恨而陷害，最终产生严重的消极情绪。情商高的孩子则不然，因为羡慕而亲近，因为亲近而学习，因为学习而超越，他们产生的是积极情绪。

两个最经典的故事，最能说明这个问题。

第一个是借千斤顶的故事。

一个货车司机周末出门送货，一路上骂骂咧咧，都是负面情绪。为什么人家放假，我要加班？正在他骂人的时候，不巧天下雨了，他更加烦躁。为什么我这么倒霉，遇上这么烂的天气？正在骂天气的时候，车胎突然爆了，这个人更是气不打一处来。下车一检查，有备用车胎，偏偏又忘记了千斤顶。这个人真是倒霉到家了。

这时候往远处一看，山边有一户人家，他就去借千斤顶。走到距离那户人家1000米的时候，他就想，我好不容易赶过去了，那户人家没有人怎么办？走到500米的时候又想，那户人家有人，但没有千斤顶怎么办？走到300米的时候又想，那户人家有千斤顶，但不借给我怎么办？走到200米的时候，他又想，我苦苦哀求，他就是不借怎么办？最后，当那户人家打开门的时候，司机情绪激动到了极点，指着那个人的鼻子，破口大骂，你们家有千斤顶有什么了不起！

这就是不会管理自己的情绪，这就是负效应，这就是消极情绪。

反之，面对一个不好的事情，我们也可以化解消极情绪，产生积极的心态。

海湾战争之后，很多美国青年人抵触当兵。美国军方请了一位心理学家，让他给军方做一个征兵广告。心理学家想，青年人之所以不愿当兵，就是怕死。那么，怎么化解他们的这种害怕呢？

广告是这样做的。当兵有两种可能，一种是上前线，一种是不上前线，不上前线你怕什么呢？上前线又有两种可能，一种是受伤，一种是没受伤，没受伤你怕什么呢？受伤又有两种可能，一种是受轻伤，一种是受重伤，受轻伤你怕什么呢？受重伤又有两种可能，一种是能治好，一种是治不好，能治好你又怕什么呢？还有一种是治不好，治不好你都不知道怕了，你还怕什么呢？

　　因为一则小小的广告化解了士兵内心的害怕，那一年报名参军的人爆棚，这就是积极效应。

　　作为家长，我们应该通过这样的故事，告诉孩子，要认识和管理好自己的情绪，产生正效应，培养积极心态。

　　良好的情商培养应该遵循四个步骤。

　　首先是觉察情绪。要管理情绪，首先要能觉察到情绪。也就是说，你只有认识它你才能对付它。正如一个医生，他只有认识病，才能治好病。情绪管理第一步，就是要能觉察自己的情绪是什么，是嫉妒，是愤怒，是焦灼，是伤感，是委屈，是失落……

　　其次是接纳正常的情绪。何为正常情绪，就是那些与事件有一致性的情绪。比如考试考砸了，自然有点伤心；朋友不理解自己，自然有点痛苦；亲人离开了，当然有点悲伤；老师批评，当然有些难过……所以，当你的情绪体验符合客观事件时，第一时间暗示自己：我的情绪是正常的。这样一暗示，情绪张力就会下降，内心就会恢复平静。很多时候人的痛苦并不是来源于情绪本身，而是来源于对情绪的抵触。

　　再次是表达情绪。中国人表达情绪绝大多数都是在发泄，伤己伤人，妨碍沟通。父母和孩子交流，主语不能用"你"，用"你"趋向于批评、指责，沟通无从谈起。比如，家长对孩子说："这么点分数，你怎么考的？""你真是太不像话了，要我说多少次你才能改正呢？"健康的情绪表达，表达的是自己的情绪，主语是"我"。比如上面的例子，我一般会帮助太太调整成这样的表达方式："孩子，我会为你改正错误感到骄傲，我等着你，我对你有信心。""南风效应"会使得孩子幡然悔悟，调整自己的行为，争取让父母满意。同样的道理，孩子也应该这样。父母本身就是教导。

　　最后是转换自己的情绪。这方面阿Q是大师，当他被人打了耳光，他就想那个人是我的儿子，我被儿子打了，活该，我还能说什么呢？于是，他的情绪就好转了。这就是情绪的转换。比如自卑这种情绪，我们如何转化？自卑有两种取向，往下发展是消沉，再往下发展是放弃，再往下发展就是躺倒等死。往上发展就不一样了。自卑会促使人清醒，清醒之后会弥补，弥补之后会加强，加强之后会自信，自信之后会超越。努力把情绪向上位发展，永远不做情绪的奴隶，而要做情绪的主人，我们就能成为一个高情商的人，也就能成为一个受欢迎的人，也就能成为一个正能量的人。我们不管风吹雨打，都能胜似闲庭信步。

只和自己竞争

王阳明是我非常喜欢的一个哲学家,他的"心学"影响深远。

有一次王阳明与朋友同游南镇,友人指着岩中花树问道:"天下无心外之物,如此花树在深山中自开自落,于我心亦何相关?"这个反问可谓有力。谁知王阳明答道:"你未看此花时,此花与汝心同归于寂。你来看此花时,则此花颜色一时明白起来。便知此花不在你的心外。"此句回答何其巧妙!一下子转被动为主动,他人的例证反过来为我所用,大有孟子的论辩之风。

但真正让我对王阳明刮目相看的,还是下面这则材料。

王阳明十二岁时问他的老师,什么是人生第一等事?老师当然说,读书考状元。王阳明说,好像不是。老师吓了一跳,才十二岁的孩子,居然说好像不是。于是问他,那你认为什么才是呢?王阳明说,应该是读书成为圣人吧。做状元,还是做圣人,这是一个问题。这实际上是两条路线的斗争。考状元,几年才有一个;而成为圣人,则人人皆有可能,只是人人都很难做到而已。

之所以对王阳明的这个问题感兴趣,是因为它和我生活中的一个教学案例密切相关。在老家的时候,我有一个学生叫小陈,成绩一般,但毅力超群。高一的时候,他的班主任鬼鬼祟祟地交给我他写的一篇文章,班主任断言这个孩子的精神有点问题。我打开文章一看,也吓了一跳。文章的标题是《论我有可能成为马克思》。

好在我还有耐心,先看看这个孩子的逻辑有没有问题。仔细一读,逻辑缜密，思考深刻。文章说，马克思在成为伟大的马克思之前，也是一个普通人，还不成其为我们现在心目中的马克思。那么，我现在也是一个普通人，只要我努力，向马克思的方向发奋努力，那么，我就有可能成为马克思。哪怕这种可能是数亿分之一，只要有这种可能，我就有成为马克思的希望。希望的大小和究竟有没有希望，这应该是两码事。

我告诉班主任，这个孩子的逻辑没有任何问题，文章写得很好。应该是他上了哲学课之后的一些随想，没问题，不要放在心上。后来的事实也证明，这是一个极有个性的学生。因为体质不好，他从小就练习长跑，一种超强的毅力支撑他一直跑下去，像阿甘一样奔跑。后来，他代表学校参加市长跑比赛，还获得了金牌。高三的时候，他投笔从戎，又在部队里大放异彩，并最终考上军事院校，实现了自己的人生价值。

应该说，小陈同学没有选择常规意义上的学习竞争之路，他智力一般，走这条路很可能会失败，会遇挫折，会失望，会绝望，于是，他选择了一条挑战自我、挑战自己惰性之路，这是他对自己潜在力量的挖掘，因此，他活得自在而丰茂，肆意而坦荡。那个时候，我还很少读书，偶然有一天我读到孟子的名言——人皆可以为尧舜。孟子说，人人都可以做尧舜，小陈说"我有可能成为马克思"。这两者如出一辙。

沉浸在对往事的回忆中，我感慨良多，深感愧疚。作为老师，我们的贫瘠、单薄、偏激，曾经扼杀了多少飞扬的灵感和个性的才情啊？在引导学生以竞争为本还是以自我充盈为本上，老师常常会被现实所裹挟，脱离了教育的本意。

我的观点很清楚。首先，不能争。

王阳明说得好，状元好几年才有一个。如果把自己的成功界定在社会竞争上，后果一定很严重，所谓"一将功成万骨枯"。一个人成功却有数万人的失败，一个状元的脚下不知道有多少垫背的失意者。但读书做圣人就不一样了。圣人之间不但不会互相冲突，互相拆台，反而会互相帮助，互相凭借，相得益彰。颜渊说："舜何人也？予何人也？有为者亦若是。"王阳明正是因为摒弃了竞争，放弃了对状元的向往，把所有的精力放在自我的完善上，他后来的成就才远远在状元之上。王阳明的父亲就是状元，请问现在还有多少人记得王阳明的父亲呢？

耶鲁大学校长曾经说过三句话，一个学生在学习过程中，要做三件事：第一个要学习，第二个要理解，第三个要能够品味。也就是说，学习是极其私人的事情，是自我的提高，与他人本质上没有任何关系。

知识本质上也是非竞争性的。这是因为，知识不是稀缺性资源，也不是排他性的、独占性的资源，因此它们不可能成为竞争的目标。别人懂得了一个勾股定理，我难道就不能懂得了吗？我有必要和他竞争吗？只有职位、机会、金钱才具有竞争性。知识没有稀缺性，但与知识相关的入学却具有稀缺性，因而在现在的中国，竞争似乎具有无可置疑的正当性，但这种正当性能否在教育中广泛适用，恐怕还是有疑问的。

在出外听课的时候，我注意到很多高三学生都把自己的竞争对手贴在墙上。这种赤裸裸的竞争关系，会对学生的心灵产生什么样的影响？我们可能会说，孩子们只是互相促进而已，他们会在竞争中合作。想想看，社会上那些你死我活的竞争，他们有没有做到在合作中竞争？再问问自己，同一个教研组之内，有没有做到和谐竞争？

要知道这种竞争会加重大部分同学的失败阴影，会给他们的心理带来影响，甚至影响到他今后的人生。竞争是应试教育的"怪胎"。有多少风华正茂的学子，成了竞争中被淘汰的大多数。心灵上的创伤，一辈子都很难抚平。而那些在竞争中春风得意的孩子们，会不会失去一种平民情怀，一种悲天悯人的底层意识？我觉得不适当地强调竞争，是一种双重的伤害。

法国遗传学家雅卡尔在《我，阿尔贝·雅卡尔，教育部长，我发布》中提出："必须消除学校中的一切竞争观念。"必须放弃"打分数"，同样要结束"筛选,这竞争的必然附属品",因为"它类似于一种形式的惩罚","会给学生终生带来梦魇"。

其次,不必争。

老子在《道德经》中强调:"夫唯不争,故天下莫能与之争。"一个人只有不去争,天下才会没有人能与之争。这句话具有很深的思想内涵,老子最强调辩证法,辩证法讲"转换",这话在讲"不争"转换成"争"的道理。老子是不反对人的积极进取的,只是这种积极进取的前提是顺应天道,而不能逆天道。所谓"争",乃是刻意为之,既然刻意就是逆天道而行,以老子看来,逆天道而行,结果往往是失败的。所谓"不争",即不刻意而行,而是首先应认识事物的规律,即天道,再顺应事物的规律做事。人的行为一旦顺应天道则"无为而无不为",当然"天下莫能与之争"。

事实也正是这样。因为自己不与大家争,大家就不会与自己争,如果自己既能把事情做好,又不与大家争名争利,就能体现出自己高贵的道德品质、优秀的思想素质和良好的处事作风。这种大将之风无疑会赢得人们的尊重和维护。这就把"不争"转换成了非常有策略的"争"。当然,我们选择不争,并不是要达到策略性的争。虽然不争的结果只是意外的奖赏,但谁又能降低这种不争的价值呢?

最后,另一种争。

很多人担心,在学校里,如果不强调竞争,不训练竞争,没有养成竞争的习惯,不具备竞争的技能,一旦走入社会,是否能适应这个竞争的社会?马克思曾经说过:"人不是一件东西,他是一个置身于不断发展过程中的生命体,在生命的每一时刻,他都正在成为却又永远尚未成为他能够成为的那个人。"这个始终接近却永远无法抵达的过程,所依靠的绝对不仅仅是学校里的智力竞争,更多的是对自我的提升,对情商的修炼。一旦自我不断提升,情商不断丰富,不断强大,其结果是什么?我以为就是无往而不胜。

这里所说的情商是指人认识情绪和管理情绪的能力。《牛津词典》对情绪的定义为：心灵、感觉或感情的激动或骚动，泛指任何激越或兴奋的心理状态。人的情绪很多，可以分成若干类，每一类又有很多种。而对这些情绪的认识和管理能力就是情商。这种认识和管理能力能够发展情绪的正效应和负效应。

比如羡慕这个情绪，既可以向下发展，也可以向上发展。向下发展，羡慕会变成妒忌，妒忌会变成憎恨，憎恨会变成陷害。次序就是：羡慕→妒忌→憎恨→陷害。向上发展，羡慕会变成亲近，亲近会变成学习，学习会变成超越。次序是：羡慕→亲近→学习→超越。

同样的一种情绪，产生了两种截然不同的结果，哪一种结果更具有社会竞争力，答案自然不言而喻。高情商的人总是能够把自己的情绪向上发展，因此真正的竞争，应该是对自我情商的发展，使自己变成一个高情商的人。

现实生活告诉我们，恰恰是那些在学校里具有极强竞争力的同学，走入社会之后，往往失去了竞争力。很多读书时成绩一流的学生走上社会后并不出众，常去打工，而成绩二流的、三流的却做了老板。这样的事情，也许我们并不陌生。因为那些成绩一流的学生过分专心于自己的专业知识，在竞争中越钻研越深，往往忽视了情商的培养；而那些成绩二流、三流的人却因为善于为人处世，善于推销自己，会有效说话，在人际交往中掌握了处世之道，早在走入社会之前，就已经获得了竞争的资本。

戴尔·卡耐基曾说，一个人的成功只有百分之十五是依靠专业知识，而百分之八十五却要依靠人际交往、有效说话等软科学本领。然而，我们的教育却过分偏重于前面的百分之十五，在这个百分之十五上刀兵相见，刺刀见红。但对后面百分之八十五，却几乎可以说是置之不理。这不能不说是巨大的失误。

戈尔曼在《情感智商》中指出,真正决定一个人能否成功的关键是情商能力而不是智商能力。情商高了,吸引力、影响力、人格魅力就出来了,就能产生一种振臂一呼,应者云集的情况。西方有一句名言:知识不如能力,能力不如品质。品质就是竞争力,情商就是竞争力。一个具有优秀品质的人,无论在何种环境、条件下,都最终会超越他的同类。环境条件只能制约成功的大小,但无法阻止他最终获得成功。

遗憾的是,现在学校里的竞争,主要是指向智力上的竞争,指向他者,有很明确的对象,具有现时性和现实性,一旦对象发生变化,竞争就无从谈起。这是一种短视的竞争,根本无法衡量出学生将来的水平和适应社会的能力。而情商却指向我们自己,让我们直面自己的情绪和内心,使我们面对任何竞争和困难时,都能够获得情绪管理力量的支撑。这才是我们长远地立足于社会可持续发展所需要的竞争。

由此看来,建立一个不竞争的学校,并非不可行。这样培养出来的学生非但能适应一个竞争的社会,而且能适应得更好。

一个人之所以失败,是因为他自己要失败;一个人之所以成功,也是因为他自己要成功。一个登上珠峰的运动员说得好:"当登上珠峰之后,我才发现,原来我什么也没有征服,征服的只有我自己。"

最好的竞争,是对自己的征服。

优秀学生的气度和格局

看到苏州音乐台访谈杨睿。我今年不是带高三，便不太关注高考，更不关注高分学生。但因为与杨睿有过一面之缘，也就听了下去。这一听，让我很是欣喜，对杨睿刮目相看。小小年纪有很多思考，而且极有见地，绝非一个简单的学霸。这一点比分数重要多了，分数是速朽的，素质才是永久的。

杨睿说，她爸爸是医生，妈妈是护士。爸妈眼界开阔，从来就不功利，对她的学习也不多问，而是顺其自然，反而引导她更多关注广阔的世界。比如杨睿参加辩论赛，参加江苏省运动会，还有她热爱的小提琴和软笔书法……这些活动都是耗费时间的，很多短视父母直接折断了孩子的翅膀，让孩子一心只读圣贤书。但杨睿却获得了父母无条件的支持。她爸爸认为这比分数更重要，她妈妈也大力支持孩子。

最让我感动的就是这样的父母，简直就是一股清流。杨睿的父母甚至比杨睿本人更可贵，总会有高分的孩子，总会有杨睿，但杨睿父母这样的人却太难得了。我甚至可以说，只有这样的父母、这样的家庭教育才能培养出这么好的孩子。或者说，只有这样的家庭才配拥有这样好的孩子。采访中，杨睿一次次说"我爸爸""我妈妈"。那是打心眼里的尊重和爱，唯有和谐美满的家庭，才能走出健康阳光的孩子。

一个人具有多种多样的爱好，生命被打开，灵性产生，就会迸发出巨大的生命创造力。杨睿就是如此。相对于她连续三年获得全国中学生英语能力竞赛一等奖，全国中学生数学、物理、生物学奥林匹克竞赛江苏赛区一等奖，我更关注的是，她还获得全国中学生辩论赛国家级亚军，江苏省定向越野锦标赛个人全省第六名，定向锦标赛接力赛高中女子组第二名，小提琴专业十级优秀，软笔书法九级。事因难能，所以可贵。很多人嘴巴里说的德智体美劳全面发展，最后都沦落为分数上的全面发展。杨睿才是真正的全面发展。

正是因为她父母的淡定，才有了孩子的自信和大气。杨睿笑着说，她爸超神奇，根本不知道评分标准，就估出杨睿的分数是 438 分，上下 3 分。结果竟神奇地得到验证，435 分，正好是下面 3 分。

差 1 分就是江苏省第一名，外人都觉得有点遗憾。但善良的杨睿却并不这样看。她并不太关心自己的成绩，当然成绩很好就更好。因为她是北京大学 A+ 评级，获得博雅领军人才计划，有 60 分的加分，上北大基本没问题。所以她更希望其他同学多考一些分数，因为其他人还是一考定终生。而且因为她的两个好朋友分数不理想，杨睿内心还是蛮失落的，她的快乐打了折扣。这是一个多么善良的好孩子！

杨睿还分享了她的一些见解，她很喜欢自然科学，喜欢物理、化学和生物。自然科学都是融通的，只是为了更好地教学才分类。她认为中国的基础科学还比较薄弱，所以她未来应该是先博观约取，奠定一定的基础之后，再选择自己的研究方向。这一点又让我很敬佩，很多人奔着金融去了，杨睿还是尊重自己的爱好，听从内心的召唤。

杨睿喜欢海菲兹的《恰空》，小提琴曲。这个曲子是一种复调音乐形式，固定的和声中有多次变奏。杨睿的理解是，多个声部相似而不同，共和而各异。其实任何东西都是这样，到了一定境界，都是共融共生。自然科学如此，多样化的爱好对学习的促进也是如此。杨睿对这个曲子的理解，放到今年江苏省的高考作文中，也是经典构思，非常切题而且讨巧。这也许就是杨睿喜欢《人类简史》的原因，能够从另外的角度去看问题，就会看到很多惊喜，这是老天赐予的第三只眼睛。

也许优秀的学生各有其不同，但他们同样都有一个好家长。这让我想起了我 2013 年教的一个女学生。在高三的一次班会上，班主任设置了一个环节叫"梦想并不遥远"，收集了父母给孩子未来的一句话，打乱掉，匿名在幻灯片中呈现给学生。这个女孩子爸妈给她的是："孩子，无论你的理想是什么，我们都会支持你。还有，希望你成为一位诚实正直的劳动者！"虽然是匿名的，但女孩还是一眼就认出来了，止不住热泪盈眶，根本不能自已……认领完之后，不少同学对她说："你爸妈真搞笑，竟希望你成为一名劳动者！"女孩笑着敷衍过去，但心里真的很难受。在给我的周记中，孩子这样写道：

劳动者，那又怎么了？这是做人的根本啊！是我们太浮躁了吗？还是我们的教育出了问题？劳动者，这社会上除了卖国贼和鄙视劳动者之徒，大概剩下的都是劳动者。凭借自己的力量吃饭，诚实正直有什么不好？我们是不是太过于追求什么了，而忽略了这最基本的东西。

……

理想就像小内内，每个人都有，但不能逢人必讲。我们更不能因为理想的远大而忽略了做人的基本。这是教育的悲哀吗？培养出来的人才外流是有原因的。这些在父辈们看来理所当然的东西，为什么现在却遭受如此误解？

我们一讲爱国主义，便有人笑我们假。一讲理想主义，便有人笑我们装。一提到鲁迅，便有人笑我们土。这个社会究竟怎么了？果真如孔庆东所说的充满了卖国贼吗？教育真的该做点什么了。要不然，中国的下一代谈什么建设国家，更别提是让国家屹立于世界之林而不倒了。

写到这里，突然想起杨睿的座右铭，也是她的价值观："刻苦求学问，天真做少年。"刻苦求学问，很多人能够做到，天真做少年，那就难了。难就难在天真。天真最大的特点就在于相信，相信美好，相信天道酬勤，也相信天地有大美。除杨睿父母让孩子自由发展外，这是我最欣赏杨睿的地方。

希望更多的父母能够看到这篇文章，先做最优秀的父母，然后再谈培养最优秀的孩子。

怎么对孩子进行爱情教育

　　前天我们老同事聚会，闲聊、交流，非常放松。差不多都是女人，很快大家就说到了孩子，女人们最喜欢交流的就是孩子。人到中年，孩子也都是大学或者高中阶段，很自然就谈到了孩子的恋爱。

　　有个朋友的孩子是复旦大学的，从小我们也是看着他长大的，他还是小王子的好朋友。但他的女人缘小王子学不来。人家初中的时候，就是女生追逐的对象。性格温和，成绩一流。高中也谈恋爱，但仍然是被女生倒追的，毕业后分手了。后来读大学，在复旦遇见的这一个才是真爱，两个人和谐得不得了。我们两家聚会，看着两个高材生在一起学习，发奋攻读，有时一上午也难得说一句话，但就是感觉特别温馨，让人羡慕。

　　朋友很满意这个姑娘，但他们老两口老谋深算，不说是女朋友，只说是儿子的同学，但内心里是欢喜的。毕竟是复旦大学的准儿媳，智商肯定不低，将来孙子的学习问题不大，要不然辅导功课就能折磨死人。

　　后来这两个孩子一道去了美国读书，朋友在视频聊天中观察到，好像是自己儿子做饭，小姑娘洗碗。两人有分工，男孩多做一点，没有什么不好。但让她有点郁闷的是，去美国前，双方家庭第一次见面，晚上在一起吃饭。她有了一个惊人的发现：这个家庭有点不对劲。小姑娘爸爸是做国际海鲜贸易的，非常有钱，高高在上，夸夸其谈。朋友的老公当年是某地理科状元，上海交大毕业。他是何等儒雅的一个人，说话声音很轻，最喜欢带孩子一起玩，童心未泯。小王子最喜欢他了。看到别人高谈阔论，他就低着头，默默吃饭、喝酒，一句话也不说。等到朋友出门的时候，小姑娘跟出来解释：阿姨，不好意思，我爸一直就这样……小姑娘的妈妈呢，也在吃饭，面无表情，也很少说话。这太奇怪了。

朋友晚上追问儿子。儿子这才说了实情。小姑娘的爸妈在她小学毕业的时候就离婚了。但直到现在，双方的老人都不知道他们离婚了。朋友有点不开心，她从小就给儿子灌输一个观点。无论未来找什么样的女孩，关系都不大。但她希望女孩家庭是完整的，是幸福的。一个完整和幸福家庭出来的孩子，会有一个美好幸福的童年，也有一个好的家庭氛围，她才具有幸福的能力。但现在，孩子根本就没有听自己的话。

大家就都劝慰她，父母恩爱孩子就一定恩爱？那也未必。父母离异孩子就一定离异？这也是想当然。从这小姑娘来看，小学阶段父母就离异了，但还是轻松考复旦，这就不是常人啊，非常棒。现在两个小孩相处那么好，你还有什么担心的？而且越是经历过不幸，往往越珍惜幸福生活，假期小姑娘就喜欢待在你家就是证明……这样一宽慰，朋友开心多了。有时候真需要聚会，在交流中获得信息，也获得理解和支持。

另一个同事有两个女儿，大女儿在美国读艺术，小女儿刚出生不久。她是一个性格外向的人，说话豪爽有趣。她先生做生意的，我们一起吃过饭，很好的人。每当有人找她帮找工作，她没办法就推荐到先生公司。先生没办法，只能接受。这就是爱情的模样。女人在爱自己的人面前，总是不讲理的。到后来，一大半企业员工都是她介绍的。后来她又介绍舅舅家的儿子。但因为过去常听说这孩子的一些事，先生对他印象不好，坚决不接受。但谁也不曾想到，她从来不写信的妈妈竟然给女婿写了一封信，开头就是："亲爱的女婿，你好！来信求你一件事……"于是先生只能接受。我们听到这里，大笑不止。谁知接受之后，同事不断指点和教导这孩子，发现这孩子学得快，都挺好。原来只是家庭从来没教过，但板子却常常打在孩子身上。

随后我们另一个同事，也说起了她的儿子。她的孩子是超级学霸。学霸的成长过程，自然非同凡响。从幼儿园的时候开始，她就给孩子请了外教，孩子的外语超级好。外语好是未来发展的重要引擎。迄今我自己的学历就是本科，再也无法更进一步，最主要的原因就是英语烂。有一年，我可以直接去读某教授的博士，但想到未来拿学位，英语这一关还是要过，只得咬咬牙放弃了。再回到话题上来，老同事觉得国内的教育单一看重分数，忽略了很多综合素养，太落伍了。就算血拼高考，上了清北又能怎么样，还不是被国外百所高校碾压？所以她让孩子上国际学校，但她又不想孩子把功课荒废掉。于是她先把孩子送入私立学校狂打基础，基础学科都解决之后，再把孩子送入国际学校。现在她孩子是真正的学霸、大神。攻必取，战必胜，根本不需父母操心。论外语，他早就过了，托福轻松考出高分。论学习，他也过了，就算国内考也是一流名校。

我知道这孩子，他从小就渴望斯坦福大学，不知道现在还有没有变。高中还没读完，他就考了世界联合学院，暑假后去学习。但这只是跳板，因为从这里更容易申请美国的哈佛或者斯坦福等名校。这一切都在这个漂亮妈妈的掌控之中。但我最感兴趣的还是她儿子谈恋爱。

小时候她问儿子，将来找女朋友，想要找什么样的？她儿子不假思索地回答，找漂亮的！她说，她一个晚上都没睡着。她需要慢慢引导。下一次，问到这个话题，儿子又说要找漂亮的。她就说了，如果仅仅是漂亮，但很笨，将来你们的孩子上学成绩很差，老师要找家长的。儿子恍然大悟，补充说，光漂亮不行，还要聪明。于是儿子找女朋友，又增加了一项条件——聪明。妈妈又说，如果漂亮也聪明，但就像林黛玉一样，身体不健康，三天两头生病怎么办？儿子想了想，也是，又加了一项——健康。也就是说，在儿子眼里漂亮第一，但在妈妈的眼里聪明和健康并不可少。其余的都可以忽略。她没有把女孩家庭完整不完整考虑在内。

那以后凡是乡下那些生病的人怎么样了,她都拿来告诉自己的孩子,强化了身体健康的重要性。到了高中之后,这个妈妈告诉儿子,高中可以谈一谈恋爱,不管成与不成。过了一段时间,妈妈听别人说,儿子与某个女孩子走得很近。她很高兴,也不打听,等着孩子告诉自己。果然儿子沉不住气,有天对她说:"妈妈,我有件事想告诉你,希望你不要生气。"妈妈说:"你说吧,我不会生气的。"儿子说:"我谈了一个女朋友,不过她不漂亮,成绩也不太好。"

我听到这里,心里忍不住大笑。可见教育的作用实在太有限了。你看,这个孩子违背了自己对漂亮的追求,也忽略了妈妈对聪明的需要。但他妈妈说:"我不生气,挺好的。只要你喜欢,我们都支持你。"孩子很高兴。过了一段时间,不知道为什么两个人又分了。早有人告诉孩子妈妈了,但妈妈不着急,等孩子自己说。果然一个星期不到,孩子说:"妈妈,我和那个女孩分手了。"妈妈也不问原因,说:"没关系,分手肯定有分手的理由。证明你们不合适,我相信你的选择和判断,将来会有更好的人和感情等着你……"

这种母子关系很是让我羡慕,学霸也就算了,情商还这么高,真正让人无话可说了,难怪我的另一个朋友说,和她在一起压力好大。我也感受到压力,因为小王子就是一个普通人。不过我们也没想过让他干什么大事业,我们只在乎他是不是健康,过得是不是快乐。我觉得他算是这样的人:阳光健康,善良快乐。

小时候我们全家看电影,每次看到要亲嘴的时候,我们就说:"儿子快把眼睛闭上。"结果到了初中,他还是习惯要闭上眼睛。我说可以睁开了,但他还是不好意思。我暗暗后悔,觉得这种教育方式错了,让孩子从小就觉得接吻是错的,男女恋爱是不道德的。为了弥补我的错误,到了高中,我提醒儿子可以谈谈恋爱。但他以为我是说反话,好抓他的小辫子，其实我是说真的。但他没有读过幼儿园，在班级里岁数最小，身边都是小姐姐，估计也不好"下手"。到了大学，对于小王子，我们除了希望女孩子家庭幸福，还不希望女孩比小王子岁数大。这就意味着我们不希望他找同学。虽然没有明说，但小王子多么聪明，早就心领神会了，这就又错过了很多机会。小王子身高一米八，也算一个帅哥，但迄今竟没有恋爱过，这让我这个"情感专家"情何以堪？

  前段时间，一个从国外回来的学生请我和程老师吃饭，和我们讲了一个笑话。她和我另一个引以为傲的女学生，相亲竟然相到了同一个男人。她说的时候在笑，笑的背后却是苦涩。两个超一流优秀的女生，找一个好对象居然也不容易。当然她们现在都有了美好的归宿，这冥冥中使得我们有了一点信心，觉得小王子也一定能有一份美好的爱情，在远方等着他。为了这一份美好，我和程老师都在努力，让自己美好，也为孩子创造必要的条件，让他做一个很厉害的普通人，然后与公主一起过上幸福美好的诗意生活。

第三章

生命的微光

> 凡是提高、充实、丰富我们生活的东西就是爱。通向一切高度和深度的东西就是爱。
>
> ——卡夫卡

给孩子的人生忠告

1

我儿,你有远大的志向,我很赞成,但还谈不上欣慰。志向只代表你的价值取向,关键是如何行动。

我见过太多语言的巨人,行动的矮子。临渊羡鱼,不如退而结网;既要仰望星空,更要脚踏实地。

著名美学家朱光潜先生有"三此主义":此身,此时,此地。

此身应该做而且能够做的事,就得由此身担当起,不推诿给旁人。

此时应该做而且能够做的事,就得在此时做,不拖延到未来。

此地应该做而且能够做的事,就得在此地做,不推诿到想象中的另一地位去做。

如能做到这"三此",才是自我的主人,庶几人生会少很多缺憾。

2

除了你的父母,或未来另一半的父母,没有人有义务非得对你好,你也不会无原则地对所有人好,所以,好与不好都很正常。

对你不好的人,你不必在意;对你好的人你要珍惜、感恩。

把自己对别人的好写在沙子上。把别人对你的好刻在石头上,一辈子不要忘记。没有人愿意帮助一个白眼狼,没有感恩之心的人,路会越走越窄。

3

成功之人必有贵人相助,这一条我很认同。但就我个人而言,我更愿选择相信汗水,相信泥土,相信岁月和自己的双手。

预赛很好的人，决赛才能获得好的赛道。命运掌握在自己手里，比遇见贵人更重要。人先要自助，贵人才会相助。或者成为自己的贵人，才是最终的天道。

4

年轻人喜欢逞强斗狠，你千万不要沾染。嘴上斗狠的人，一般都没大出息，你应该与这些人保持距离。

男子汉应该情绪稳定，任何时候都要理性、大度，有君子风度，不拘小节。山崩于前而不变色，海啸于后而不变声。

5

要交真正的朋友。好朋友宜少不宜多，三两知己，互相砥砺，人生足矣。

那些当头棒喝，让你难堪，使你清醒，促你成长的，乃是诤友。反之，好好先生，顺水推舟，初次见面就称兄道弟的，很可能只是酒肉朋友。

6

工作不是为了证明自己，而是为了发现自己。证明自己，会把人内在的驱动变成外在的奖赏；发现自己，会使你朝向生活，朝向更加宽广的真理。

默默无言，向世界开出你自己的花朵。不是为了争奇斗艳，只因为你是花朵，开花就是你的使命。能让丑小鸭飞上蓝天的，不是天鹅的召唤，而是丑小鸭内心里藏着一只天鹅。

7

事业和爱情，如果只选一个，我希望你选择爱情。因为事业成功之后获得的爱情，不一定是你的爱情，很可能是你事业的爱情。但美好的爱情却注定能够成全你的事业。

事业只能证明你优秀，但爱情却能够带给你幸福。作为你的父亲，我希望你终身幸福。我宁肯你做一个幸福的普通人。

8

做普通劳动者并不丢脸。给永远比拿愉快,让他人因为我的存在而感到幸福,让世界因为我而有一点点变化。这样你就是幸福的劳动者。

劳动创造人本身,劳动使你健康快乐。普通劳动者也可以改变世界,即便不能改变世界,如果享受自己的生活,不让世界改变自己,也是一种别具一格的幸福。

9

如果恋爱了,我祝福你们。如果失恋了也不要太伤心。

在你失恋之前,无数人都曾失恋,失恋只是一种普遍情况。过程即真经,没有伤口的人生不值得一活,感谢恋爱让你成熟和长大。

世界上没有最好的,只有最合适的。这个世界上人很多,但遇见灵魂伴侣的几率并不高。如果遇见了所爱,一定要竭尽全力去追,哪怕翻山越岭,哪怕千难万险。得之,我幸;不得,我命。

所有的付出都是值得的,就为了将来不后悔。更重要的原因是,精诚所至,金石为开,你一定能追到自己最珍惜的人。

10

不要责怪有人翻脸比翻书还快,而应该反思自己的眼光。这世界唯一不变的就是变本身。以利相交,利尽则断;以情相交,岁月有多久,感情就有多长。

所以最重要的,不是你认识多少人,而是有多少人真正认识你,成为你以情相交的朋友。

11

这个世界,人和人是不一样的。你可以诚信对人,不等于别人就一定会诚信对你。

你可以选择做一个好人,但你没办法让别人都不做坏人。学会与一个不太完美的社会狭路相逢,与好人相交,与坏人相处,都是你的必修课。

12

不要轻易接受别人的恩惠。吃人的嘴短，拿人的手软。有个词语叫恩威并施。恩就是威，威就是恩。

但要注意"轻易"二字，不轻易接受别人的恩惠，不等于不接受别人的恩惠。有时候接受别人真诚的帮助，反而会拉近你们的距离，因为信任常常让人很受用。一句话：运用之妙，存乎一心。

13

为人处世，接人待物，都要有敬畏之心。没有敬畏之心，人会变得轻佻、浅薄。有了敬畏之心，人或许就会变得沉稳厚重。

钱穆先生说"艰险我奋进，困乏我多情"，这是你喜欢的句子，希望也变成你的践行。

14

古语有云："他人有心，予忖度之。"要学会换位思考，自己不想做的，决不推给别人。孔子说："己所不欲，勿施于人。"但己所欲，也要慎施于人。他之美味，我之毒药。

一定要有同理心，同理心能够理顺关系；一定要有同情心，同情心能够融洽人事。

15

永远保持低调，因为你的辉煌对别人一钱不值，反而因为你的辉煌，暴露了别人的落寞。

对自己要狠，要敢于自嘲、自黑。你自嘲、自黑完了，人家会用放大镜寻找你的优点，会用漂白粉把你漂白，觉得你好像也不差。否则就会认为你没什么了不起。

16

拖延症是致命缺点。没有人能够拿走你的此时、此地、此事，除了你自己。

很多人都是积懒成笨的，一定要记得米缸里偷吃大米的老鼠，因为贪婪，米吃得过多，结果不能跃出米缸，最后丢了性命。北极熊舔舐冰雪上冻着的冰刀，舌头破了，喝的是自己的血，最终因为失血过多而亡。

17

以恕己之心恕人，以责人之心责己。要求别人少一点，再少一点。要求自己多一点，再多一点。

18

乐善好施是优点，但要量力而行。世界上没有免费的午餐，免费的午餐很可能会制造白眼狼。

如果给别人帮助，一定要迅速忘却。如果别人要回报，一定要愉快地接受，因为感恩也是一种负担。

19

要学会拒绝，一个不会拒绝的人，是一个好人，但仅仅是一个滥好人，而不是一个有尊严的人，也不会获得尊重。

无条件答应会让一切理所当然，偶尔拒绝才能体现不拒绝的价值。

20

要通识学习，不要把自己变成一种工具性的人才。

张爱玲说，出名要趁早，但就算大器早成，也不足道。大器还是器，君子不器。

21

做自己的鉴定人。不要被别人的评价所左右，赋予时光以生命的只能是自己。

天生我材必有用，我命由我不由天。

22

你的妈妈，你，还有我，这辈子能做一家人，已经心满意足了。我们都不完美，但在一起，还算圆满。

人生不必那么成功

近日，看到《人世间》作者梁晓声先生接受凤凰卫视吴小莉的一段采访。

两人一问一答，一个是干练潇洒的成功人士，目光炯炯，气势逼人，一个是土得掉渣的作家，平淡闲适，云淡风轻，形成了鲜明的反差，颇有意味。

吴小莉咄咄逼人地问："您认为的成功是什么？"

梁晓声淡定平和地说："我不认为一个人非得成功。好的生活其实应该是稳定而自适的，这个自适就是使自己的心性安稳下来，适合自己的那一种生活。如果每个人都去追逐所谓的成功，而我们又把成功定义为要么是当官，要么是成为大款，文化才不应该是这样，文化最大的作用可能是告诉我们绝大多数的受众，人生不必那样。当我们真的愿意从众生中来看榜样，榜样有时比比皆是，就在生活中。"

这段话很值得分析。观点是："我不认为一个人非得成功。"成功这个词已经被污染了，好的生活应该是稳定自适的一种生活。为何要稳定？因为不稳定就容易焦虑，焦虑就活得不从容，所以先要稳定。何为自适？自适就是适合自己，自己觉得很舒适。而且这种舒适还能够持久，是一种稳定的舒适，这就是好的生活。这是从正面来说。

再从反面来批驳。如果每个人都去追求所谓的成功，特别是这个成功又被窄化为当官或者挣大钱，那就有问题了。道理很明显，都去当大官，官帽是有限的；都去挣大钱，那么挣谁的钱呢？这就引发焦虑，引发恶性竞争，所有人都不安全，都不稳定，全部处在不自适之中。

文化不应这样。人生不必那样。从众生来看榜样，榜样比比皆是。三百六十行，行行出状元。一个人成功还能比状元更成功？这个状元不就是榜样？

你是一个老师，你教书育人，孩子们都信服你，听从你的教导，好好学习，天天向上，如沐春风，你是不是榜样？你是一个农民，你熟悉任何种子、天气、病虫害，即便在荒年，也能从老天爷手里抢口饭吃，你是不是榜样？你是一个母亲，你相夫教子，工作有条不紊，把大家庭弄得和睦有爱，你是不是榜样？你是一个丈夫，你爱护妻子，陪伴孩子，使得一个家庭充满希望和活力，你是不是一个榜样？

榜样不是在官位中，也不是在金钱中，官位和金钱是最不可靠的，最不能稳定自适的。《桃花扇》中说，眼看他起高楼，眼看他宴宾客，眼看他楼塌了。榜样在活生生的烟火中，在热气腾腾的生活中。这就是梁晓声要告诉我们的。

有一个词叫"躺平"。因为内卷，很多人厌倦了这种卷来卷去的生活，干脆选择躺平。对于很多人来说，躺平是一种选择。选择是一种自由，没有正确和错误之分。选择躺平，只要你能躺得平，并且承担躺平的后果，那么这就是你的选择，或许就是最好的选择。你的人生你做主，任何人没有资格评判，也没有资格否定。

看到一则漫画，非常伤心。漫画中有一千多万毕业生走入社会找工作，但很多民营企业却都倒闭了。所以当我们责怪年轻人躺平的时候，也要考虑一下他们不躺平还能怎么样吧？躺平也许也是一种稳定自适的活法。

与躺平相对的就是奋斗，奋斗没有错，应该鼓励年轻人去奋斗。但是奋斗的终点呢？就是成功？就是未来当大官，做大款？然后呢？然后就是盖房子，娶老婆，生孩子，然后放羊？教育最大的问题就是推崇成功学。

成功学，以教育之名，扭曲了孩子的心灵，毒害了社会风气，恶化了人际关系。从孩子还在肚子里，我们就开始了成功教育，并美其名曰：不能让孩子输在起跑线上。什么是起跑线？和谁赛跑？终点是什么？奖牌是什么？凭什么让孩子用活生生的生命去追求所谓的奖牌？这样成功的奖牌对我们的生命究竟有什么意义？

这一切，没有谁来告诉我们。在一个被成功学裹挟的时代里，大家都变成了傻子。一个简单的道理是，只有在短跑中，起跑才显得重要。而除了在比喻之中，生命注定是一个漫长的过程，起跑一点儿也不重要，过程中的体验才最重要。

在我看来，生命不是为了成功，甚至也不是为了成长，而是为了绽放，开出自己的花来。但教育却常常忘记了本源，我们千军万马呼啸而过，奔向通往成功的独木桥。所有人的眼里都露出攫取的光，都巴不得别人掉下河去，好独自闯过独木桥，直捣黄龙，"春风得意马蹄疾，一日看尽长安花"。

看过河北某中学的誓师大会，不由得毛骨悚然，岂止土猪拱白菜，只差喊出不成功便成仁了；而广东某高三甚至荒唐地规定晚自习不允许上厕所，好让学生平常就练好憋尿功，防止高考时上厕所。如此违背常识，如此违反人性的思维，却成为学校精细化管理的追求，这岂不是咄咄怪事！

很多年前，湖南某中学的老师说，同学们，读书就是为了成功，成功将来就能够挣大钱、娶美女。无独有偶，北师大董教授也公然对学生说："对高学历者来说，贫穷意味着耻辱和失败。当你40岁时，没有4000万身家不要来见我，也别说是我学生。"

董教授何以不让学生来见自己，何以反感学生自称是自己的高足呢？道理很简单，因为这些学生挣钱不多，出息不大，犯了"不成功罪"。

而所有犯有"不成功罪"的人，岂止师父不相认，在家庭中也是日子难熬。想当年刘邦没有二哥事业成功，就常常受到他老爹的责骂。以致刘邦成为家天下的皇帝后，为了挽回面子，首先就是问他老子："某业所就，孰与仲多？"

师父不认，家庭不亲，这还只是小事。重要的是，不成功者还必然受到社会惩罚。所有的不成功者，在社会中，被歧视，被侮辱，被损害，被践踏，生不如死。一个个丧心病狂的心理扭曲者，就这样被我们制造出来，然后，他们疯狂地报复社会。而且，因为这些人自身的弱势，他们还常常选择更弱小的孩子下手。

开发个人潜能，实现人生价值，成就美好人生。社会成功学还在不断泛滥，一个个成功学的励志故事，让我们像打了鸡血一样亢奋。一些人恨不得像岳不群一样，为了让自己卓尔不群，甚至连命根子也不要了。我们何时变得如此渴望成功？成功之路何以变得如此简单、如此粗暴？我们，还有我们的孩子有没有选择不成功的权利？

遗憾的是，在社会中，很多人认为不管白猫黑猫，抓到老鼠的就是好猫。因为只有抓到了老鼠的猫，才有资格被认定是成功的猫。学生考试也是如此啊，考好了就是熊猫，考不好就是病猫。一切都只看结果，根本没有过程，也无需过程。这是一种极端的功利主义，胜者为王，败者为寇。

但成功真的就那么简单吗？谁来帮我们界定什么是真正的成功？凭什么你所说的成功就是成功，我所认为的成功就不是成功呢？像梁晓声所说的那样，拥有一种稳定自适的生活，是不是成功？拥有一双勤劳的手、一对清澈的眼睛、一颗善良的心，是不是成功？一个有悲悯情怀的人，和一个性格粗野、粗糙麻木、人傻钱多的家伙，谁拥有更成功的人生？

多年前，钱理群先生曾经痛心疾首："我们的一些大学，包括北京大学，正在培养一些'精致的利己主义者'，他们高智商，世俗，老到，善于表演，懂得配合，更善于利用体制达到自己的目的。"他们唯一不能忍受的，就是别人比自己更加成功。

当全民成功变成社会化的风潮，当成功上升为绝对真理，成为人们趋之若鹜的东西，成功学就成为毒药，信奉成功学的人没有谁能幸免于难。因此，天生丽质、才华横溢的清华大学学生朱令，惨遭毒手；刚刚以第一名被保送博士的黄洋，还没来得及庆祝，就被舍友送上了断头台。可怜这个孩子，在临死之前，还清洗了饮水机，生怕舍友中毒，他哪里知道下毒的就是舍友。他们什么过错也没有，唯一的过错就是他们太成功了。

然而，在一个社会中，不可能人人都成功，成功人士不过1%，如果社会宣扬不成功就有罪，那么，99%的不成功者如何存活？当这99%的不成功者感受到社会的歧视和凌辱，那些成功者又如何能够保证自己的安全和幸福呢？而在一所学校、一个班级之中，一定会有一半人在平均分之下。更何况成功还是相对的，就算你这个班级是宇宙第一，也依然会有一半人在平均分之下，也就是说，我们永远也不能保证所有的人都是成功者。

还是王朔对成功的认识最为到位。曾经有记者问他是不是太溺爱自己的女儿了，王朔回答道："我干吗不对她宽容？我干吗要对她严厉？我希望她干吗呀？我什么都不希望她。我希望她快快乐乐过完一生，我不要她成功。我最恨这词儿了。什么成功，不就是挣点钱，被傻子们知道吗？！"

所谓的成功学，不过是一种唬人的把戏，真正的成功就是持续的努力，与自己的惰性做斗争，努力做一个诚实的人、善良的人。

我们的教育，绝不能只记得教书，忘记了育人；只注重分数，丢掉了底线。学生要有知识的积累，更要有人文的涵养，要有精神的丰富，还要有视野的广阔，多一些悲悯的情怀，少一些功利主义的冲动。只是，树欲静而风不止，一傅众咻，想要达到这样的程度实在太困难了。

王朔最后还是把女儿送到国外去了。采访中，他的一段话道破天机："我女儿在中国不爱学习，到了国外，变成一特别爱学习的人。在国外，你有兴趣学就去学，你没兴趣学就当普通人。当个普通人不丢人。法律保护所有普通人，再有钱也不能欺负普通人。"

也许正是作为一个普通人太丢人、被欺负，才使得我们下决心要信奉成功学，决不做普通人！哪怕我是一只小小鸟，我也要努力飞得很高；但要命的是，一旦我们飞上了枝头，却又落入了猎人的眼中。这就是我们的悖谬。

父母因为成功学的焦虑，往往眼里揉不得沙子，他们希望孩子每时每刻都在学习，每时每刻都保持必要的紧张。一旦不如意，往往就大吵大闹，或者诉诸冷暴力。孩子感受到巨大的压力，又无处可去，情感得不到宣泄，郁闷得不到缓解，这是极其危险的。

成年人要知道，每时每刻都学习的是机器人，不是人。成年人工作也是要下班的，周末也是要休息的，为什么孩子就不可以？孩子是属于他们自己的人，不是我们的奴隶和工具。从孩子时代走过来的我们，究竟在社会上有多成功呢？自己那个熊样却过分要求孩子，要知道基因也是影响一个人智力的重要因素。

成年人只需要想一想当初的自己，我们都经历过孩童时代，但孩子却没有经历过成年，所以，导致父母和孩子沟通不畅的，不是孩子，而是我们成人。

孩子不明白我们，但我们应该明白孩子，理解孩子，体谅孩子，接纳孩子。我们只有理解、接纳，并且与孩子和谐共处，才能真正走入孩子心灵。

《小王子》中说:"审判自己要比审判别人难得多。如果你能正确地审判自己,那你就是真正的聪明人。"我们就能如梁晓声所说,挣脱成功学的焦虑,妻贤子孝,"山静似太古,日长如小年",有一种稳定而自适的人生。

给她一份微光,她能照亮整个世界

看到郭校长发的朋友圈,她说:"边流着泪边看,脑海里闪现的是她每天趴在桌子上看书写作业的情景。"说的是张家港市外国语学校的学生周芷晴。这孩子一只眼睛没有了,另一只眼睛仅存视力不到 0.1,但却刻苦学习终于成才。

我忍不住眼睛发涩,很感动,但却并不觉得惊奇,因为这是张家港市外国语学校,我太了解这所学校,太了解这里的学生了。外国语学校,是我战斗过的地方,是我人生成长的热土,也是我的精神故乡!我赶紧分享给程老师。在郭校长的朋友圈下,我还看到一个 07 届学生的留言,说她读得热泪盈眶。人非草木,孰能无情,我不也是如此?

据说,芷晴 4 岁上幼儿园,突然有一天左眼球有了一个白点,细心的妈妈发现了,非常着急,马上送往上海诊治。天大的不幸就这样降临了,这孩子竟然确诊了白内障。在我们的认知里,白内障好像是老人的专属,谁曾想一个 4 岁的孩子竟然遭此厄运!

然后就是手术啊手术,你能想象一个 4 岁的孩子,两只眼睛一共做了十几次手术吗?那可是在眼球上动刀。我有这个体验,我曾经眼睛受过伤,在眼球上打过针。你必须大大睁着眼睛,看着一寸多长的针扎到你的眼球里去。一针扎下去,一声哀号,不知道是泪水还是什么水,流淌到整个脸上。

4 岁的孩子也许不记得疼痛了,但我不知道芷晴父母是如何承受过来的。但命运却是无情的。芷晴的那只眼睛不但没有恢复,反而不断萎缩,终至失明。最后不得不装了一只义眼。更要命的是，两只眼睛是相连的，另一只眼睛也受到影响，视力不断下降，最后只存一点模糊的视力。

没有办法，芷晴父母开始考察南京和苏州的盲聋学校，准备把她送到特殊学校里去。如果这一步终于跨出，那么可能真正的悲剧就产生了。无比感谢特殊学校的老师们，他们告诉芷晴父母，但凡有一丁点希望，也决不要让芷晴进特殊学校。一定要让她进正常的学校，她才有可能成为一个正常的人。有正常人的举止和习惯，也有正常人的思维，这对她未来的人生很重要。

家长听取了特殊学校老师的意见。最后送芷晴去了正常学校，属于芷晴的艰苦修炼到来了。她学习极其认真，眼睛不好，那就认真听，拼命记，一遍遍在心里重复。因为需要听清，更需要记住，反而锻炼了芷晴的听力和专注力。芷晴，这个可怜的孩子，用自己微小的心灵、坚强不屈的精神来与病魔抗争。

后来，她在苏州盲校老师的帮助下，开始借助工具来学习。有两样东西成为她的案头必备。一个是望远镜，一个是放大镜。望远镜是看黑板上老师的板书。我们可以设想，在课堂上，一个孩子端着一个望远镜搜索黑板，就好像是在寻找大海上的一条船。这对其他同学是多么大的鼓励，就算对老师，也是一个莫大的鞭策。芷晴的望远镜，我觉得应该进校史馆。放大镜则是看自己手边的书。她酷爱阅读，希望每一本书都能把人带到远方。闲暇的时候，她喜欢唐诗宋词，学会了格律韵脚，自己学着填词作赋，自得其乐。芷晴的放大镜，无数次放大了她的人生。

她始终坚信，上帝给你关上了一扇门，就会给你打开另一扇门。她爱好广泛，兴趣多多。业余时间，她沉迷在自己的一方小天地中，吹拉弹唱，样样拿手。她学会了钢琴，自学了尤克里里，还特别喜欢绘画。她笔下的小人儿栩栩如生，给她的学习增添了很多乐趣。有趣的灵魂万里挑一，幸运的是她就是万里之一，班级里的孩子都很喜欢她。

但芷晴毕竟视力有限，每当用眼过度，特别是晚自习超过8点，芷晴的眼睛就会流泪。她就趴在桌子上一边流泪，一边看书写作业。这就是郭校长的感慨，每晚巡视看到她趴在桌子上学习，她就心疼不已。幸运的是，芷晴在外校遇见了很多好老师。老师们鼓励她、支持她、帮助她，所有人都把她看成是自己的孩子，看成是全校学生的励志榜样。

到了高三，芷晴担心不能长时间看试卷，或者看不清，导致高考时间不够用，有段时间情绪有点低落。老师发现了，就反复做工作。说未来会帮她申请特殊考场，看清试卷没问题。还有平常学习得越好，所花时间越少，眼睛受损的可能性就越小。最后她终于放下负担，轻装上阵，继续微笑着面对生活，刻苦地迎接学习。

高考时，学校给她申请了特殊考场，申请了残疾人的考试卷，卷面文字放大了好几倍。芷晴开心极了，更加信心百倍，沉着冷静地答题……凭借着顽强毅力和拼搏精神，芷晴在高考中取得了407分的好成绩。语文126分，数学140分，数学附加39分，英语97分，小高考5分，总分407分。这个分数离清北线仅仅差10分。这是一个无数正常人都无法企及的分数，这是一个奇迹，最后芷晴顺利考取中国人民大学工商管理和人力资源专业。

可怜的芷晴，她是一个有职业规划的人，她喜欢化学，未来渴望做一些研究，但为了保护自己仅存的视力，她不得不选择放弃，这是多么痛苦的事。

这个世界是丰富的，有健康的人，也有残疾人。我不知道如何定义这两类人。很多人有眼睛不会观看，有耳朵不会谛听，有智慧不会思考……他们暴殄天物，或许才是真正的残疾人。但我却在芷晴的身上看到了阳光、健康和美好心灵。她让我深深感动，让我觉得自己才像是一个残疾人。

感谢芷晴，感谢芷晴的父母，感谢盲聋学校的老师，感谢伟大的外国语学校，感谢外校的老师们的辛勤培育！芷晴的成功不仅是学习的成功，更是意志品质和人格力量的双重胜利！

　　正因为如此，芷晴感动了《人民日报》，感动了央视，感动了中国。阿基米德说：给我一个支点，我就能撬起整个地球！但这只是物理学的假设，支点不可能存在，撬起地球也没有意义。芷晴比他还要厉害，她真正做到了——给我一份微光，我能照亮整个世界！

人生的境界

读了博尔诺夫的《教育人类学》，最欣赏的就是人的可教育性。

与其他动物相比，人是有缺陷的。动物大多有皮毛，可以御寒；一生下来，就能跑会跳，没过几天就能自我生存。而在由猿到人的进化过程中，人的这些生存武器已经退化。人生下来之后，还要度过一段很长的官外期。因而，人与动物不同，其行为并非受本能指引，而要受思想指导，人只有通过思想才能立足于世。但人的思想并非与生俱来，只有在后天的学习中形成。也就是说，人必须接受教育。

博尔诺夫认为，人天生是一种文化生物，包括两层意思。首先说明人一生下来就进入一个文化了的世界。人要生存，就必须要学习，接受后天的教育。其次说明人生来就是有缺陷的生物。人的生物缺陷与文化之间是相互补充的关系，正是由于要通过较高的能力来弥补现存的缺陷，人成了不断求新的动物，成了虽不完美，但可以使自己不断完美的生物。正如阿德勒所说，人因为自卑而超越。

人的这个不断求新的、不断趋向完美的过程，伴随着人的旅程，每一层台阶都是人生的一个境界。每一个境界之上，人生的风景也会不同，人的认识也会迥异。有意思的是，古今中外的哲人们都喜欢把人生分为三个境界。

丹麦哲学家克尔凯郭尔将人生划分为三个阶段：审美阶段、道德阶段和宗教阶段。处在审美阶段的人，总是耽于感官的享乐，没有道德责任感，也很难洞察真理。到了道德阶段，人固守道德的准则，凭着理性生活。但是人毕竟还是享乐型的动物，道德存在和感性生活不断发生冲突，给人带来沉重的痛苦。而在宗教阶段，人摆脱了世俗和道德的束缚，凭信仰生活，他只作为自己而存在，面对的只是上帝。

德国哲学家尼采则认为，人生有三个时期，即合群时期、沙漠时期和创造时期。合群时期，自我尚未苏醒，个体隐没在群体之中。沙漠时期，自我意识觉醒，开始在寂寞中思索。创造时期，通过个人独特的文化创造而趋于永恒之境。

那么，中国的哲人们如何看待人生的境界呢？

宋代禅宗将修行分为三个境界。第一境界是"落叶满空山，何处寻芳迹"，第二境界是"空山无人，水流花开"，第三个境界是"万古长空，一朝风月"。三个境界中都有"空"字，三个境界就是对"空"的三种不同的理解。

第一境界中的"寻"，是寻找禅的本体而不得的阶段。表现为人不断追问自身起源，追问"我是谁？我从哪里来？我到哪里去？"的千古难题。《射雕英雄传》中的郭靖就曾经陷入这个追问之中，而欧阳锋更是因此而走火入魔。第二境界中的"无"，这是似已悟道而实未悟道的阶段。表明人已经从自然中剥离出来，与外在的"水流花开"自成为一独立世界。而第三境界中的"万古"与"一朝"融合为一。这说明人对有限时空的超越，经过否定之否定之后所达到天人合一之境。所谓"瞬间即永恒，刹那成终古"。

唐代禅宗大师青原行思提出参禅的三重境界："参禅之初，看山是山，看水是水；禅有悟时，看山不是山，看水不是水；禅中彻悟，看山仍然是山，看水仍然是水。"佛家讲究入世与出世，于尘世间领会佛理之真谛。人之一生，从垂髫小儿至垂垂老者，匆匆的人生旅途中，我们也经历着人生的三重境界。参透人生与参透佛理，并无二致。

涉世之初，怀着对这个世界的好奇与新鲜，对一切事物都用一种童真的眼光来看待，万事万物在我们的眼里都还原成本原——山就是山，水就是水。这就是人生的第一重境界。

等到在生活中碰得头破血流，人开始变得多疑、警惕、复杂，甚至激愤、不平，人不愿再去相信什么，甚至连自己的眼睛也不再相信。山不再是单纯的山，水也不再是单纯的水。一切都是人的主观意志的载体。"感时花溅泪，恨别鸟惊心。"这是人生的第二重境界。

很多人追求一生，劳碌一生，心高气傲一生，最后才发现"死去元知万事空"。一切的外在的附着物都不重要。成吉思汗临死之时，非常感慨。一辈子争来那么多的疆土，但是，属于自己的不过是很小的一块。只有极少数的人达到第三重人生境界。高朋满座，不会昏眩；曲终人散，不会孤独。人智人愚，不碍于眼；世事得失，不系于心。任你红尘滚滚，我自清风朗月。人本是人，不必刻意去做人；世本是世，无需精心去处世。这个时候的人，就会看山又是山，看水又是水了。

受禅宗思想的影响，南宋诗论家严羽在《沧浪诗话》中，提出学诗的三境："其初不识好恶，连篇累牍，肆笔而成；既识羞愧，始生畏缩，成之极难；及其透彻，则七纵八横，信手拈来，头头是道矣。"就诗人的主体而言，心灵最初是自由自在的，不辨美丑，处于童贞状态；当认识到规矩和成法之后，就陷入束缚和捆绑之中；最后摆脱一切外在的桎梏，获得了主体与客体的契合，也获得了真正的、纯粹的自由。这时，方能"行住坐卧，无非是道"，"纵横自在，无非是法"。

最终将禅学、诗学与哲学融会贯通、铸为一体的，是晚清一代宗师王国维。王氏在《人间词话》中说，古今凡成大事者必经三种境界。"昨夜西风凋碧树，独上高楼，望尽天涯路。"此第一境界也。"衣带渐宽终不悔，为伊消得人憔悴。"此第二境界也。"众里寻他千百度，蓦然回首，那人却在，灯火阑珊处。"此第三境界也。

"昨夜西风凋碧树，独上高楼，望尽天涯路。"一夜之间，秋风就会凋零碧树，此处有悲秋之感，更有人生短暂之叹。白云苍狗，时不我待，所以要登高远望，确立自己的人生目标。

一旦目标明确之后，就要在既定的道路上寻求真理，为之"不悔"，为之"憔悴"。"咬定青山不放松，立根原在破岩中。""衣带渐宽终不悔，为伊消得人憔悴。"这不仅是肉体上的苦乏，更是心志上的锤炼。这就是第二境界。

有了目标，又能执着地追求，照理说，自然会艰难困苦，玉汝于成。但你仍然有可能两手空空，一无所获。但在看淡一切之后，蓦然回首，说不定你会豁然开朗，刹那间领悟"真"与"是"，从而将自己的发现汇入真理的长河。探索就是真理，过程就是真经。这就是人生的第三大境界。"众里寻他千百度，蓦然回首，那人却在，灯火阑珊处。"

于是，又想起这样一个故事：

师徒三人，见一幡迎风飘动。一徒弟说："风未动，而幡自动。"另一徒弟说："非幡动，是风动。"二人争执不下，师傅却说："既非风动，也非幡动，乃汝心动也。"

本来无一物，何处染尘埃？最高的境界乃是心灵的修炼，春风化雨，万物如常，而又臻于化境。

成人的苟且,不要阻挡孩子的诗与远方

2020年7月23日,高考成绩揭榜,湖南耒阳女孩钟芳蓉考了676分,一举获得湖南省文科第4名的好成绩。消息传来,50多位老师连夜进村报喜。村民们也燃起了烟花鞭炮,火树银花不夜天。

那么,问题来了,女孩高考确实考得不错,但何以让50多位教师连夜进村报喜?何以村庄里如此轰动?这是有原因的。原来钟芳蓉从6年级开始寄宿读书,一个月回一次家,但即便回家也见不到父母。7年前钟芳蓉父母就外出打工,钟芳蓉是一个标准的留守女生。一个留守孩子,从小学就开始住校读书,一切只能靠自己。但她却凭借着自尊自律自强,顽强拼搏,敢于争先,最终在湖南文科14.92万人中名列第四,大放异彩,可喜可贺。

我很理解这50多位老师连夜进村的感慨,哪个老师不为这样的学生自豪?我也很理解村民们燃放鞭炮的激动,这是身边的榜样,榜样的力量是无穷的,这是对自己孩子无声的教育。

我们还发现,最好的教育永远是自我教育。一个人只要真正觉醒了,只要坚持想要读书,那么留守儿童也可以读成书,上山放牛也可以读成书,凿壁偷光也可以读成书。如果不愿学不想学,那么万世师表的孔子也没什么好办法。孔子的学生也有不爱读书的,老夫子火了,照样痛骂学生,孺子不可教也,烂泥扶不上墙。

但真正让钟芳蓉火的不是她的高考成绩,而是她随后的志愿申报。清华、北大等高校轮番上门,热门专业随便挑,谁知钟芳蓉竟然选择了北大最冷门的考古系。我的天,这下网友们炸了,这怎么行?考古专业

太冷门，没什么"钱"景，未来很可能找不到工作……这样的农民工家庭，还是选报一个热门专业赚钱比较重要，比如清华或者北大的经管学院。这些专业出来，那是弯着腰捡钱啊。

好容易上了北大，为什么那么傻呢？为什么要报考古系呢？网友一个个捶胸顿足，为这个小姑娘操碎了心。有的说："到就业的时候就哭了，分分钟教你做人。"有的说："估计老师们都失望了，注定不是一个大富大贵的行业。"……

我不否认大家的观点，很多人都是好意，但这是别人的人生，我们只能是看客，看而不语真君子。学生是否大富大贵并非老师最看重的，老师最看重的，还是学生有没有完成自我价值的实现。如果学生过上了自己想要的生活，老师就一定会为学生祝福。

钟芳蓉志愿填报的话题高达几亿关注度，但小姑娘反而非常冷静。真正让我对她刮目相看的就是她的冷静和理性。她说，我受樊锦诗先生的影响，以及未来规划的考虑，所以慎重填报了北大考古系，以后会读研深造，如樊锦诗先生一样从事考古研究。

樊锦诗是谁？江南女子樊锦诗，北大毕业，心系敦煌四十载，皓首穷经，风雨无阻，被称为"敦煌女儿"。她为敦煌学研究做出重大贡献，证明敦煌学仍然在中国。任何人，只要关注了敦煌，就绕不过樊锦诗。樊锦诗是少见的被尊称为先生的女性之一。钟芳蓉以樊锦诗为人生坐标，渴望走她一样的路，证明钟芳蓉已经破译了哲学的三大难题：我是谁？我从哪里来？我要到哪里去？

至于未来找工作，钟芳蓉认为，北大考古系毕业，未来就业的话基本生活应该能保障。作为一个女孩子，她没有追求奢华富贵的生活，认为基本生活有保障就可以了，有衣蔽体，有饭果腹，这就够了，转而追求更高贵的精神生活。这是一个理想主义的新女性，是一个完全脱离了低级趣味的人，我们怎么能用我们的生活趣味来绑架她？

至于没有什么钱挣，她的回答更是简洁："我个人特别喜欢，我觉得喜欢就够了呀！"人活着究竟是为了什么？将来注定一死，这样一想，往往就很悲观。但不也豁然开朗？既然都有一死，开头和结尾都是相同的，所不同的就是过程。最重要的就是过程中的体验。为什么一定就想着头破血流地去挣钱呢？如果生活有保障，一辈子做自己特别喜欢的事，这难道还不香吗？

其实吃瓜群众的心情可以理解，但她是钟芳蓉，是一个特殊的女孩，是湖南高考文科第 4 名！她不到 1 岁就开始和爷爷奶奶一起生活，她是中国千万个留守儿童中的一个，她的成功不是留守儿童的成功，也不是寒门的成功，而是罕见的素质教育的成功！这是一个真正看清了自己、看清了未来、懂得自己要什么、有着清晰人生规划和理想追求的榜样青年的成功。

"少年强则国强"，她的模样应该成为中国青年的模样，超越冷门和热门的偏见，不为吃米而活着，不受世俗沾染，坚持自己的爱好，淡薄物质追求，做一个彻底的"理想实现主义者"。这样的青年越多，我们的教育才越有前途，我们的国家才更有希望。

看着世故老人越来越多，中国考古界坐不住了。众多重量级的大佬，听闻小姑娘的人生追求极为感动，纷纷出马给她压阵。网友感慨，整个考古界有一种晚来得女的欣喜。九阴真经、九阳神功、一指禅、落英神剑掌、碧海潮生曲、打狗棒法、独孤九剑、北冥神功……这些老人家都想把独门绝技倾囊相授。

四川省文物考古研究院大 V 在微博写下这样一段话，代表了考古界的热情欢迎："冷门的考古圈又一次喜提热搜！年轻人加油，既然你已笃定信念，未来便不会迷茫。中国考古人都是你坚实的后盾，祝你学业有成。未来你就是乘风破浪的考古小姐姐。"

为了给未来的小师妹鼓劲，山西、湖南、天津、四川、广东、河南、湖北、江西、甘肃等省市的考古界一拥而上，纷纷送上礼物，支持小姑娘的人生选择，为她疯狂打 call。这是中国教育史上罕见的一幕，没有任何一个人享受过这种待遇。一个高考生的志愿选择，居然引发了一个行业的骚动。这说明了冷门行业是如何凋敝，说明了理想的坠落是如何迅疾，说明了个人的理想主义是如何珍贵。因为稀缺，所以美好。

但事实上这是很可悲的。整个社会弥漫着成功学的雾霾。人家的高中生上大学，只想着追求智慧和真理，实现人无限的可能性。但在成功学的眼里，那都是虚的，都不重要。决定一个孩子是否成功的衡量指标是是否拥有金钱和权力。成功学对孩子的污染太厉害了。好容易我们出了一个有理性认识、科学规划和执着追求的有品位的青年，还要被这些老好人教育。所谓成功学，不过是一种唬人的把戏，真正的成功就是持续努力，与自己的惰性做斗争，努力做一个诚实的人、善良的人、自我实现的人。能独立给自己的人生赋予意义才是最重要的。

高晓松认为，名校是镇国重器，名校培养你是为了让国家相信真理，不是用来找工作、挣大钱的。如果一个大名校生，一没有胸怀天下，二没有改造国家的愿望，三没有理想，那么教育还有希望吗？

任何时候，社会的发展，历史的进步，都离不开那些高举着理想之火的青年。他们的志愿不是出自成功学的考量，而是出自真实的内心，出自初生牛犊不怕虎的闯劲，出自追求真理的渴望，出自热血注定要燃烧的蓬勃理想。

流沙河这样写理想："理想是石，敲出星星之火；理想是火，点燃熄灭的灯；理想是灯，照亮夜行的路；理想是路，引你走到黎明。"我们当然不敢说这个小姑娘将来一定会有黎明前景，一定能成为第二个樊锦诗，但她能成为最好的自己就已经很了不起了。

更何况她引发的讨论是一次重大的启蒙，是一个现象级的事件，很多人会以她为榜样，不听那些世故老人的话，勇敢去追求自己的梦想。沧浪之水清兮，可以濯吾缨。沧浪之水浊兮，可以濯吾足。

每个人都是丑小鸭

安徒生的《丑小鸭》作为近200年来最经典的童话之一，诞生以来，风靡全世界，成为一个经典原型，给无数作家深刻的启迪和灌溉。

很多人认为那个丑小鸭就是安徒生，他也确实喜欢运用类似的手法，但我更愿意认为丑小鸭融入了作者的人生体验，并非仅仅等同于作者自身。

的确，安徒生家境贫寒，没有受过什么教育。他想做芭蕾舞演员，想当歌剧演员，这些愿望都没能实现。他开始创作后，在丹麦又不断遭到嘲笑和排挤。这些可以说都是安徒生不幸的遭遇，但反过来说，安徒生幸福的际遇更多。

在他自传《我生命的故事》的一开始，他就这样说："我的一生是一部美丽的童话，童话的情节曲折动人，主人公幸福无比。"

这话绝非空穴来风。出生于欧登塞的安徒生是个独苗，被父母惯得不得了。从小安徒生就是被当作贵族抚养的，他常常和鲜花做游戏，那实在是一个幸福的家庭。他的父亲是一个年轻鞋匠，但才华出众，富有诗的灵感；他的妈妈虽然对外面的大千世界一无所知，但是富有爱心。这些最初的品质都是安徒生后来文学萌发最重要的种子，它们埋在安徒生的生命里并最终发芽开花。

在安徒生后来的生活中，哥本哈根皇家音乐学院的院长西伯尼、独舞演员大伦等，尤其是国家枢密院的科林，更是终生关注和爱护安徒生。在自传中，安徒生这样评价科林："没有哪个父亲比他对我更好，过去如此，现在也是如此。没有人像他那样为我后来的进步和荣誉那么由衷地欣慰，没有人像他那样，在我遇到困难的时候，给我衷心的安慰，对我像对自己孩子那样关爱，他给我帮助时，没有一句话，没有一个眼神会让我感觉负债深重。"

像这样无私给予安徒生援助的人还有很多。安徒生曾经努力写作长篇小说，但丹麦的一个大物理学家告诉他："写小说可以让你成名，写童话可以让你不朽。"所幸的是安徒生听从了他的劝告，否则，就没有《丑小鸭》了。

在这个世界上，有很多人饥饿，并不是仅仅因为缺少食物，也因为缺少安慰和爱；有很多人寒冷，并不仅仅因为缺少衣服，也因为缺少人的尊严和平等。可以说，安慰和爱，尊严和平等，安徒生都曾经缺乏过，但又曾经幸运地获得过。

丑小鸭不应该仅仅是安徒生自己的人生，更应该是安徒生的人生体验。这是两个概念。

比如《丑小鸭》中，难道没有安徒生的父亲——汉斯·安徒生的影子？这个鞋匠，才华出众，充满文学天赋。本该执笔的手，却只能做鞋子，这种痛苦难以言说。他的鞋架上放着很多伟大作品。安徒生就是他的一切，他为这个儿子而活。星期天，他给安徒生做玩具和画图画，朗读拉封丹和霍尔堡的作品或者是《天方夜谭》。安徒生说，只有这个时候，才能看到他的笑容，作为一个手工艺人，汉斯·安徒生，这个可怜的父亲，他的一生从来没有真正快乐过。他梦想着读书，这是丑小鸭飞翔的翅膀。

有一天，有个文法学校的学生到家里来订购一双新鞋，安徒生亲眼看见自己的父亲泪眼闪烁。包括父亲后来突然间要当兵入伍，都可以看成是这只"丑小鸭"的一种挣扎。汉斯·安徒生，是一只折断翅膀的天鹅。

难道安徒生的母亲，这个伟大的女人身上，就没有丑小鸭的影子？

这个没有文化的女人，却天然具有一颗高贵的心。她小时候曾经被外公外婆赶出来乞讨，因为无法放下脸面乞讨，她只好在欧登塞的一座桥下哭了一整天。

在《她是一个废物》里，安徒生这样描写他母亲的原型：因为嫁给一个可怜的手工业者，她只能做洗衣工养家糊口。因为整天泡在冰冷的水里，只能拿酒来御寒，而别人却以为她是自暴自弃、借酒浇愁的"废物"。这样的凄惨经历，难道不可以看成走投无路丑小鸭的生活原型之一？

要知道，"只要你是一只天鹅蛋，就算是生在养鸭场里也没有什么关系"。这只是安徒生的一种信念，甚至是长久以来安徒生对自己命运的一个暗示，而这个暗示，无疑具有启蒙价值和颠覆意义。

其实，对安徒生个人而言，丑小鸭不仅应该看成是他个人的生活经历，更应该看成他作品的经历。

从作品的情节中，我们不难看出，作者着重叙述和描写的是丑小鸭因为世俗眼里的"丑陋"，还有世俗眼里的价值功能的缺失，而受到种种排挤、嘲笑和打击，以及这种排挤、嘲笑和打击给他带来的悲哀、难过、沮丧和自卑。

在巨大的不幸面前，丑小鸭无能为力，他所能做的就是沉默、忍受和逃避。只要别的鸭儿准许他跟他们生活在一起，他就很满意了，只要能喝一口沼泽里的脏水，他就心满意足了。他根本不敢去想他本应该获得受尊重的爱的权利，甚至连结婚的权利也不敢去拥有。

丑小鸭很少有奋斗的动机和行动。他觉得他有自己的想法，有自己的更广阔的空间，此前的奋斗更多的是来源于逼迫和挣扎。

如此看来，有人认为的"作者笔下的这只丑小鸭，处处受排挤，受嘲笑，受打击。但他并没有绝望，也没有沉沦，而是始终不屈地奋斗，终于变成了一只美丽、高贵的天鹅。这一切缘于他心中那一份恒久的梦想：你我都能成为一只天鹅，你会成功的，不过有很长的路要走……"就失去了文本的依据，而只能看成是道德外衣下的自我架空。

弄清《丑小鸭》到底想传达什么，我们不能不看看作品写作的动机和背景。

这篇作品是安徒生在心情不大好的时候写的，那时他有一个剧本《梨树上的雀子》正在上演，像他当时写的许多其他作品一样，这篇作品受到了不公正的批评。安徒生曾在日记里写道："写这个故事多少可以使我的心情好转一点。"这就是说，安徒生是在用丑小鸭来安慰和激励自己，使自己不至于被大量的责难打倒。

那个时候安徒生的作品在欧洲获得了巨大的成功，歌德、大仲马、海涅等人，都把安徒生引为座上宾。但安徒生在丹麦国内却很少受到公正的评价。甚至安徒生最敬重的诗人海堡，曾经帮助过安徒生的人，也对安徒生表现出了厌恶，海堡的态度对安徒生更是致命的打击。

安徒生所有不署名的作品，都获得了广泛的好评。但只要是安徒生署名的作品，那就一定是骂声不断，整个丹麦疯狂地歧视安徒生，因为你是安徒生，所以你必须挨骂。还有人给安徒生邮寄海外付费的信件，大量的废纸中夹杂着一篇批评安徒生作品的文章。但倔强的安徒生仍然坚信，他的才华最终会获得世人的认可，他的作品将会为他赢得荣誉。

鲁迅认为，天才很难出现，首先就是缺少培育天才的土壤。这些天才人物，因为意出尘外、特立独行，常常被看成另类。因为丑小鸭不会像母鸡靠下蛋和雄猫靠喵喵叫那样去讨得主人的欢心，获得自己的地位，他渴望的是走到广大的世界里去，在天空飞翔，在水里游泳，而这恰恰是别的动物无法了解的。所以，他必须挨打，必须闭上嘴巴。丑小鸭的丑，只是世俗眼里和人生哲学之下的丑。

贾平凹的丑石，因为不能砌墙，不能凿石磨，甚至不能做槌衣石，实在什么用也没有了，所以，它丑得不能再丑了。柳宗元笔下的愚溪，因为不可以灌溉、"大舟不可入"、"不能兴云雨"、"无以利世"，所以，它实在是愚得不能再愚了。但丑到极点,恰恰就是美到极点,不同寻常到了极点。

安徒生曾预言:"当我变得伟大的时候,我一定要歌颂欧登塞。谁知道,我不会成为这个高贵城市的一件奇物。那时候,在一些地理书中,在欧登塞这个名字下,将会出现这样一行字:一个瘦高的丹麦诗人安徒生在这里诞生!"

安徒生实现了自己的预言,走着走着花就开了,走着走着春天就来了,走着走着安徒生就飞起来了,并且成了一个永远不老的童话。

丑小鸭是我们整个人类的隐喻,在生命的某个时候,本质上我们每个人都是丑小鸭,但只要有一颗天鹅心,经历艰难生长的丛林法则,经历刻苦磨炼的生命法则,经过天鹅远远的召唤,终于在临水一照中看清了自我,认识了自我,坚定了自我,我们就能一鸣惊人,一飞冲天。

读书是真正的人道主义

近代学者，我最喜欢钱穆。

钱穆是一本大书，更是一个大人，凛凛然有浩然之气。以孔子的标准来看，钱穆是君子儒，不是小人儒。

钱先生曾经执教于江苏省苏州中学，苏州中学的前身是苏州府学，府学的创办者是范仲淹。钱先生执教于此，不可能不受到范仲淹的影响。我们不妨从范仲淹创办苏州府学来看。范仲淹是一个大读书人，少时贫穷，划粥而食，寄居寺庙读书，慨然有天下志。

范仲淹少时曾看见一个算命的，觉得好奇，便问算命先生自己将来能否做一个宰相。算命先生不高兴："你小小年纪，为何口气如此之大？"范仲淹不好意思，又追问："做不了宰相，那我能不能做一个医生呢？"算命先生觉得奇怪，这孩子前后两个志向差距也太大了吧。就问："孩子，为何要选这两个志向？"范仲淹回答："在我眼里，这两者没有差别，良相和良医都是要救人的。"算命先生大为感动，连声说："好孩子，我断定你将来能够做宰相。"

后来，范仲淹担任苏州郡守，勤政爱民，百姓称焉。"先天下之忧而忧，后天下之乐而乐。"范仲淹的这两句话流传至今。我每看到一次，都心潮涌动。所谓君子儒就在这里。其他人也能够说出这样的好词好句，但人家是说出来的，范仲淹是做出来的。这两句，范仲淹终身践行不渝。

范仲淹曾经买下苏州南园，准备做孩子的读书场所。有文人雅士善于看风水，看到南园，惊叹不已。对范仲淹说，南园真是读书的好地方，范氏子弟在此读书，将来至少出三个宰相。范仲淹一听，喟然感叹说，南园如此之好，怎么能够被我范家独占，应该捐出来创办府学，让吴地孩子都能接受最好的教育，都能成才。于是范仲淹奏请朝廷，获准给田 5 顷办学，又把自己家南园之地捐出，建为"义学"，希望"天下之士咸教育于此"。范仲淹还延聘著名学者胡瑗为府学教学。胡瑗创立了安定教法，风靡一时。

苏州府学不仅是苏州的第一个公立学堂，也成为全国第一个州府公立学堂。苏州府学中的紫阳书院，就出过三个帝王师，六个状元。更让人拍案惊奇的是，范仲淹虽然捐出了南园，但范氏家族仍然出了三个宰相。

很多年之后，杜威先生的高足汪懋祖学成归来，担任北京师范大学的学监，相当于校长。但在新文化运动中，汪懋祖与鲁迅等人文白相争，一气之下，辞去了北师大校监一职，回老家苏州办学。因为汪懋祖的巨大影响力，以及苏州府学的光荣积淀，苏州中学汇聚了一大批精英，罗振玉、王国维、钱穆等大师都云集于此，教书育人。

有一年，汪懋祖邀请胡适到苏州中学演讲，钱穆先生递出一个纸条，提了三个问题。也许是问题不好回答，也许是胡适先生疏忽，到演讲结束，胡适都没有理会钱穆的这些问题。钱穆在演讲结束后又找汪懋祖，想与胡适当面交流和理论。汪懋祖不愿胡适难堪，自然打哈哈。钱穆觉得不受待见，后来就离开了苏州中学。

1949 年，钱穆先生前往香港，香港还是被英国统治，有感于香港人逐渐失去了文化的血脉，钱穆创办了新亚书院，专门研究中国文化、中国历史。钱穆先生亲自撰写新亚校歌："山岩岩，海深深，地博厚，天高明，人之尊，心之灵，广大出胸襟，悠久见生成，珍重，珍重，这是我新亚精神。"

钱穆担任新亚书院首任院长兼中文系主任。1963 年，港英当局希望把新亚书院、崇基学院和联合书院合并起来，创办一所新大学。钱穆先生提出要求：第一，这所大学必须要有"中文"二字；第二，首任校长必须要由华人担任。为此，钱穆曾与港英政府斡旋良久。钱先生说："（我）所争乃原则性者，他日物色校长人选，余决不参一议。"这就是后来的香港中文大学。作为香港中文大学的奠基人，钱穆先生终身未担任香港中文大学校长。

钱先生对中国文化的一片深情，感人至深。我在想，钱先生执教于苏州中学，徜徉在范仲淹当年所创办的府学之中，不可能没有人生的启迪，而这些就是钱先生后来的气象。

1951年，钱先生应朱家骅的邀请在台北淡江学院新建的礼堂演讲，不料礼堂顶的水泥掉落，砸中钱穆头部，导致钱穆受伤昏迷。在养病期间，钱穆得到台中师范的胡美琦悉心照顾。胡美琦为钱穆的博学所倾倒，由崇拜转向爱慕。而钱穆妻儿都在大陆，一人独居孤苦。最终两人走到了一起，时年胡美琦27岁，钱穆已然61岁。新婚大喜，钱穆曾作对联一副：劲草不为风偃去，枯桐欣有凤来仪。

胡美琦一辈子与钱穆夫唱妇随，绝对是文坛佳话。钱穆后来应蒋介石的邀请，定居台湾，在素书楼开坛讲学。这一讲就是几十年光阴，很多人一家三代都是钱先生的学生。

1986年6月9日，92岁高龄的钱穆双目失明，在素书楼上最后一课，台湾万人空巷，宋楚瑜等人都前来听课。钱先生讲到最后，突然喊了两句话。一句是：如果中华文化不能复兴，请把我的书束之高阁！还有一句是：你们是中国人，你们不能忘了中国！

钱穆先生失明之后，大作迭出，全部是通过口述，由胡美琦女士撰写。胡美琦作为一个一流的学者，牺牲自己的专业，全身心地辅佐钱穆。确实难能可贵。

钱穆先生去世后，遗嘱是捐献所有的稿费，成立台湾素书楼文教基金会，专门用来推动海峡两岸暨香港的传统文化教育。胡美琦女士为了实现钱先生的遗愿，多次来往北京、香港，终于确定在香港中文大学每年举办一次传统文化研修班，其他部门只负责选拔学员，所有费用均由素书楼文教基金会承担。目前这个活动已经举办了十八期，除了"非典"那一年空缺。胡美琦女士于2012年去世，遗嘱是把自己的所有稿费也全部捐献出来，支持丈夫未竟的事业。

什么是真正的读书人？真正的读书人是有情怀、有气象、有境界的君子儒！读书是一种人道主义，既能成全自己，拯救自己，也能对社会激浊扬清，改善社会生态。

其实钱穆只是一个高中生，何以成为教育家、思想家和史学家，最终又成为一代宗师？这就不能不提钱穆先生的读书法。钱穆是读书的种子，是读书成就了这一代大儒。

钱穆先生读书有几个重要节点，不可不察。

第一个是钱伯圭的教诲。

钱伯圭见钱穆聪慧，有心点拨他，就问他："听说你能读《三国演义》？"钱穆回答："是。"钱伯圭便借此教诲："此等书可勿再读。此书一开首即云：'天下合久必分，分久必合，一治一乱。'此乃中国历史走上了错路，故有此态。若如今欧洲英、法诸国，合了便不再分，治了便不再乱。我们此后正该学他们。"

钱穆如同五雷轰顶，灵台透亮，豁然明白了读书应该有大视野，不可一叶障目，不见泰山。钱穆后来在回忆录中说："余此后读书，伯圭师此数言常在心中。东西文化孰得孰失，孰优孰劣，此一问题围困住近一百年来之全中国人，余之一生亦被困在此一问题内。"困是困在其中，但钱穆在不断的困扰中逐渐深研了传统文化的精髓，找到了中华文化的自信，他坚信中华文化一定能够复兴。

第二个是曾国藩的家书。

在小学教书期间，某天读书，钱穆忽然想起曾国藩家书中的一段话。

这段话教人要有恒，教人读书须从头到尾读，不要随意翻阅，也不要半途中止。

钱穆由此自省，从此立下决心，即从手里那一本东汉书起，直往下看到完，再补看上几册。全部东汉书看完了，再看另一部。以后几十册几百卷的大书，钱先生总耐着心，一字字，一卷卷，从头看。这是钱穆先生读书生涯中很重要的一次决心。

第三个是同事的点拨。

有一天，钱穆生病了，对学校一位同事说："不好了，我快病倒了。"那同事却说："你常读《论语》，这时正好用得着。"钱穆一脸茫然，问道："我病了，《论语》何用呀？"那同事说："《论语》上说：'子之所慎：齐，战，疾。'你快病，不该大意疏忽，也不该过分害怕，正是用得着那个'慎'字。"

这一点拨，让钱穆眼前一亮，豁然开朗，才觉《论语》根本不是空洞的学问，那一句的下字之精、教人之切，简直无与伦比。光为读书而读书，不过是两足书橱而已，临有用时不会用，好不愧煞人？钱穆再联系曾国藩家训教人切己体察、虚心涵泳那些话，自觉读书从此又有精进。

我的学生朱逸伦曾说，你以为你读的是书，其实你读的是经典；你以为你读的是经典，其实你读的是你的生活；你以为你读的是你的生活，其实你读的是你自己。

你所有读过的书，有一天会翻身爬起来参与你全部的生活。就是这样，总是这样。但如果你有这样的意识，你就会少走很多弯路。

第四个是朋友的质询。

钱穆因为常读《论语》。某天一个朋友就问："《论语》真是部好书，你最爱《论语》中哪一章？"这一问又把钱穆问住了。钱穆平常读《论语》，总是平着、散着读，从来没有想过最爱的是哪一章。钱穆只有老老实实回答："我没有想到这个问题，你最爱的是哪一章呢？"朋友朗声诵道:"'饭疏食,饮水,曲肱而枕之,乐亦在其中矣。不义而富且贵,于我如浮云。'我最爱诵的就是这一章。"钱穆听了,又是灵犀一动,从此读书,自觉又长进了一层境界。

这就是钱穆先生的读书法。读书要跳出陈腐的观点,脑袋不做别人的跑马场。读书要耐得住寂寞,一本书一读到底,一以贯之,才好通透。读书还要贴己,融入自己的生命,学以致用,用了就是水乳交融,不用就是王国维所说的"隔"。读书还要有自己的判断,小桥流水,美在婉约;大江东去,美在雄浑。汲取与自己气质相吻合的一面,修炼自己的气度。可以说,如果没有这些读书的体验,没有这些大书做底子,钱穆先生不可能有后来的气象。一个读书人和一个不读书的人,完全是两种不同的价值观和人生观,甚至是两个世界的人。

泰戈尔说:"如果我小时候没有听过童话故事,没有读过《一千零一夜》和《鲁滨孙漂流记》,远处的河岸和对岸辽阔的田野景色就不会如此使我感动,世界对我就不会这样富有魅力。"

我有幸在香港中文大学参加传统文化研修班的学习,接受钱穆先生的恩惠,聆听钱穆先生的弟子辛意云先生和香港中文大学多位大教授的报告。辛意云先生说,他曾经问过钱先生,为什么要这样做。钱先生很激动,说,因为孔子的血液在我的血管里流淌。辛先生说,他目瞪口呆,恍然明白钱先生多年的苦心孤诣。他说,钱先生的血液也在自己的血管里流淌。这就是辛先生继承老师和师母遗志,坚持做公益的理由。

那一刻,我热血沸腾,热泪盈眶,70多岁的辛先生,显得那么年轻,他展开双臂,感觉好像就要飞起来。我真切地感受到,辛先生的血液也在我的血管里流淌,这就是一种传承,姑且可称之为生命流。

教育是什么?教育就是师生生命河流的互相交织补充和灌溉,互相致敬和碰撞,所成就的彼此的波澜和壮阔。人不过是一个存在,仅仅是一个存在。精神之流,正从那里经过与穿越。

孩子最需要的三件礼物

很多老师说，现在的队伍不好带了，哪个孩子都不好管；不少家长说，现在的孩子很难沟通，根本不知道他们在想什么。这样说有一定的道理，但不尽然。

事实上不管社会发展到什么时候，也不管孩子们沉迷在什么样的外部世界，他们都需要三件礼物，很少有例外。

一是我被看见。

孩子为什么如此在意"被看见"？因为"被看见"的背后是尊重。

我们曾做过几十万学生"好老师的标准"的问卷调查，排在第一位的就是尊重学生。尊重学生为什么这么重要？因为不尊重就是"看不见"，看不见就是漠视，谁也不想做一个被漠视的人。人作为群居动物，本质上是一个在意别人看法、在意自己在他人心目中位置的动物。

人的眼睛不仅能寻找光明，也能认识世界。"看"是用眼观察，"见"是用心体会。选择"看"自然而然，由"看"是否真能有所"见"以及所"见"多少，却很难轻易界定。换言之，我们"看"的方式往往决定我们"见"的内容。唯有用纯粹的视角，才能使我们获得切实和真实的所见。

杨绛在《隐身衣》中说过一件事。她和钱锺书先生常常说废话玩儿。"给你一件仙家法宝，你要什么？""我们都要隐身衣；各披一件，同出遨游。我们只求摆脱羁束，到处阅历，并不想为非作歹。"

但他俩希望获得的隐身衣，世人却不认为是宝贝，反而都害怕拥有。

为什么?因为这世上并无隐身衣,真正的"隐身衣"其实指的是卑微。只要你足够卑微,世人就看不见你,就漠视你,是不是如同你穿上了隐身衣?富在深山有远亲,穷在闹市无人问。

小说《看不见的人》中,主角是一个黑人大学生,他总有一种被"看不见"的感觉,这让他非常恐慌乃至于抓狂。无论在什么时候、什么地方和什么样的人交往,认识的不认识的,他总感到人们尽管和他说话,或者和他打交道,或者明明看着他,但其实并未"看见"他,也就是并未注意到他的存在。他为此愤怒过,抗议过,沮丧过,绝望过,但最终还是毫无办法,最后的最后,他自己住到地下室去了。尽管地下室黑暗阴冷,但他却觉得温暖而且阳光。

所以孩子们想被看见,其背后是被尊重的需要,害怕因卑微被他人漠视,害怕因被漠视而被集体抛弃。

二是我很重要。

也许我卑微渺小,但这并不意味着我不重要。也许我平凡普通,没干出什么惊天动地的大事,更不会青史留名,但这也不意味着我不重要。重要不是伟大的代名词,而是独特的同义语。

我很重要,因为我是独特的。作为一个活泼泼的生命来这世上走一遭,本身就注定了我的不平凡,注定了我很了不起。

对此,著名作家毕淑敏还有一段浪漫的表述:

> 常常遥想,如果是另一个男人和另一个女人,就绝不会有今天的我……
>
> 即使是这一个男人和这一个女人,如果换了一个时辰相爱,也不会有此刻的我……
>
> 即使是这一个男人和这一个女人在这一个时辰,由于一片小小落叶或是清脆鸟啼的打搅,依然可能不会有如此的我……

……

我们的生命，端坐于概率垒就的金字塔的顶端。面对大自然的鬼斧神工，我们还有权利和资格说我不重要吗？

对于我们的父母，我们永远是不可重复的孤本。无论他们有多少儿女，我们都是独特的一个。

因此我很重要，我被看见，我不可或缺，我是一个独特的孤本，我不会被任何人取代。

愤怒了我就呐喊，悲伤了我就哭泣，爱上了我就表达，喜欢了我就追求。这才是我，没有辜负上帝造人的我。

认识到"我很重要"很重要，有助于增强我的尊严、我的敏感、我的自信，促进自我认知、自我接受、自我评价、自我发展、自我升华。我就是我，不骄傲，不自卑，不狂妄，不自大。我就是我，独一无二的我，不一样的烟火。

三是我有价值。

我不是"废柴"，我有自身的价值和意义。我有价值，是一个孩子对自身生命意义感的确认。存在最大的虚无，就是找不到人生的意义感，迷茫而空洞地活着，如同木偶。

"学习意义感"则是学生在学习过程中，努力建构主体和客体之间稳定的意义关联，对学习活动、内容和过程加以强烈的意义确认与价值认同，能够体验到学习对个体成长、能力发展与精神追求产生意义关联的意识活动。

孩子一旦失去学习的意义感，就会出现迷茫、强烈的无力感，学习焦虑，甚至会出现抑郁等严重的心理疾病。

心理学家弗兰克认为："人是由生理、心理和精神三方面的需求满足的交互作用统合而成的整体，生理需求的满足使人存在，心理需求的满足使人快乐，精神需求的满足使人有价值感。"

那么，什么是精神需求的满足呢？对生命意义的探索和追求就是精神需求的满足，人所追求的既非弗洛伊德所说的"求乐意志"，也非阿德勒所说的"求权意志"，而是"追求意义"的意志。

一些人在患重病、绝症或遭受生活挫折，年老孤独或环境剧变时，常常会感到失去了生活目标，失去了生活的意义感，进而出现"存在挫折"或"存在空虚"的心理障碍，表现出对生活的厌倦、悲观失望或无所适从。这时候他们就离死不远了。

在奥斯威辛集中营中弗兰克就有这个惊人发现，凡是对未来悲观、对生命意义失去信心的人，不管多么高大强壮，一段时间之后身体都会迅速垮掉，生病，然后死掉。而那些为某种强烈意义要活着的人，总有办法成为最后存活的人。自我构建的意义和架构可以为自己竖起精神自由的家园。这份自由，任何人也夺不走，即使你在奥斯威辛集中营，因为自由是精神的，看不见摸不到，这反而成了别人无法摧毁的壁垒，除了你自己。

弗兰克是因为自己一部呕心沥血的著作被纳粹烧毁了，他觉得自己一定不能死，一定要活着，一定要把这部书重新写出来，是这个强烈的活着的意义感救了他。弗兰克因此提出了一个惊人理论，那就是"意义疗法"。意义疗法的目的是使求助者挖掘发现他自己生命的意义，其中至关重要的是使人改变对生活的态度和方式，保持对生命意义的追求。

罗素说，对爱情的渴望，对知识的追求，对人类苦难不可遏制的同情，这三种纯洁但无比强烈的感情支配着他的一生，是他活着的价值。这是一个哲学家的"我的价值"，事实上每个人都有"我的价值"。

我有价值，蕴含着个体的自我实现的需求。马斯洛告诉我们，人有五种不同层级的需求：生理的需求、安全的需求、社交的需求、尊重的需求和自我实现的需求。

自我实现是人的最高需求,它包括两方面的含义:丰满人性的实现,个人潜能的实现。个人的潜能、天资在发展过程中的不断实现,是使命的完成,是个人对自身的内在价值更充分的把握和认可。

只有充分实现个人的全部潜能,即实现人生全部价值的人,才能成为自由的、健康的、无畏的人,才能成为有理想、有本领、有担当的时代新人。

幸福的五个源头

叔本华是有史以来最伟大的悲观主义哲学家,他的哲学书写才华横溢,文采斐然。

我年轻时深受叔本华的思想影响。"人生就像一个钟摆,欲望实现不了就痛苦,实现了就会无聊。人生就是在痛苦和无聊之间摇摆。"我也常常感到痛苦和无聊。但这不是最主要的,最主要的影响是,叔本华提出每个人都应该有第二次生命。生命注定在某个阶段会显得倦怠,甚至逐渐沦入平庸的陷阱,所以人需要第二次生命,需要生命的重生。

如果这时候突然有了危机和遭遇,人被打出正常轨道,在危机和遭遇中,人内心的力量突然被激发,迸发出生而为人的斗志,整个人焕然一新,一个新人就诞生了。这个人不是原有之人的升级,而是一个生命的迥然重生。生机勃勃,意气风发,斗志昂扬,活出了人生的高峰体验。孔子"十有五而志于学",孔子的第二次生命或许就是"十有五"那一年。

如果说我有第二次生命,那就是离开老家的那一年,我突然醒悟,我不能按部就班地活下去,生命必须要有一点变化,要不断给自己带来惊喜。

刘亮程在黄沙梁中,必须要离开,因为在 40 岁那年,他看到了自己 50 岁的样子、60 岁的样子、70 岁的样子……还有死后的样子。生命如此一览无余,还有什么意义呢?于是他选择了逃离,逃离故乡,也逃离了自己的宿命。

那么,一个悲观主义哲学家如何看待幸福呢?这很让我关注,并感到有趣。在叔本华看来,人的幸福来源于五个方面。

第一是健康。

叔本华认为健康即命运,人的健康胜过任何其他幸福。一个健康的乞丐比一个病笃的国王更幸福。身体是心灵的神殿,唯有健康的身体,才能够给心灵一个空间。健康是享受一切美好事物的资本,胜过世间一切。

没有了健康,人就失去了享受的机会。金山银山,大富大贵,爱恨情仇,都没有健康重要。人类所能犯的最大的错误,就是用健康来换取身外之物!在人生这条路上,健康是"1",财富、名声、荣誉等都是"1"后面的"0",只有"1"存在,后面的"0"才有价值,否则,再多的"0",也毫无意义。

健康与生命有关,与生命的质量有关。生命是人进行一切活动的前提条件,是人之根本。没有了生命,也就没有了活着的权利。再好的事物,都和你无关。再好的东西,都有失去的时候;再爱的人,都有可能离你而去。唯有健康和生命属于你。拥有健康的体魄才能让生命安然无恙。人的幸福十之八九有赖于健康,有了健康,每件事都是快乐的,失去健康就失掉了全部快乐。

叔本华最伟大的作品是《作为意志和表象的世界》,他之所以认为健康重要,也与他的哲学有关,他认为意志是世界的本质,而人的躯体是自我意志的表现。除此之外,叔本华自己也是轻度残疾,他对一个健康的身体的渴求就比别人更加强烈。

第二是金钱。

在拥有健康之后,叔本华把第二个幸福的来源归于金钱。这让我大吃一惊,很少有人直接说自己爱财的,承认自己是一个财迷需要很大的勇气。

这不奇怪吗?金钱是如此重要,以至于一文钱逼死英雄汉,青面兽杨志也要卖刀，遭受牛二的欺辱。为何大庭广众之下，更多人都视金钱如粪土？仿佛一旦喜欢金钱，就充满了铜臭。其实有钱能使鬼推磨，穷在闹市无人问，富在深山有远亲，社会就是如此无情绝情。

这一点"逻辑学之父"金岳霖13岁就看出来了。当时有一句至理名言："黄金如粪土，朋友值万金。"金岳霖觉得很奇怪，既然黄金如粪土，这就是贬抑金钱了，但如何强调朋友万分重要呢？又不得不用金钱来比附——朋友值万金。因为黄金是粪土，万金当然也是粪土，"朋友值万金"，那么朋友不就是粪土吗？这就是典型的嘴巴很厉害，心里很诚实。

其实有钱有什么不好呢？君子爱财，取之有道。用自己勤劳的双手创造财富，这正是社会繁荣的根本。如果大家都去躺平，社会怎么发展？其实有些人之所以能躺平，只是有人为他们负重前行而已。

叔本华的父亲是一个大商人、大资本家，因为妻子红杏出墙，老父亲失足落水而死。这个死有点蹊跷，很可能是他选择了自杀。这种孤僻悲观的思想深深影响了叔本华。

父亲死后，17岁的叔本华继承了父亲全部遗产。财富没能给叔本华带来快乐，但却给他带来了财富自由。或者从另一个角度来说，自由就是最大的快乐。一个人只有能够支配自己的时间和能力，才能在每天早晨说：今天属于我自己。

在叔本华看来，金钱使得我们不受饥寒交迫之苦，而穷困潦倒就像瘟疫一样在人们生活的周围盘旋着，被迫的劳作是自然给予凡夫俗子的命运，而资财却能将人们从艰难的劳作中解脱出来。人一旦步入生活，就需要足够的资产使我们能独立起来，不必工作就可以过上舒适的生活。这就是金钱的妙处。正如王尔德所说："在我年轻的时候，曾以为金钱是世界上最重要的东西，现在我老了，才知道的确如此。"

第三是友谊。

因为叔本华终身未婚，所以既没有妻子，也没有子女。他遗传了父亲的孤僻，但也继承了母亲的才华。这注定让他成为一个孤僻的天才。但他母亲憎恶他，就如同他憎恶母亲一样。也许是对母亲的失望，使得叔本华终身都对婚姻退避三舍。既没有家庭，也没有后代，又缺乏对老母亲的爱，父亲又自杀了，叔本华的字典里缺少了家庭和爱。那么，唯一剩下来慰藉人心的就是朋友的友谊。叔本华呼唤友谊。

但呼唤友谊，并非就能得到友谊。叔本华对友谊的渴望和求而不得同样显露出来。

什么是真正的友谊？叔本华说，真正的友谊有一个前提："对朋友的痛苦、不幸抱有一种强烈的、纯客观的和完全脱离利害关系的同情。这也就意味着我们真正与我们的朋友感同身受。但人的自我本性却与这种做法格格不入。"

如何鉴定真正的友谊？检验一个人是不是我们真正的朋友，最好的办法就是告诉他自己的不幸。在这一刹那，他的脸上要么显示出一种真心的、不含杂质的悲哀，要么就是一副镇定自若的样子，或者，他会流露出某种别样的表情。后两者都证实了拉罗什福科的那句名言："从我们最好的朋友所遭遇的不幸，我们总能找到某样并不会使我们不悦的东西。"

友谊最核心的要素是什么？一条诚实的狗的摇尾示好，比朋友的那些表面功夫更有价值。如果我们知道我们的大部分好朋友在我们背后所说的话，我们就不会再想跟他们说话了。朋友都说自己是真诚的，其实，敌人才是真诚的。所以我们应该把敌人的抨击、指责作为苦口良药，以此更多地了解自己。

我和叔本华一样，这些年认识的人越来越多，朋友却越来越少。朋友难逢、难遇、难知，所以高山流水才最为珍贵。

第四是地位。

尼采写过一句话："更高的哲人独处着，不是他们享受孤独，而是在他们身边找不到同类。"这个"更高的哲人"就是他的精神导师叔本华。

叔本华在《人生的智慧》一书中写道:"在这世上,除了极少数的例外,我们其实只有两种选择:要么庸俗,要么孤独。"叔本华选择了后者,他主动选择与孤独为伴。"如果你拥有伟大的精神,你会发现,你会喜欢独处,因为你不再需要去寻找淹没你的人群,一个人在大自然的级别中所处的位置越高,那他就越孤独。"孤独与一个人所处的位置有关。这个位置事实上就是地位。但这个地位不是权力,而是社会地位与学术地位的综合。叔本华曾经与黑格尔为了地位进行争斗。

《作为意志和表象的世界》出版之后,没有卖出去几本。叔本华愤怒至极,他说:"要不就是我配不上这个时代,要不就是这个时代配不上我。"但不管配不配得上,叔本华凭借这部作品获得了柏林大学的编外教职。正好他的课与黑格尔的课是同时上。在叔本华眼里,黑格尔是一个沽名钓誉的诡辩家。他想要挑战黑格尔的地位,一旦成功就稳了。但黑格尔当时如日中天,叔本华自然被虐惨了。

很快他的班上就只剩下两三个人,其中还有两个老妇人在课上打毛衣。叔本华问她们为何到自己这里来听课,老妇人说,那边太喧嚣了。黑格尔那边自然很喧嚣,因为座位挤满了人,走廊上也人满为患。最后毛衣打好了,两个老妇人离开了,最后的一个学生也离开了。叔本华只能凄凉地离开柏林大学,他满怀愤激地说:"真正智慧的人得不到赞赏。"

耿耿于怀着这个地位争斗的惨败,叔本华终身没有原谅黑格尔。黑格尔哲学的核心是,世界精神演绎着世界历史。叔本华没有朋友,他终身孤独,但养了一条卷毛狗叫"世界灵魂",这个名字据说就是讽刺黑格尔的,可见当年叔本华受伤害之深。

第五是名声。

两百多年前,乾隆与南京金山寺住持法磐面长江而对。乾隆指着浩若星辰、如波涌动的往来船只,问法磐道:江中有舟几许?法磐答道:有舟两只，一舟为"名"，一舟为"利"。乾隆大笑，表示认可。

即便叔本华也不例外。他把"利"和"名"看得很重。"利"被叔本华放在健康之后，排在第二；"名"则被他放在第五。

叔本华认为名声和荣誉不同，名声是不朽的，而荣誉则是短暂的。每个人都可以获得荣誉，但只有极少数人才能获得名声。名声的获得只能通过成就非凡的业绩，或者创作不朽的作品。立功、立言是通往名声的两条金光大道。

当然，名声并不代表价值，许多天才沉没于默默无闻之中。比如黑格尔暴得大名，叔本华就籍籍无名。对此，叔本华显然愤愤不平。

1819 年，《作为意志和表象的世界》出版，第一版销量纹丝不动。1844 年，《作为意志和表象的世界》第二版又遭遇滑铁卢，评论家和学术界丝毫没有兴趣，购买者寥寥。1851 年，叔本华对《作为意志和表象的世界》作了一些补充与说明，谁也没想到这篇鸡汤文《附录和补遗》，使得叔本华一飞冲天，瞬间成为世界级名人。

有人这样评价："《附录和补遗》成了当仁不让的畅销书，霎时间忧郁先生成了全城景仰之人，妖艳动人的女子、辉煌富丽的派对与读者来信蜂拥而至，他那种悲观的享乐主义终于找到了自己的听众。人们在他这种狂飙突进的运动中发现了一种近乎可怕的浪漫，而且最吸引人的地方是，在去柏林那家时髦的鲍尔咖啡馆的路上，就可以读完那些朗朗上口的简短句子。"

通过创作不朽的作品，获得通往世界的名声，以立言成就不朽，叔本华做到了。

1859 年，《作为意志和表象的世界》第三版引起巨大轰动，叔本华称"全欧洲都知道这本书"。他在第三版序言中写道："当这本书第一版问世时，我才 30 岁，看到第三版时却已 72 岁高龄。总算我在彼得拉克的名句中找到了安慰：'谁要是走了一整天，傍晚走到了，那也该满足了。'"

在生命最后的十年，叔本华终于获得了名声。那时候没有互联网，无法收集全世界如潮水一样的赞誉。他让自己的学生和拥趸们，在全世界搜罗关于自己的文章。孤独的他在这些文章中获得了巨大的快乐。他说了一句极其幽默也极为凄凉的话："在我生命的暮年，迎来了声望的朝霞。"

现在我们剖析一下叔本华的五大幸福的源头。

叔本华个人幸福的第一层面属于主观的幸福。所谓健康应该是身心健康，包括高尚的品格、聪慧的大脑、开朗的性格、愉悦的心情、健康的身体。叔本华认为"健康的身体中拥有健康的心情"。个人幸福的第二层面，叔本华着重提出来，这就是金钱财富。金钱通往奴役之路，也通往自由之路。第三个层面是外界的评价，包括友谊、地位和名声。

读完了叔本华幸福的源头，我们不妨联想我们的幸福来自哪里。如果是我，如果也有五个源头，那么，我会做如下选择：

第一是健康，第二是爱情，第三是亲情，第四是名声，第五是财富。

朋友们，不妨也说说你们幸福的五个源头，看看如何排名。把自己代入，以己证诗，这是非常有趣的一种读书方法。

给自己的墓志铭

在朋友圈看到一个短视频,非常震撼。

姑娘王越,在北京打拼,有了深爱她的丈夫,还在北京有了一个小家。结婚四年后,王越在产检中发现自己胃癌晚期,医生说她只能活一年了。丈夫卖了房帮她治病,但她情况越来越糟。最初王越非常痛苦,后来她终于想明白了,只有短暂的一年了,自己不能在痛苦中度过,要和生命中最重要的人好好地道别。

这让我想起了经典绘本《爷爷变成了幽灵》,爷爷遭受车祸,突然变成了幽灵,但晚上他竟穿墙而过回来了,他对孙儿说自己忘记了一件事。到底忘记了什么呢?爷爷老了,记得不太清楚,于是每晚他都陪着孙儿一起慢慢回忆,回忆过去一件一件美好的事。在这个回忆中孙儿获得了巨大的宽慰,人总是会被美好的回忆治愈。孙儿慢慢接受爷爷离去的事实,爷爷终于"想起"那件重要的事,是没有和孙儿说再见。当爷爷说了"再见",好好告别之后,就再也没有回来了。但孙儿也成长了,爷爷和他都没有了遗憾。

王越或许也是这样想的。她给自己办了一个葬礼,穿上最漂亮的衣服,见到了所有的亲朋好友。

她说,参加葬礼的都是自己生命中最重要的人,她自认为自己这一生很精彩:"今天是我最开心的一天,我只是先去享福而已,我会在那边等着你们。"说到这里,她突然有点哽咽,又说:"这样好像不太吉利。不是等着你们,你们慢慢走,不要着急。"大家都笑了,连丈夫也忍不住笑了，但笑过之后，所有人都是满脸泪水。

葬礼办过后，他们一起游玩了很多地方，王越把什么都放下了，唯一放不下的就是自己深爱的丈夫。她最遗憾的是，不能陪着他慢慢变老了，但她希望看到他变老的样子。于是他们一起化了一个老年妆，在满眼的爱意中，他们度过了老年生活幸福的一天……

几个月之后，王越走了。

我被这个视频深深打动，这个世界上真的有美好，人格的美好，人性的美好。可能没有物质的不朽，但在精神层面我们有很多伟大的东西，永志难忘，永垂不朽。比如面对死亡，像王越一样，全世界的哲人都有各种各样的表达，很多墓志铭让人回味悠长。

先看普希金："这儿安葬着普希金和他年轻的缪斯，爱情和懒惰，共同消磨了愉快的一生；他没有做过什么善事，可在心灵上，却实实在在是个好人。"

普希金是俄罗斯人的良心，在和法国男爵丹特士的决斗中，一颗罪恶的子弹射中了俄罗斯的胸膛，诗人倒下了，俄罗斯陷入了万劫不复的黑夜。普希金对俄罗斯意味着无法承受之轻。这个被缪斯钟爱的贵族，被爱情眷顾的诗人，被懒惰挟持的普通人，用惊人的才华把自己铸造成俄罗斯文学之父。

最关键的是最后这句自谦，他没有做过什么善事，但他实实在在是个好人。好人未必做过善事，做善事的也未必都是好人。普希金的好，在于让整个世界看到了诗歌的美，让我们被美照耀。我就曾被《假如生活欺骗了你》治愈过。

玛丽莲·梦露的墓志铭是"37，22，35，R.I.P"。很多人都蒙圈了，看不懂。其实这三个数字是梦露的胸围、腰围和臀围的英寸数，缩写字母的意思是"在此长眠"。这个墓志铭准确体现了梦露的意图。梦露最大的武器和爱好就是自己的美，她爱美如命，美也最终夺走了她的生命。

假如有来生，我相信梦露还是不会拒绝美，对她来说，拒绝美比拒绝死亡更难。

法国文豪雨果，死后葬于他父母和妻子的坟墓中间："希望我的坟墓和她一样，这样，死亡并不使人惊慌。就像是恢复过去的习惯，我的卧室又靠着她的睡房。"这可能是全世界最温情脉脉的墓志铭，死亡和生活一般模样。我们一直这样活着，我们就一直没有死。我们最大的不变，就是还和自己最爱的人在一起。

英国作家狄更斯临终前，英国人民要求把他一生的功绩刻在墓碑上，而他却说："我要求我的墓碑上只写查尔斯·狄更斯，除此之外，不要再写什么。"很多人认为这是狄更斯谦虚，他哪里谦虚！这就是"凡尔赛"，就是最大的骄傲，就写"我"的名字，无须写功绩，"我"的功绩数不胜数，如何能写尽？"我"的功绩何须写？"我"的名字就是最大的功绩，天下谁人不识君？

列夫·托尔斯泰，是更大的狠人，他追求真正的无名，他是唯一墓地没有墓碑的，更没有墓志铭。墓地不存，墓志铭何在？当年他走向苍天，脱离了那个贵族的家庭，要和所有苦难的兄弟姐妹们在一起。最终在冰天雪地里，冻死在小车站里。

他的墓地只是树林中的一个小小长方形土丘，没有十字架，没有墓碑，没有墓志铭，连托尔斯泰的名字也没有。这座伟人的坟墓朴素得像历史一样，令人掉泪。它是"世间最美的、给人印象最深刻的、最感人的墓地"，没有之一。

《红与黑》的作家司汤达的墓志铭是："米兰人亨利·贝尔安眠于此。他曾经活过、写过、爱过。""活过"是生命的基石，"写过"是作家身份，"爱过"是凡俗的喜乐。三个"过"放一起，洒脱不羁，一笑风云过。

博尔赫斯向来思辨，墓志铭也是："我应该为损害我的一切辩解。我的幸或不幸无关紧要。我是诗人。"对诗人来说，没有损害，更无所谓幸与不幸。文章憎命达，愤怒出诗人。命穷和愤怒是幸还是不幸呢？

爱伦·坡的墓志铭最怪异："乌鸦说，此人不再来。"爱伦·坡最著名的诗歌是《乌鸦》。《乌鸦》将死亡的哀思写得入木三分。但诗中的乌鸦除"永不复焉"之外没有任何回复。在诗人的灵魂拷问下，那只乌鸦只是不停地重复"永不复焉"，然而到了他的墓志铭，那只乌鸦终于回复了一句——"此人不再来"。很显然，这只来自地狱的乌鸦与诗中的乌鸦是同一只。晚年的爱伦·坡有一点精神问题，但他知道死后自己将在这个世界上消失，于是他再一次借乌鸦之口向世人宣告——"此人不再来"。

罗伯特·弗罗斯特是20世纪最受欢迎的美国诗人之一，他曾赢得4次普利策奖和许多其他的奖励及荣誉，被称为"美国文学中的桂冠诗人"，他的墓志铭是："我和这个世界有过情人般的争吵。"这一句话说出了文学艺术的全部奥秘，这个世界是我们眼里的全部，是爱人，是情人，但一定不是百依百顺的情人，不是平淡如水的情人，有争吵，有和谐，更有爱恨交织。如此喜爱，如此欢乐，如此悲伤。

诗人叶芝，就是《当你老了》的作者，他的墓志铭为："对人生，对死亡，给予冷然之一瞥，骑士驰过。"这是叶芝去世前夕写的一首诗的最后17个字。为什么诗人如此决绝，如此洒脱，如此勇敢？实在因为失恋锻造了他。"多少人爱过你昙花一现的身影／爱过你的美貌，以虚伪或真情／唯独一人曾爱你那朝圣者的心／爱你哀戚的脸上岁月的留痕……"

文艺复兴的拉斐尔则是："活着，大自然害怕他会胜过自己的工作；死了，它又害怕自己也会死亡。"这有多大胆、多狂妄、多文艺复兴。这是一个无论"活着"还是"死了"，都让大自然进退失据的伟大画家、尤物，烈日灼心。

说了这么多墓志铭，如果要给自己写一个，我会怎么写呢？

正经的两句是：宁可抱香枝头死，不随黄叶舞秋风。

不正经的是：原谅我，明天不更公众号了……

如何不被大风吹倒

五四青年节，某网站发表了诺贝尔文学奖获得者莫言的演讲《不被大风吹倒》。

莫言说，有人曾问他，当人生遇见至暗时刻，应该怎么办？莫言讲故事回答了这个问题。他说了一本书和一个人。

在童年被辍学的至暗时刻，所有孩子都能上学读书，莫言却只能放牛喂猪。但他得到了一本《新华字典》，他反复阅读这本工具书，认识了很多字。这些字初看没什么用，但在人生的某个阶段，莫言用这些字的排列组合，写出了《红高粱》等伟大作品，实现了中国百年文化人的文化梦：诺贝尔文学奖。

还有一次是莫言和爷爷一道割草归来，途中遇见一场诡异的大风。爷孙两人正好在一个大坝上，风越来越大，牛车上的草全被刮到天上去。莫言双手死死地抓住了两丛根系很深的牛筋草，才没有被风刮走。爷爷双手攥着车把，脊背绷得像一张弓，他的双腿在颤抖，小褂子被风撕破，只剩下两个袖子挂在肩上。但他与大风对抗着，车子未能前进，也没有后退半步……很多年之后，爷爷对抗大风的这个形象，如同一个无声的雕塑，告诉莫言一个人生的道理：希望总是在失望甚至是绝望时产生的，一个人可以被生活打败，但是不能被它打倒。

莫言爷爷的形象，让我想起了中国的《愚公移山》。为了对抗太行、王屋两座大山，老愚公弓起背挖山，虽不能损山之一毛，但一筐一筐的土被运走。他坚信"子又有子，子又有孙；子子孙孙无穷匮也"。在很多人的眼里，他自然是愚笨的，但他坚信古人所说的"道阻且长，行则将至"。

还有西方的《老人与海》。老人划着小船，拖着大马哈鱼。一路上被鲨鱼围追撕咬。老人拿着钢叉，一次次徒劳地对抗鲨鱼，走了一只又来一只，最后大马哈鱼被啃成了一副骨架。但老人没有倒下，他喊出了人类文明有史以来的最强音："人不是为失败而生的，一个人可以被毁灭，但不能给打败。"

我还想起了这个精神谱系的另一个人——西西弗斯。西西弗斯被宙斯惩罚，每天推着石头上山，但上山之后，大石头很快又会滚落下来，西西弗斯又周而复始、徒劳无功地推石头上山。宙斯不讲情面，一定要让西西弗斯所有的付出都毫无意义，让他被宿命的悲剧笼罩。但西西弗斯没有屈服，更没被大风吹倒，面对"既定的命运"，他有了另一种自由意志：既然无法改变现实，那就调整心态。虽日复一日地推大石头，但却摆脱了永无止境又绝望的受害者形象，在一遍遍推巨石的过程中，他体会到了自己的力量、勇气、悲壮，让自己无意义行为的空虚感，被生命的韧性所填满，从而找到了人生的自由和价值。

纵然身处悲剧之中，但却拒绝成为悲剧本身，由悲惨命运的受害者变成了与命运抗争并最终觉醒的胜利者，这就是西西弗斯，真正的侠之大者、神之勇者。

莫言的爷爷也是这样，在注定要被大风刮走所有草的时候，爷爷的双脚紧紧抓住地面，弓着腰，保持着这个姿势，绝不能倒下，绝不能向大风投降。大风可以把自己吹歪，但却不能把自己吹倒，这是生而为人的倔强。

在五四青年节这样的隆重时刻，如果要说一段励志鸡汤，那他是王老师，不是莫言。莫言这个演讲一定有很深的考量。比如一本书和一个人，一本书是知识的体现，这是从书本上产生的力量；爷爷是岁月的馈赠，这是从实践中产生的力量。这两者结合，才会有莫言，才会有不被大风吹倒的莫言。

说不被大风吹倒，但事实上人是最容易被大风吹倒的。莫言之所以没被大风吹倒，一是大风还不够大，没有大到牛筋草也支撑不住的地步，也没有大到雕塑一般的爷爷也能被吹翻的地步；二是这爷俩都还有力气，如果饿着肚子，没吃饭，还怎么不被大风吹倒？无需大风吹，很多时候自己就先倒了。所以最重要的是，要保持躲避一个大风的所在，至少这个大风不能是人祸。

在五四青年节，告诉青年人不被大风吹倒，这里的大风肯定不是吹剩下最后一根草的大风。现在的青年要么在奋斗，要么在躺平，要么半奋斗半躺平，怎么会被大风吹倒呢？这里的大风另有其说。

面对社会的各种风潮，永远要有自己的独立判断，不为舆论所左右。比如美国大选，特朗普还是拜登，社会认知极为割裂。

我岳父每天都想和我争论，他认为特朗普怎么能当总统，还是拜登比较靠谱。我很想说，无论他们哪个上台与你关系都不大。还有，我们不应该对他们任何一个抱有希望，无论谁上台，都会继续"围堵"我们。

不被大风吹倒，就是无论人家怎么出招，首先我们不能自乱阵脚，大国关系就是周旋，永远不愤怒，保持风度，保持定力，和敌人冷静周旋，寻找战略机遇。类似的东西还有很多，比如俄乌战争，比如防疫政策，等等。

很多人忘记了莫言最后说的那句话："越是在困难的时刻，越是文学作品能够发挥它的直达人的心灵的作用的时候。"文学不是点缀，不是岁月静好，更不是粉饰太平。毛姆说："阅读是一座随身携带的避难所。"文学是不被大风吹倒的最重要的武器。在功利、空虚和娱乐至死中，文学给我们亮起了一盏灯。

很多年前，鲁迅先生在《拿来主义》中告诉我们，我们不能做孱头、做一个逃跑主义者，徘徊不敢走进门；我们也不能做混蛋、做一个虚无主义者，放一把火烧掉，保持自己的清白；我们更不能做废物、做一个可耻的投降主义者，蹩进卧室抽大烟。我们应该大喊一声，我们要拿来！或使用，或存放，或毁灭。那么，主人是新主人，宅子也就会成为新宅子。然而首先要这人沉着、勇猛，会辨别，不自私。没有拿来的，人不能自成为新人；没有拿来的，文艺不能自成为新文艺。

鲁迅眼里的"新人"，就是不被大风吹倒之人最好的象征。

在奔腾不息的时代浪花里，我们每个人都是那个手捧字典的孩子，都是那个不被大风吹倒的少年，也都是那个弯腰执拗的老人。无论风怎样吹，我们都像郑板桥所说："咬定青山不放松，立根原在破岩中。千磨万击还坚劲，任尔东西南北风。"

万人都要将火熄灭，我一人独将此火高高举起。即便最后被大风吹倒，也要让此火熊熊燃烧……

学生的生命激情去哪了

艾略特在《空心人》中写道:"生命如此漫长,在渴望和痉挛之间,在潜能和存在之间,在本质和下降之间落下帷幕……这就是世界结束的方式,并非轰然落幕,而是郁郁而终。"

所谓"空心人",就是指人患上了"空心病"。"空心病"是由北大危机干预中心的徐凯文老师提出,他发现北大至少有30%的学生有"空心病"。何为"空心病"?就是缺乏正确的价值观,做什么都提不起精神,不知道自己要什么,也不知道自己为什么而活。

北大学生尚且如此,其他学校可想而知。不仅大学生如此,中学生患抑郁症的也不在少数,这确实需要引起全社会的高度关注。

我曾经与苏州大学的刘教授聊天,说起现在大学生的现状,刘教授一声叹息。因为与学生走得近,学生都喜欢和刘教授聊天,他们普遍觉得人生没有什么意义,特别是面临大学毕业,很多人觉得生无可恋,都有一种走入社会的恐慌感。

刘教授问我,你们中学怎么样?现在的学生究竟怎么了?我们当初物质贫穷,思想贫瘠,吃不饱,穿不暖,但似乎所有人都对未来充满希望,热气腾腾地活着,热情满怀,激情燃烧,现在孩子的热情和激情都去哪了?

刘教授似乎在问我,但也在自问。我们都非常感慨,很多东西回不去了。

为了不让孩子输在起跑线上,全民焦虑,从幼儿园就开始竞争,父母把注意力、金钱和汗水都砸进去了，孩子们被裹挟着拼死拼活。两眼一睁，干到熄灯，不是为了求知，不是为了理想，也不是为了伟大真理和真相，就是为了一个赤裸裸的优质小学、实验初中、重点高中的牌子，将来考一个一流大学，找一份好工作，多挣点钱。孩子们把所有的青春年华都打包耗进去，把父母、爷爷奶奶都搭上，孤注一掷，破釜沉舟，华山一条道，一条道走到黑，走到死。他们如被鞭打的牛，永远看不到前方的路，只知道拉磨转圈。

我对刘教授说，我们基础教育还可以，最起码比大学好，因为还有目标支撑。是这个目标支撑着这些孩子走到最后。这个目标慢慢被他们神话，被他们当成了信仰，信仰是万万不可动摇的。

也许当初他们痛恨这个目标，彩色童年成了灰色童年，五彩七月变成黑色七月。但正如《肖申克的救赎》所说，监狱里的高墙，犯人刚入狱的时候，痛恨周围的高墙；慢慢地，你就习惯了它，最终你再也离不开它，这就是人的格式化。

孩子树立目标，也被目标绑架，并最终被目标格式化。但问题是，到了大学，目标突然没有了，孩子们一脚踩空，骤然失去了方向。

而且更要命的是，大学是自主学习，再也没有班主任苦口婆心，也没有家长软硬兼施，更没有高考一锤子买卖的终极压力。很多孩子彻底放飞自我了，因为他们并没有学会如何规划人生。即便有规划人生的，很可能又滑向了另一个深渊，那就是圆滑世故，冷漠自私，一切人都为我所用，变成了钱理群笔下的"精致的利己主义者"。

人生是一个漫长的过程，需要终身学习，活到老学到老。所以起点并不重要，更不需要抢跑和抢道。跑得远，跑得久，持久跑才是最重要的。从这个角度来说，甚至大学也不太重要。

我身边就有两个例子。一个是我的学生，当年自主招生被上海外国语大学预录取了。但没想到小高考某科考了一个C，按照正常高考的要求,上外小高考选科必须达到 B。但自主招生的条件中没有说。学生打电话给上外招生办,人家说,没关系。这边希望招生办签一个协议,但人家不乐意。最后,我学生害怕流档,又填了一个海南大学。按照常理,如果她没有学校录取,最后上外按照自主招生直接提档就好了。但她填报了海南大学,所以就被海南大学抢先录取了。

她很沮丧,煮熟的鸭子飞走了,但她还是去了海南大学。那时她还不知道,真正属于她的光辉时刻就要来了。那一年海南大学第一次实行实验班,要考试入学,她毫不费力地考进了实验班,成了海南大学实验班里最优秀的学生。所有的机会都堆在她身上,她给大会做过志愿者,给欧盟秘书长当过翻译,还获得了 30 多万元奖学金,被公费派往美国伯克利大学交换学习,最后又顺利被美国哥伦比亚大学录取,就读金融。

大学重要吗?当然重要,不然也吸引不了那么多人努力奋斗。但从今天来看,大学之后还要深造,研究生相当于大学生的二次创业,也很重要。尤其是大学考得不好的学生,这是一次翻盘的绝佳机会。

另一个例子是我家儿子王启元的同学。我们家孩子考取的大学籍籍无名。但这所学校有很多创新做法,比如实习就安排本区域的学生联合实习。

有一年暑假我孩子和本地一个女生分到了一组。我把我孩子放到苏州电视台去实习,把女孩子介绍到苏州日报社实习。送去的时候,中午和程老师请两个孩子吃饭。女生落落大方,她不断咨询我们未来社会发展的趋势,以及她自己的人生规划,可以说不厌其烦。她的人生目标是考取伦敦大学学院教育学院,从事和我们一样的教育工作。男孩一般傻乎乎的,我家启元只知道低头吃饭。

回头我和程老师聊天,这女孩要考世界教育学排名第一的伦敦大学学院,志气不可谓不高。但"双非"的本科,怎么申请世界名校呢?不过这孩子一点不自卑,这一点就很可贵。但这样大动干戈地规划人生,未免让我们觉得可爱或者是可笑。然而事实证明了我们这种想法多么浅薄。作为教师，我们没有看到一个人潜能的发挥，没有看到人定胜天的超越。

毕业季，我们在启元大学的网站上看到了这女孩作为优秀毕业生的介绍。她获得了学校优秀毕业生、传媒先锋、学业优秀一等奖学金、实践教育奖学金、海外交流学习基金等奖项。其毕业设计《青少年研学读本开发项目》被评为年度全校优秀毕业设计（论文）。在自我介绍中，她说：自己就职于演讲与口才协会期间顺利举办十余场大型活动；在《会议策划与组织》课上凭借一份策划案拿下中文系中期实习汇报暨成果展示会的举办权；在美国哥伦比亚True or False电影节担任志愿者；参与大学生科研训练项目顺利结题，拿到3.88/4的学术成绩；雅思考到7分；完成研究生申请；一次性通过教师资格证考试；超额完成既定目标自学考到Duolingo140分（根据官方评分换算标准，相当于雅思8分）……

最终她收到伦敦大学学院（QS10）、爱丁堡大学（QS20）、伦敦大学国王学院（QS31）等五所大学教育学方向的研究生offer，其中伦敦大学学院的教育学院，从2014年起连续七年在QS世界大学教育学排名中荣获第一名。

人生没有白走的路，她的目标全部实现了。这让我们刮目相看。按照道理来说，这两个女孩子在起跑线输了，但她们在后来的冲刺中一骑绝尘，取得了巨大成功。

所以永远不要丢失梦想，不要被琐碎榨干自己，更不要丢失原汁原味的热情。

"战吗？战啊！以最卑微的梦。致那黑夜中的呜咽与怒吼。"一步一个脚印，满怀激情往下走。只要上路，总会遇见隆重的盛典。谁说满身污泥就不算英雄？

珍惜你的稻草、你的光

曾经有一个新闻很有意思。19 岁的男孩星星从小跟着爷爷奶奶在老家生活。2023 年 3 月底，他到金华找工作，一开始还能住几十元一晚的小旅馆，最后钱快花完了，也没找到合适的工作。为维持生计他把手机卖了，也只够到网吧过夜。

4 月 19 日，他偷了路边一辆自行车，想着能变卖，不卖也可以代步找工作。但漫无目的地骑了几圈，想来想去，终究觉得盗窃不好，就骑着车到派出所自首。民警联系失主叶女士，叶女士在原谅星星的同时提出，如果他愿意，可以到她的工厂当学徒，提供食宿。她说自己也有孩子，相信星星是一时糊涂，他以后的路还长着，自己愿意提供一个机会。

星星是投案自首，而且案值较小，又如实供述，有改过自新的态度，加上获得失主谅解，警方做出不予行政处罚的决定。随后民警带他理了发，找旅店休息了一晚，次日到叶女士的工厂上班。叶女士给星星准备了生活用品、换洗衣物，安排了工作岗位和宿舍。

这件事获得了众多网友的点赞。我们不妨来剖析一下这件事。

先来说这个男孩。19 岁正应该是读书的好年纪，但他却出来找工作了，这不太正常。从小就跟着爷爷奶奶在老家生活，这是什么意思？男孩本来应该是有"新家"的，所以才会说"老家"。这样还原下来，大概率男孩新家发生了变故，至于什么变故不知道，也许是爸妈离婚，最终双方都不要他，他才回老家跟爷爷奶奶住。也许是因为穷，无人看管，最后也没能接受很好的教育，或者干脆就是没钱交学费，早早辍学了。

到了19岁，爷爷奶奶岁数大了，不可能一辈子供养他，爷爷奶奶还需要人赡养呢，所以他不得不出来找工作。现在经济不景气，研究生都找不到工作，更不用说一个没读书的男孩，又没有技术加持，所以他根本找不到工作，每天还要在小旅馆花费几十元，最后不得不把手机变卖了，暂时在网吧过夜。

最后他铤而走险，偷了一辆自行车，想要变卖，即使不卖找工作也能多跑几家。但骑了几圈后，他越来越觉得不妥，人可以穷，这是家庭的原因，但如果盗窃这就是品德问题，是法律问题，就沦落为坏人了。所以他做了一个选择，到派出所自首去了。

这地方有点意思。一辆自行车，正常情况下，男孩应该把自行车放到原来的地方，不大可能到派出所自首。但这正是一个没有读太多书的男孩淳朴的地方，他觉得自己盗窃了，犯错就应该自首。正是这个选择救了他，人必须自救，才能他救。人非圣贤，孰能无过？过而能改，善莫大焉。失主叶女士也正是看中了这一点，被男孩"过而能改"的憨劲打动，想给他一个机会，于是提供他食宿，让他到自己的工厂里当学徒，学一门技术。

我常常想，现在这种状况下，能学一门技术、一门手艺才是最重要的，不管在什么时候都有口饭吃。很多人一味读书，拿高学历，好高骛远，大事做不来，小事不肯做，这些孩子就危险了，因为学历正在肉眼可见地贬值。

警方也很暖心，必须要点赞。一是不做行政处罚。案值较小，主动自首；获得失主谅解，不予追究。二是民警带他理了发，这是什么意思？寓意从头开始，焕然一新。三是帮他找了旅店休息一晚，次日到叶女士工厂上班。警方差不多做了这个男孩的娘家人了。

所有的美好汇聚在一起，环环相扣，很可能改变这个男孩的一生。过去他在乡下，读书少，也许还被父母遗弃，但现在一群人努力把他找回来。他曾经陷入迷途，但他良心未泯，实迷途其未远，知来者犹可追。未来他一定会学好技术，报答恩人，回馈社会。

后面一个网友的留言，或许代表了我们对这个男孩未来的期许。

这个网友说，他爸爸也曾遇见过类似情况。一个外地的大学生来找工作，工作没找到，手机还被偷了，一个人蹲在街头痛哭流涕。他爸一开始以为是骗子，一打听才知道是找工作的大学生，再一问，所学专业正好是自己公司所需要的，于是直接就给安排到公司了。小伙子非常努力，现在已经做到主管了，还把他爸爸当亲人一般对待……

每个人都会遇见难处或者身处绝望，一些人可能成为他们救命的稻草，或者是一道光。世界的温暖，由这些美好的人亲手焐热。

时代需要善良的人，这是社会赖以正常发展的关键，但更重要的是这个社会需要良知，良知是社会共识该有的底线。善良需要被尊重，需要被保护，需要更大的生存空间。但问题是，谁来保护善良？法律只是用来惩罚罪恶的，善良被欺骗、被伤害的情况屡见不鲜，却始终停留在道德的范畴。人类的善良需要受到公平正义的保护，否则善良就将被吞噬。但愿这个孩子会拥有良知，珍惜、理解善良，珍惜他的稻草和光。

致永不消逝的三年时光

各位美好的老师、可敬的家长、亲爱的同学们：

上午好！

今天，我们在这里相聚一堂，举行隆重的毕业庆典。我不由得想起了我们一起走过的一千个日日夜夜，在这一千个日夜里，我们并肩战斗，互相驯养，彼此都是生命中的独一无二。

和你们在一起，我度过了生命中最快乐的一段时光。从更深层的意义上说，同学们，是你们赋予了我们生命的价值和意义。

然而，遗憾的是，今天，当我准备在这个场合将我对你们的理解与期待奉献于你们的时候，却突然发现：我的想象、我的语言、我的表达竟如此苍白——你们赋予学校这块热土的生命意义，赋予我们每一个老师的情感冲击，烙印在我们心灵里的美好痕迹，远不是我笨拙的语言所能表达的。

同学们，人类伟大而光荣的杰作就是知道如何恰如其分地生活，而你们正是这样行动的表率。你们的勤奋让人赞叹。你们总能以最优雅的姿态摸爬滚打，在学习过程中，你们总能保持着苦中作乐的心态。山不过来，我就过去。

三年来，你们以夸父逐日般的勇敢，像浮士德一样自强不息，不断否定过去，努力追求最丰富的知识、最美好的事物、最崇高的理想。没有比脚更长的路，没有比人更高的山。

你们的努力让人动心。人类精神之可贵，不在于好高骛远，而在于平实的进步。进一寸有一寸的欢喜。苏霍姆林斯基说，让他人因为我的存在而感到幸福。再平常不过的小事，到了你们手中，也能表现出人性的尊严和美丽。

三年来，每一次走进教室，看到黑板就像一面镜子，讲台上干干净净，我都能感觉到来自你们的温暖。你们把垃圾和桌面整理得井井有条，让扫地的阿姨非常满意，她也在工作中获得了尊严和快乐。我觉得这是你们身上最闪光的东西。服务他人，照亮自己，这是你们的追求，也是我们学校多年来教育的一种信仰。

你们的善良让人感动。在今天这样一个极端功利化的时代，你们仍然保留着人类与生俱来的自然而美妙的善良天性。面对颠连无告者，面对遭遇不幸者，你们的爱心自然而真实。有的同学的家境可能清贫，但你们一点也不卑微，尽管你们平时生活很节俭，但是一旦有什么募捐活动，你们总是默默无闻地帮助他人。在大地震中，你们一共向灾区捐出了40多万元。这些都是你们的压岁钱，我为你们的美德感到由衷的骄傲。

我在你们的作文中看到一段心理描写：就算眼前那个乞讨者99%是一个骗子，我还是要帮助他，因为那个人有1%的可能是需要帮助的人，还因为上帝让他成为一个骗子，本身就是对他最大的惩罚。

你们的选择很简单，我无法判断别人是好人还是坏人，但我可以选择做一个好人。我为你们的选择而感动，你们的所作所为也一样教育了我和我的同仁们。

同学们，你们来自不同的家庭，秉性、禀赋和经历自有差异。生活中难免发生一些小矛盾，但这并没有妨碍你们的友情；有些同学甚至在进考场前，还帮助其他的同学温习功课。学习成绩的差异，没有妨碍你们兄弟姐妹般的情感。相反我见证着你们乐于分享的高贵品质。我有理由相信，你们将会成为一生一世的朋友。

你们的良知让人动容。你们有着真正知识分子可贵的品性、沉重的道德紧张感和深远的人文情怀，并试图"为天地立心，为生民立命"。

但为了高考作文能得高分，我总是试图限制你们，但今天，我向你们真诚地道歉，从此，你们可以做一个"我手写我心"的人。"文字是生命的酒"，讴歌善良、呼唤真诚、表达关怀的文字，应该是我们文字爱好者的追求和宿命。

美国黑人民权运动领袖马丁·路德·金说："一个国家的繁荣，不取决于她的国库之殷实，不取决于她的城堡之坚固，也不取决于她的公共设施之华丽；而取决于她的公民的文明素养，即在于人民所受的教育。"套用老金的话，我要说，一所学校的力量不在于她华丽的外表和先进的设施，而在于她的学生的见识、品格和教养。同学们，遇见你们是我们老师的幸运，也是我们学校的荣光。

求学和做人，在未来的四年乃至更长时间里构成你们生命最重要的内涵。人对生命的占有是短暂的，因而我们有责任使它更厚重。有一个笑话说得很好，我们一定要好好地活，因为我们将来是要死很久的。但究竟怎样才能好好地活？我有三句话，想要分享给大家。

一是无论如何，你要成长为一棵大树。让自己蓬勃成长，并给社会提供一片阴凉。记住，让自己获得安全感的唯一办法，就是让自己不断变得强大。越强大，越安全。越磨砺，越光芒。

二是你的人生必须要有一个计划。生命是上帝给每个人放在银行里的一笔储蓄，究竟它有多少，没有人知道，但有一点是真实的——我们每天都在消费它，直到有一天生命出现了赤字。

人的生命是减法，但人的价值实现却必须要用加法。怎样使每一个"今天"都不苍白呢？你得要有目标，这样才能使人生不盲目，充满动力，循序渐进。

北大学生问作家毕淑敏人生有没有意义，毕淑敏老师说，人生没有意义。但为了度过漫长的人生，我们必须给人生赋予一个意义。实现目标，就是实现自我。实现自我，就是赋予生命以意义。

三是学会过感恩的生活。同学们，如果有人欺骗了你，你会怎么办？如果有人鞭打了你，你会怎么办？如果有人遗弃了你，你会怎么办？如果有人绊倒了你，你会怎么办？如果有人斥责了你，你会怎么办？答案很简单——理解他们，宽容他们，并感激他们。因为人与人是不同的。你可以要求自己守信，但不能要求别人守信；你可以要求自己对别人好，但不能期待别人对你好。你怎样对别人，并不代表别人就会怎样对你，因此你要学会理解和宽容。

"感激欺骗你的人，因为他增进了你的见识；感激鞭打你的人，因为他消除了你的业障；感激遗弃你的人，因为他教导了你应该自立；感激绊倒你的人，因为他强化了你的能力；感激斥责你的人，因为他助长了你的定力。一句话，感激所有使你坚强有力的人！"

当然，最重要的还是要学会感恩，尤其是感恩你们的父母，感恩他们对你们的疼爱和教导。香港主持人梁继璋给他儿子的一段话说得特别好："亲人只有一次的缘分，无论这辈子我和你会相处多久，你一定要珍惜共聚的时光。下辈子，无论我们爱与不爱，都不会再相见。"

同学们，不久，你们将进入新的环境。我知道，友谊的臂膀长得足以从世界的这一头伸到另一头，愿你们同学之间兄弟般的情谊永世长存。面对来自五湖四海，性格、经历不尽相同的新同学，愿你们"对任何人不怀恶意，对一切人心存宽厚"。

书上说，你们愿意别人怎样对待你们，你们也要怎样对待别人。这是一个朴实的道理。愿你们忠实于自己，诚信于他人，服务于社会。

同学们，愿你们始终保有独立的思考和有尊严的人格，愿你们在生活中显示出智慧、勇气和德行。期待有一天，你们通过奋斗获得欢乐；你们进入"书中乾坤大，笔下天地宽"的境界；你们正直狷介，目光坚定、炯炯有神，闪烁智慧的光芒；你们在公共服务领域虔诚服务，始终不渝，成效卓著……

我们守在你们身后，即使默默无语，也能感受到你们的博大与深厚、正直与公道、宽容与仁慈，如同夏日的月夜坐在海边。我想，这一天一定会到来。

如果能这样，我相信，当末日审判的号角吹响的时候，你们就可以像卢梭一样大声对上帝说：看，有谁比这个人更清白！是的，你们既没有因为碌碌无为而羞愧，也没有因为虚度年华而悔恨。你们对得起自己终将消逝的青春。

至于我们，你们的老师，只要我们知道你们都快乐，我们也会快乐的。你们的快乐，就是老师们最大的欣慰。再见了，亲爱的同学们，我将永远祝福你们。这种祝福只有在我们生命结束时，才会终止。

谢谢你们。未来的人生，愿你们永远进取，好运长存！

第四章

教育的奥秘

一个人成为他自己了,那就是达到了幸福的顶点。

——伊拉斯谟

教育是每个人的教育

一个深秋的夜晚，在一个极少人走过的十字路口，一位老人默默等待绿灯亮起。有人问他："反正也没有人监督，你为什么非要等绿灯亮？"老人说："在某一个窗口，很可能有孩子的眼睛在看着我。"

我被老人的这句话打动了！

成人应该是孩子的标杆，任何时候，成人的身后都要假定有一个儿童的眼光。真正的教育不在宣讲中，不在墙壁上，也不在白纸黑字中，而在每个人的心中，每个人的每一刻都有教育发生。

然而，转念一想，假如任何一个窗口的背后，肯定没有孩子的眼睛呢？这个时候，我们又该做何选择？

不由得想起一段历史。

史载，东汉杨震曾任荆州刺史，调任东莱太守时，路过昌邑。昌邑县令王密，乃是杨震曾经荐举的官员。王密为表感激之情，悄悄带上十斤黄金深夜拜访杨震。杨震当场拒绝了这份礼物，还说："故人知君，君不知故人，何也？"王密以为杨震假装客气，便说："幕夜无知者。"意思是说晚上没有谁知道。杨震勃然大怒，说："天知，神知，我知，子知，何谓无知？"王密十分羞愧，只得带着礼物，狼狈而回。

这个故事告诉我们，就算我们背后没有孩子的眼睛，就算是天衣无缝，还有天知地知你知我知呢。所有人都睡着了，我自己还是醒着的；没有人监督我，我自己就是自己的监督者。这就是古人所说的，慎独。

道德不是知识风暴，不是华丽的装饰和外衣，而是我们心中的信仰，甚至也不是信仰，而是"不知有之"的血肉交融。它深深融入我们的血脉之中，成为我们精神生命的一部分，自由地流淌，肆意地坦荡。我哪里知道这是不是道德，我只知道我必须这么做，这么做就是我的道德。不是为了做一个好人而做，而只是因为人之为人就得这样去做。没有思考，没有辨别，没有计划，只有下意识和无意识，这才是真的道德。

但慎独多么困难啊。就算是"四知太守"杨震，也禁不起推敲。照理说，羞愧无言的王密绝对不可能把自己的丑事声张出去，既然只有天知地知你知我知，那么唯一泄露秘密的人，只能是杨震自己。

那么，杨震为什么要这样做呢？他这样做的理由是什么？他这样做想达到什么效果？理由很简单，杨震牺牲王密，不过是想沽名钓誉，得到更高的位置，进而获取更大的利益。老子说："圣人不死，大盗不止。"盗名之人是最大的强盗，因为具有欺骗性，所以有欺世盗名之说。

然而，现在，我们不仅丢弃了慎独，甚至在世俗之中，随波逐流，与时俯仰，留一半清醒留一半醉，潇洒走一回。

我们常常把教育泛化了，以为教育一定要创造必备的环境，至少也要有必备的土壤，否则就不能发出教育的芽、开出教育的花、长出教育的果来。很多老师直接把教育责任推卸给体制，忘记了我们自己也是体制的一部分，很多教育问题的乱象，或多或少我们也要承担一点责任。

我最欣赏的，是一代美学大家朱光潜的"三此"座右铭："此身应该做而且能够做的事，就得由此身担当起，不推诿给旁人。此时应该做而且能够做的事，就得在此时做，不拖延到未来。此地应该做而且能够做的事，就得在此地做，不推诿到想象中的另一地位去做。"

每个此身都在此时此地担当起文明和教育的责任，每个人的背后都有一双孩子的眼睛，或者是有一双举世混浊唯我独清的眼睛，每个人都把自己树立为标杆，回到常识，树立信仰，坚持理性，以我为旗，为了追寻美好的未来，必须有人率先为此付出代价。

我们是父亲，也是母亲，我们还都是老师。这个世界是我们的孩子唯一可以居住和生存的地方，为了他们的幸福和未来，我们的牺牲是有价值的，因为我们孩子的幸福，与整个世界的美好息息相关。

当年鲁迅"肩住了黑暗的闸门，放他们到宽阔光明的地方去"。我们何妨汇聚起手心里的光，虽不能温暖自己，却能照亮世界！

要用欣赏的眼光看待孩子犯错

很多家长对孩子精益求精，凡事都要高标准，要做到最好。

我从不这样，我喜欢让孩子多尝试，多犯错，自己摸索，自己总结。在我眼里，事情本身并不重要，孩子在做事过程中的体悟和成长才重要。我甚至常常鼓励孩子犯错，因为犯错是一种行动能力，而纠正错误则是一种反思能力，解决错误就是进步。唯有真切地经历了错误过程，孩子才能深入理解自己为什么错了。待到下一次重新经历的时候，才能不犯错，少犯错。只有在这种清晰的思维下，孩子才更能体会到正确的美好。

小王子在烧饭的过程中，不断地犯错误，也不断地给我们夫妻带来惊喜。我们一直猜测，这家伙究竟还能犯什么错。而他的错总是很有创意，像希区柯克的悬疑大片。我们在这个过程中，获得了很多快乐。这是孩子一段成长的故事，也是一段生命的故事。

有一天，我们下班回家，突然觉得儿子有点神秘，他鬼鬼祟祟的，一溜烟朝厨房跑去。我们本能地感觉到不对，赶过去一看，原来儿子偷偷地做好了饭，正打开电饭煲，准备向我们邀功请赏呢！看到饭做得松软，不干不湿，我们非常高兴，于是，我狠狠地把他表扬了一番。

又一次，我给儿子留了便条，委托他做饭。快要下班的时候，我不放心，给儿子打了电话。结果，回家一看，儿子正在那里如醉如痴地看电视。饭，自然是忘记煮了。儿子挠着头，不好意思地说："我忘记了。"笑容里有讨好卖乖的味道，我们当然没有责怪他。

第三次，我们有事情，儿子却已放假在家。于是，我们又把做饭这个光荣的任务交给了他。吸取上一次的教训，我是千叮咛万嘱咐。回到家，儿子还在那里看动画片，我问儿子："有没有做饭？"他说："做了。"说完，就跑到厨房去，打开电饭煲给我看。结果，他的脸色突然变了。我问："怎么了？"他吞吞吐吐地回答："我忘记放水了。"我大笑，说："你真想让你老爸吃干饭啊！"

为了让儿子摆脱煮饭不成功的阴影，我决定再给儿子一次将功赎罪的机会，于是，就有了儿子的第四次做饭。回到家，儿子唱着歌，打开电饭煲让我们看，哇，饭做得精致，香喷喷，雪白雪白的。我们也是饿了，带回了几个卤菜，就准备开饭了。可是，找来找去都没有找到饭勺子。我想只有一种可能，那就是儿子把它煮到饭里去了，一查看，果然如此。

老实说，我再也不想让儿子做饭了，但儿子坚决请缨，大有和做饭决战到底的气魄。我被这种屡败屡战的精神感动，答应给儿子最后一次机会。晚上一回家，儿子慌忙打开电饭煲，我马上闻到一股锅巴的味道。原来，我们刚刚上班，儿子就把饭煮了，也就是说这锅饭儿子烧了五个多小时，焉有不焦的道理。儿子觉得非常难堪，红着脸。我和妻子交换了一下眼色，大声欢呼起来："啊，我们有锅巴汤吃了！"我把上面的饭一点点刮干净，放到碗里去，锅里剩下来的全是锅巴了；然后，我加点水，再烧，一会儿整个屋子里全是香味。

通过儿子做饭，我也获得了很多家庭教育的启迪。

首先，对孩子而言，他们喜欢尝试，尝试成功的经历以及大人的夸奖，让他们很有成就感。因此，家长要及时跟进，努力发现优点，多多夸赞。

其次，一旦孩子的自主尝试变成了任务，孩子就会变得漫不经心了，甚至会产生本能的抗拒。因此，家长要想方设法把完成任务转为孩子的自主需要。

最后，永远用欣赏的眼光看待孩子犯错，任何一个错误都是有价值的，都是成长过程中必然发生的一种经历。家长要引导孩子，把每一次犯错都变成一个成长的契机。但切不可急功近利，要慢下来，要意识到家庭教育是非连续性的，常常要经历一个不断反复的过程。因此，作为家长一定要耐心，寻找机会，学会等待，争取让每一次特殊的教育，都能在孩子的生命成长中打下深刻的烙印。

惩罚权，什么时候才有价值

著名作家毕淑敏在《孩子，我为什么打你》中这样写道：

在所有的苦口婆心都宣告失效，在所有的夸奖、批评、恐吓以及奖赏都无所建树之后，我被迫拿出最后一件武器——这就是殴打。

……

我谨慎地使用殴打，犹如一个穷人使用他最后的金钱。每当打你的时候，我的心都在轻轻颤抖。我一次又一次问自己：是不是到了非打不可的时候？不打他我还有没有其他的办法？只有当所有的努力都归于失败，孩子，我才会举起我的手……每一次打过你之后，我都要深深地自责。……但我知道，责罚不可以替代也无法转让。

……

我几乎毫不犹豫地认为：每打你一次，我感到的痛楚都要比你更为久远而悠长。因为，重要的不是身累，而是心累……

……

孩子，打与不打都是爱，你可懂得？

每看至此，我都要把毕淑敏引为知己，不愧是搞医学的复合型作家，能够说出人人心中都有、人人笔下都无的教育困境。

我们都在说，要爱生如子，那么，当我们面临教育困境的时候，当非惩罚不可的时候，打与不打，这是个问题啊！

为什么要打，因为学生犯错误，或者拒不接受教育，所有这些都来自师生关系的紧张。那么，师生关系紧张的原因何在呢？

首先，应试教育是罪魁祸首。

由于应试教育的盲目发展，教育评价随之畸形化，虽然屡遭有识之士的抨击，但在事实上已逐渐被社会认同。教育的唯一指归就是考试，考试成功了，就是教育成功了，考试失败了，就是教育失败了。老师不再育人，甚至也不再教书，而是在教考试，教做题，老师变成了"考师"；学生也不管成长，甚至也不再学习，而是在解题，做试卷，学生变成了"考生"。严格地讲，应试教育是血汗教育，但这种血汗教育已经让人尝到了甜头，现在想去废除它，何其难也？

就算现在新课程实施，考试来个大变脸，专考能力题、素养题、创新题，也很难撼动应试教育江山一统的地位。要知道，首先不答应的就是千千万万望子成龙、望女成凤的家长。因为中国人口众多，优质教育资源非常稀缺，社会竞争不断加剧，如何在这种形势下抢占先机，使得孩子以后的人生一马平川，以往的经验告诉他们，血拼高考，不失为终南捷径。也就是说无论怎么变革，家长在要求孩子考高分这一点上，绝不会妥协和动摇，只会把压力转嫁给老师，而学校、老师在此过程中，根本无法自主，只有随波逐流。

我的一个朋友，主持一个大市的教研工作，对应试教育深恶痛绝，发表了很多重量级的抨击文章。但自己的孩子到了高三，他马上紧张得脸色煞白，文章也没空写了，遍访名师，给孩子开小灶。终于，孩子考上了复旦大学。朋友在论坛上感慨万千："真没想到，应试的果子，还蛮甜的啊！"

这种事发生到自己身上，有识之士尚且如此，遑论其他？

其次，个性因素。

曾经杨丽娟追星导致老父亲跳海自杀，舆论更多关注这个事件的娱乐性，却没有关注这个事件背后的独生子女问题。

杨丽娟追星，追得那么猖狂，那么肆无忌惮，以致倾家荡产，家破人亡。说到底还是父母纵容，推波助澜。如果当初刚有一些苗头，父母马上当头棒喝，严厉教育，又何至于最终付出血的代价？究其原因，中国人舐犊情深，面对独生子女，往往不顾一切地爱护，要穷只能穷自己，再苦不能苦孩子。这种溺爱给独生子女造成了巨大的灾难。具体来说，由于剥夺了孩子的劳动权，导致孩子体质弱化；由于满足孩子一切欲望，导致孩子自我奋斗的愿望萎缩；由于以孩子为中心，导致孩子唯我独尊，社会责任感淡漠。

回到学校教育上来，单单是老师面对独生子女，已经被弄得焦头烂额。然而现在老师也是独生子女，面对独生子女的学生，你"独"我也"独"，双"独"齐下，常常碰撞得火花四溅，也就不足为奇了。

再次，教育产业化的波及。

随着教育的产业化，师生关系逐渐沦为雇佣关系、商品关系，老师从师长变成了服务生。师生关系的颠覆，岂止师道尊严轰然坠地，教师的人格、权利也难自保，造成了教育的不能承受之重。

"我是花了几万学费来的，学校会炒了你，但不会拿我怎么着，你信不信？"一个在民办学校任教的老师对记者说，他永远也忘不了一个男学生对自己的"惊心一吼"。想想看，在这种重压之下，教师如何能够心平气和地教书，理直气壮地育人？

最后，是悬在头顶的达摩克利斯之剑。

我国《义务教育法》第十六条规定"禁止体罚学生"；《未成年人保护法》第十五条也明文禁止体罚或变相体罚学生；《教师法》第三十七条规定"体罚学生，经教育不改的"，要给予教师"行政处分或者解聘"，"情节严重,构成犯罪的,要依法追究刑事责任"。对此,学校还不遗余力做了大力宣传。

绝不容许处罚学生,已经成了师德的底线,甚至是高压线,谁也触犯不得。甚至已经形成了潜规则。教师处罚学生,是教育工作的失败,是教育无能的表现。"没有教不好的学生,只有不会教的老师",就是例证。

而一旦媒体披露有关师生关系的事件,舆论也一窝蜂站在学生的立场上,屠刀所指,杀气腾腾。于是乎,一夜之间,学生趾高气扬,成了脱缰的野马,因为他们都知道自己是保护动物,老师奈何不了自己!进而部分学生开始捉弄、欺负老师,近些年来,学生侮辱老师、骚扰老师的事件不断发生。与此遥相呼应的是家长毒打老师、杀害老师的事件也不断增多。

外在环境所趋,内在形势所逼,老师只有因势利导。于是乎,赏识教育铺天盖地,呼啸而来。

为了学生考取高分,教师哪里是赏识,简直就是低声下气、苦口婆心。巴结、讨好、戴高帽,无所不用其极。如此惯坏学生,宠坏学生,终极目标只有一个——得分好,才是真的好。有了分,职称来了,奖金来了,校长的褒扬来了,家长的笑脸来了,社会的知名度也来了;没有分,你就是无能,就是蠢蛋,就是南郭先生,就是误人子弟的恶棍。

然而,赏识不是灵丹妙药,更不可能包治百病。几千年前的孔子早就说过,要因材施教,而我们现在却一股脑地"赏识",结果造成了巨大的"赏识综合征"。

首先是赏识疲劳。好吃的菜吃多了也会腻,更何况这种名不副实的赏识。刚开始的时候,学生受到赏识了,可能还有点动力,但经常高频率受到赏识,所有的老师都来赏识,结果必然是赏识疲劳。最后,无论怎么赏识,学生都"百赏不侵","我"自岿然不动了。

其次是听不得批评。赏识教育最大的弊端,是让学生习惯了表扬。

尽管赏识疲劳了,但却绝对听不得批评,老虎屁股摸不得,长此以往,学生必然我行我素,老子天下第一。

最后是把表扬廉价化了。本来表扬是激励学生最有效的手段和方式,但赏识教育的泛滥,使得表扬廉价化了,甚至庸俗化了。这对本该受到真正表扬和激励的学生非常不公正,也使得老师的有效教育手段不断被削弱。

有这样一个笑话很能说明问题。有个小学数学老师,上课时请学生计算一个问题,那个问题的答案是2。第一个学生回答是5,老师表扬说:"不错,只要认真做了的,都不错。"第二个同学说是3,老师兴奋地说:"很不错,已经快要接近正确答案了!"最后一个同学在老师循循善诱的启发下,终于回答出了答案。老师欣喜若狂,大声说:"很好,恭喜你,都会抢答啦!"

如此赏识,很可能导致教师变成好好先生,更为严重的是,学生一节课下来,不知道孰是孰非,这才是最可怕的。赏识,绝对不能以亵渎真理为代价!所以,赏识教育也不容易!学生早就知道老师的那点破事了,小小的赏识,还能糊弄谁啊?

我的观点是赏识要适度,夸奖要具体。还记得陈道明在中戏学习阶段,付出了巨大的汗水,取得了累累硕果,他的指导老师却从来没有表扬他,这让陈道明心里极不平衡。为了让老师满意,为了争一口气,为了得到老师的一声夸赞,陈道明付出了常人难以忍受的艰辛和刻苦,终于成为中国影坛的一哥。

在20年后,陈道明终于听到了老师的一声夸赞,不由得热泪盈眶。他曾经说,老师一句吝啬的表扬,成了自己不竭的动力。我们当然不能因此就让我们老师吝啬表扬,但是,从另一个角度来看,赏识教育能够做到的,"非赏识"教育也能做到。关键还是要对症下药,因材施教。

既然赏识不是万能的,看来,该惩罚的还是要惩罚,可家长很生气,后果很严重。

在家长与教师之间，为了孩子的教育，竟然一再发生冲突，乃至频频酿出血案。面对如此严峻的教育现实，在震惊、悲痛之余，"惩罚"是否还应该成为教育的一部分？如果应该，又如何正确理解、把握其内涵和实施的尺度与分寸？如何规避惩罚可能酿成的血案？

其实，惩罚还是不惩罚，确实是一个悖论。放任自流，让学生多行不义必自毙，不符合老师的职业道德；而适当地惩罚学生，又有可能导致严重后果。教师陷入了两难选择。

关于惩罚，现代学习心理学有两大学说，即联结派的学说和认知派的学说。联结派各家从关心行为结果的角度，认为惩罚本身并不能使受惩罚者形成新行为。认知派各家从关心行为过程的角度，强调只有当学习者将外部影响内化为内部的经验认识时，才能产生强化作用，调控其行为。两派实际上是从不同的角度，得出了惩罚作为教育手段并不适合的结论。

但国外的实证研究却指出，适当的惩罚必不可少。

时代要求我们应该尊重学生，以学生为本，但尊重学生并不等于纵容学生、放任学生。教师的指导者角色、社会代言人角色、集体管理者角色，若没有惩罚权，可能就很难得到实现。我们不能借口体罚的存在而否定教师拥有惩罚权，这种做法因噎废食，荒唐透顶。我们必须承认惩罚的合理性，同时以制度的手段对其加以界定和限制，以杜绝教育中惩罚随意实施的现象。

首先，惩罚不等于体罚。惩罚只能谨慎而用，并且不能过多使用。因为惩罚本质上仍然是治标不治本的一种手段，虽然也是在特殊情况下不得不采用的有效手段。

其次，惩罚必须尊重学生的人格。毕竟，惩罚的根本目的在于让孩子懂得要为自己的错误负责，而并非仅仅为了教训和报复。因此，惩罚只能罚过失，而不能罚尊严。

最后，惩罚不应单独使用，必须与激励相结合。因为惩罚只能传递受罚行为应该停止的信息，却无法提供该如何做的指导。也就是说，一方面，惩罚的标准应该是确定、适度的，要让受教育者清楚什么样的行为会导致什么样的惩罚，界限在哪里，并由此学会理性规范自身行为；另一方面，还应该将惩罚与提供适当行为信息的指导结合起来使用。即在制止学生的错误行为时，给予其新行为的指导。而且，当学生的新行为一旦出现，应立刻给以关注并停止惩罚。除旧布新要双管齐下。

当惩则惩，决不姑息，但需惩之有度，有理有节，赏惩分明。但如何对待问题学生背后的问题家长呢？毛泽东当年说，农民问题是中国最大的问题，而在惩罚中，家长问题也是最大的问题。

那么，导致家长如此肆无忌惮的原因是什么？我以为最重要的原因是政府机关严禁教师体罚学生。但是，何为体罚，何为惩罚，却很难区分，很难界定。要知道，很多家长正是坚信教师违法在先，所以才为所欲为、横行无忌啊！保护学生的措施一条条出来了，但是，对教师安全的保障却仍然远远不够。

英国政府曾出台法律，对教师惩罚不规矩学生的权利做出明确规定。它使捣乱学生对教师说"你拿我没办法"成为历史。并且还采取相关措施，确保家长为孩子的破坏行为负责。这些措施包括更广泛地使用养育合同，对不负责任的家长加大处罚力度，比如，学生如果在上课时间出现在大街或商场，父母将被起诉并处以罚金。

而我们的近邻韩国也早就出台法律，明确了老师的惩罚权。当然惩罚权的实施都有很明确的规范和细则，包括惩罚学生的部位和惩罚学生的工具，真正做到了有法可依。

试想一下，当老师的惩罚权被法律保证的时候，我们的家长们还能挥舞着屠刀，打着法律的幌子，追杀老师吗？

能否给孩子留一点缝隙

看到一个妈妈的来信，非常难受，我觉得这是一个普遍现象，有说一说的必要。

> 王老师，您好！不知道您能不能看到我的留言？
>
> 我儿子很小的时候，我看浙江大学教授郑强同志关于教育的讲座，深受影响，所以孩子小时候我没有过多地束缚他。只要不违反道德法律，不伤害他人，不伤害自己，在这个范围内他可以自由成长。我又深受尹建莉老师书的影响，从小引导小孩阅读。
>
> 按照这样的思路一路走下来直到小学毕业，我觉得我家小孩发展得很好，有个性，有思想，不是我自夸，我有他从小到大的记录为证。
>
> 目前我孩子在江西南昌最好的公办学校就读，虽说成绩还过得去，但是已经没有了昔日的灵光，过多的作业填满了课余时间，随心阅读变成了一种奢侈。孩子问我："妈妈，学习为什么要这么功利呢？考什么读什么，我想读一些自己喜欢的书。"我现在很痛苦，很困惑，也很心疼孩子的这种状态，我自己都快抑郁了。我和孩子都特别希望得到您的帮助和指点！

作为老师，我很挣扎，我无法回答这样的提问。我能说什么呢？让孩子随心阅读？鼓励孩子不做作业？让孩子学习不要功利，不要考什么就读什么，而应该遵从自己的内心和兴趣？但孩子成绩下降怎么办？成绩下降，会不会使得孩子的自信心受到影响？会不会影响到孩子的综合评价？老师对这孩子会有什么看法？这些看法会不会影响孩子的成长？其他孩子会如何评价他？家长们会不会不允许自己孩子与他玩耍？学校会不会用成绩评价代替了价值评价？如果不能考取理想的学校，孩子走向社会会不会吃亏？夸大一点说，能不能有一口饭吃？……

这些都是很现实的问题。在这些问题获得清晰的解答之前，我们很难做出选择。我不能，这个妈妈不能，包括这个孩子自己也不能。他还小，在这样重大的人生问题上，一个孩子还不具备选择之后负责的能力。

在这位妈妈的一再追问之下，我简单回复了几句："高、中考是选拔性的高利害考试，出于竞争目的，必须最大化使用好时间，力拼考试。兴趣化阅读和非功利性学习要等这以后。"

我知道这不是最好的回答，但我只能这样。现实就是如此，一不小心孩子将来就不是吃瘪，而是吃土。我们不能像清华的刘瑜教授一样，轻轻松松地看着孩子势不可挡地成为一个普通人。清华教授眼里的普通人与真正的普通人怎么可能一样？即便是真正的普通人，她这样的家庭也不在乎。刘瑜常常自嘲她自己也是普通人，但她的履历能够把我们吓死。她是中国人民大学学士、硕士，美国哥伦比亚大学博士，英国剑桥大学讲师，美国哈佛大学博士后，清华大学副教授。这样的人还称自己是普通人，让我们这些人还怎么活？所以，就算她的孩子势不可挡地成为一个普通人，还是会比我们高出很多很多，这就是所谓的阶层。

作为寒门家的子弟，想要改变自身命运，靠天天不语，靠地地无言，靠父母靠不着，父母砸锅卖铁也没多少钱，还弄得生活无着，最终的华山一条道还是高考。高考是天堂扔给农民的一根绳子。我喜欢这个比喻，因为我就是紧紧抓住了这根绳子。虽没能攀上天堂，但与父辈相比，差不多就是天堂。高考不是打破阶层的利斧，但却是挣脱固有阶层的垫脚石。

尽管有这么多无奈，但我还是呼吁，一定要给孩子一点缝隙。这个缝隙就是鲁迅先生说的，能够从泥土里挖一个小孔，苟延残喘，不至于窒息。

第一，给孩子一点点空间。在这个空间里孩子能够独立自主，能够暂时有做什么和不做什么的自由。如朱自清《荷塘月色》中所说的："一个人在这苍茫的月下，什么都可以想，什么都可以不想，便觉是个自由的人。白天里一定要做的事，一定要说的话，现在都可不理。"

成年人尚且感觉到压抑，需要一个空间来放松自我，更何况孩子？总是满负荷，总是看不到未来的希望和光亮，孩子很可能会支撑不下去。当孩子支撑不下去的时候，他们就觉得世界无趣，无可留恋。

第二，让孩子保留一点点爱好。孩子本来是灰色的，因为有了爱好，才变得彩色，才有光。在爱好之中，孩子们学会和兴趣相处，也学会与自己相处。他们的身体越来越饱满，精神越来越愉悦。他们的眼睛会发光，心灵会充实，灵魂会飞翔。

更重要的是，孩子有了心灵的小天地，有了灵魂的滋养。他们挥汗如雨，乐此不疲，如此就能抵御寒冬，战胜挫折，并且歌唱着迎接挑战。如果让孩子意识到自己是为兴趣而学，为未来而学，为人生而学，那他们就更没有理由觉得痛苦和折磨，因为这一切都变得值得。反之则相反。

我之所以一直强调孩子的兴趣爱好，是因为每个孩子在自己的爱好中都是天才，这符合加德纳的多元智能理论。我有一个重要的判断，这个世界上没有差生，只有差异生。世界是丰富多彩的，参差百态，正是幸福之本源。但孩子必须要有自己的特长，至少要有自己的爱好，然后慢慢把爱好变成自己的人生所长。未来没有爱好的孩子，可能才是真正的差生。

第三，允许孩子做一点白日梦。记得俄国文学史上的"多余人"形象——奥勃洛摩夫，他一辈子都在睡觉，连做梦的时候，都梦见自己在睡觉。当时，觉得可笑，现在却感到可悲。因为很多孩子现在不会做梦了，或者所有的梦千篇一律都是考高分。很多孩子完全失去了自己，成了应试的奴隶、考试的工具！

其实最完美的教育就是鼓励学生做梦，然后帮助学生实现他们的梦想。而最重要的教育过程无非就是帮助学生"认识你自己"，然后"成长为你自己"的过程。

一个伟大的建筑师，在几栋新楼之间种满青草。然后，在人们踩出的大大小小的路上，修建起大大小小的路。教育者的作用，也无非就是在空地里种上草，然后等待夏天的降临，让孩子们把自己的脚，印在草地上，踩出人生的痕迹。这就是属于他们自己的道路，也是最好的道路。

我们的教育口号却是：让学生成为栋梁。成为栋梁当然不是一件坏事，但如果逼迫青草、玫瑰、桃李都充满这样的幻想，却未尝不是一种悲剧。世界是丰富多彩的，孩子的梦幻也是五颜六色的，我们为什么不张扬学生的个性，让梦想牵引孩子发展呢？让青草长成青草，进而覆盖大地；让玫瑰长成玫瑰，进而带来芬芳；让橡树长成橡树，进而成为实际意义上的栋梁。这有什么不好呢？

一个人的精神是要有一点底子的，这个精神的底子应该是浪漫主义和理想主义的。周作人说："人生的季节是不能颠倒的，青年时代应该是做梦的季节。"鲁迅虽然运交华盖，却也不愿把自己的痛苦"传染给也如我那年青时候似的正做着好梦的青年"。别林斯基则说："青春在人的一生中只有一次，青年时代要比任何时代更能接受高尚和美好的东西。"

在成熟之后，美梦破灭，在破灭中升华，这样才能达到永恒的精神和谐。

因此，教育应当提倡理想主义和浪漫主义的亮色，有了更多的亮色，在遇到沉重的黑暗时，才不至于走向毁灭。青少年时期，一定要为真善美的梦想追求打下底子，否则，这种教育是以后任何时期的教育所无法补偿的。

然而，我们教育的学生过于懂得现实，过早地面对世俗丑恶，过早地学会世故，这是很可怕的事。由于缺少一种信念、一种追求、一种终极关怀，缺少一种精神的砥柱，我们的学生会因为没有内在的骨骼支撑，在现实前行中猝然跌倒，或者干脆成为一个精致的利己主义者，在社会的浊浪中左右逢源……

教育，不能都教有用的东西

1

文学最大的用处就是没有用。

在诺贝尔奖晚宴致辞中，莫言说了一句意味深长的话："文学和科学相比较，的确是没有什么用处，但是文学最大的用处，也许就是它没有用处。"

教育也是如此。

执着于有用还是无用，不过是一种偏见，对人生没有丝毫价值。有用和无用都是相对的。

在他有用，在我可能就无用；此时无用，彼时或许有大用。饥渴之人，有用的是一杯水；饥饿之人，有用的是一碗饭；对于伤心之人，一个无言的眼神和一个紧紧的拥抱，或许就是无价之宝。

2

很多弯路不过是人生的必修课。

庄子和惠施关于"无用"曾有过一次经典辩论。

惠施对庄子说："你所有的言论都是无用的。"

庄子说："懂得无用的人，才可以同他谈有用。譬如地，不能不说是既广且大，人所用的只是立足之地而已。但是，如果把立足之地以外的地方都挖掘直到黄泉，那么人的立足之地还有用处吗？"

惠施说："无用。"

庄子说："那么无用的用处也就很清楚了。"

没有无用之物，有用之物也就失去了依存之所。

某重点大学的一名大学生，有一天愤愤不平地对他的辅导员说，大学四年期间，我所学的东西，都是无用的。

辅导员只问了他一个问题："如果没有这四年，请问你能否独立完成一篇高质量的本科毕业论文？"

学生哑口无言。皮之不存，毛将焉附？

很多时候，看似无用的东西，在你追求它的过程中，你所获得的思维锻炼，由感性到理性的认知过程，甚至你所走过的弯路、你的绝望和痛苦，都成为你人生的必修课。

3

没有一种人生不需要旁逸斜出。

当下教育最大的危害，就是不在乎那些无用的东西，以为给孩子无用之物是浪费孩子生命。殊不知恰恰是这些无用之物，滋养了孩子的心灵，丰富了孩子的生命，能够给孩子的未来奠基。

没有一种人生不需要旁逸斜出，没有一种人生不需要摇曳生姿，也没有一种人生不需要悬念迭出！

我们却妄图设计好人生的每一步，精确无比，高效吓人。但设计好的人生，就算没有一丝一毫的差错，这样一览无余的人生，还有意思吗？

在成人看来，童年太幼稚了，是无用的。为了不输在起跑线上，我们把孩子的童年变成了压缩饼干，一口就吞了，使得孩子本该五彩的童年黯淡无光。当孩子穿梭于各种培训班的时候，往往缺失了和父母家人的相处。

要知道，所有的技能都是为人服务的，从小缺失了对亲情的感受，未来是不可能创作出动人艺术的，也不可能制造出人们喜欢的产品，更不可能领导好由人组成的队伍，因为人性是一切的基础。

看看现在的孩子，小小年纪不知道捉迷藏，不知道过家家，不知道掏蜜蜂，不知道光滑的石井栏、高大的皂荚树和紫红的桑葚；没有了百草园，孩子们只有三味书屋，只知道兴趣班、特长班和考试课，结果单调乏味，一味不味。

很多孩子就像小老头一样，一个个背着硕大的书包，暮气沉沉，还没真正入学，就已经产生了上学恐惧症，每天都做噩梦。

学校学习期间，我们又按照考试的分值，人为地把一些课程分为主科、副科和无用科。比如体育、美术和艺术课，因为不计算在期末考试成绩之中，就被划分为无用的学科。

无用的学科当然不受重视，常常被挤压，被忽视，被取消。于是，除了考试，除了分数，我们的孩子脸色苍白，心灵贫瘠，有知识没见识，有见识没胆识，成了有文化的文盲。

有文化的文盲比无文化的文盲更可怕，无文化的文盲，还有对知识的渴求，至少还有一副好身板。有文化的文盲，则永远失去了对真理的兴趣，一个个像豆芽菜一样，病恹恹的，烂泥扶不上墙。

有学者早就指出："自然界无跳跃。"意即自然界所形成的整体是完整而没有空隙的，其中的任何一样东西，都是不可少的。这种连续性与整体性，就是"不跳跃"，亦即没有任何东西是全然无用的。

人类历史上最伟大的进步，不是蒸汽机的发明，也不是工业革命的爆发，而是从第一个人发现一朵花的美丽开始。花朵既不能充饥，也不能御寒，但人的灵魂第一次被它穿越，这是对实用主义的摆脱，是心甘情愿对美低头，因而成为人类智慧觉醒的第一步。

4

上帝喜欢沉浸在真理之中的人。

什么是教育？当你把学校教给你的东西都忘掉之后，剩下来的才是教育。

学校教给你的东西，很多都是有用的。但唯有剔除这些有用的东西之后，在我们求索有用东西的过程中，我们的坚持、执着、勇敢和爱……这些貌似无用的品质，才是我们走向未来的必备品格和关键能力。

美术和音乐，真的没有用吗？当一个人沉浸到艺术之中时，他的生命是完整的、和谐的、圆润的，自然也会忘记现实的"有用"性，忘记社会上功利主义的不能承受之轻，也就是在这个时候，我们的教育才真正发生。

爱因斯坦正是沉浸在小提琴的艺术氛围中，才获得了巨大的灵感和想象力，而想象力是一切创造的伟大源泉。我们甚至可以说，没有小提琴就没有伟大的爱因斯坦。物理学大师海森堡则认为，物理世界的"真"和"美"是统一的，科学的最高境界，也是一种美的境界。

还有钱学森之问，我们为什么诞生不了大师？原因当然有很多，但最重要的一点就是，我们太浮躁、太功利了，我们目光短浅、直奔主题，我们坐不了冷板凳，忍受不了寂寞和孤独的撕咬。

可是，上帝只宠爱沉浸在伟大真理中的人，而讨厌沉浸在名利之中的人。

有人问逻辑学之父金岳霖，为什么喜欢枯燥的哲学？金老回答说，因为它好玩。

一切创造都因为你发自内心认为它好玩，好玩是学习的生死密码。当我们的孩子觉得学习一点也不好玩的时候，我们的教育就已经死了，而且永远不可能还魂，不可能死灰复燃。因为无趣、不好玩是灵魂的死，无法医治。

可是，我们觉得还不够，除有用之外，我们又增加了一条——有用的东西，还必须高效学习。所谓高效，就是机械化，快速吸纳，当堂消化。

连老黄牛都知道囫囵吞下去的东西，还要吐出来反复咀嚼，才能获得营养。我们却不懂得，或许也不想管，继续丧心病狂地填塞，管他春夏与秋冬。最后，我们所有的孩子都得了厌食症，尽管吃得很多，但全都营养不良，风吹就倒。

很多年前，胡适曾经说过，国人治学之弊，一是苟且速成，二是不重文科，三是只重技术。导致这三者的原因，就是国人急于速成，只要结果，不要过程。而最终带来的恶果，就是学界呈现两大特点：一是没有自尊，没有思想当然没有自尊；二是没有文明输入的能力，因为技术只是文明之果，没有栽培，哪能输入？

而一个真正的世界强国，一定会给世界提供新思想，一定具有文明输出的能力。这才是我们未来努力的方向。

戕害孩子最毒的一句话

前几天讲课，突然想到一个问题，所有孩子最害怕的是什么？

是老师和父母不切实际的愿望，是贪得无厌，是永远不满足于孩子已取得的成绩，是光明正大地要求孩子——再接再厉。

"再接再厉"是最坏的一个词。本来是想制止孩子的懒惰，让孩子不要骄傲，勇攀高峰。但要知道，也许孩子为了眼前的这个成绩，已经付出了全部的努力，冲刺过后，孩子早已精疲力竭，虚脱至极，一口气喘不过来就要死了。是这样，孩子才拿到一个可喜的成绩。

也就是说，这个成绩，交织着孩子的鲜血和汗水，伴随着孩子的坚忍和泪水，孩子需要鼓励，需要慰问，需要拥抱，需要获得感、成就感、幸福感。但我们成人总是不满意，或者只是暂时性满意，很快又会心生贪恋。退一万步，即便我们已经心满意足，还是不会太给孩子好脸色，还是会鼓励孩子，再接再厉，取得更大的成绩。

取得更大的成绩固然很好，但这个"更大"是无法界定的，永远没有尽头。孩子一定会倦怠，任何人都会倦怠。一头驴永远拉着磨，你让驴取得更大的成绩，它也会倦怠。这是无期徒刑啊，连假释都不可能。

孩子犹如背负了巨大的债务，每还完一笔债，又有沉重的债务压上来。譬如抱薪救火，薪不尽，火不灭。

成年人总是认为逼迫是有效的，极限施压是高效的，对少数人也许确实有效、高效，但更多孩子的求知快乐被毁灭了，想象力和好奇心被剔除了，心里的安全感被毁灭了，这正是这些年教育的陋习。成功的孩子暗无天日，失败的孩子生无可恋，教育总是摆出一副臭脸孔。

那么，我们应该怎么做？

对于那些超水平发挥考得特别好的学生，我一定会做心理辅导。我会找孩子聊天，让他们寻找考得好的缘由，这当然很重要，但这只是引子。更重要的是，我要告诉孩子，考场上没有常胜将军，因为这次考得非常好，所以我允许孩子下次考得不好。

我告诉孩子，下次考得不太好是大概率事件，但这并非说这次考得好没有价值，因为这次到达过顶点，有了这么一次高峰体验，这是心理上的一个重大突破。就像 NBA 所说，最重要的是有一颗冠军的心。拿过冠军和没有拿过冠军是不一样的，一只吃过葡萄的狐狸和没有吃过葡萄的狐狸也是不一样的。

有了这样的心理积淀，我相信不是这一次，也不一定是下一次，但终究会在某一次重要的考试中，他会重温辉煌，这就是高峰体验的价值，这就是冠军心态的价值，这样的人叫作卫冕冠军。

与此类似，对于那些从来没有尝过成功滋味的人，我们更需要心理帮扶。我会说，成功的法则据说是一万小时定律，不可能一口吃成一个胖子，也不可能一夜之间脱胎换骨，所有的积蓄都是潜滋暗长，要相信所有的努力都不会白费。

一分耕耘，一分收获；十分耕耘，十分成效。连咸鱼都能够翻身，更何况我们人呢？即便最终没有翻身，我们也会相信自己，艺多不压身，知识是力量，在未来的某一天，我们当初所有的付出，都能够兑现，这就是教育的辩证法。

孩子考得好走路六亲不认，考得不好呢

前段时间，一段视频在网上疯传：一名小学生因为期末成绩优异，得到一张奖状。放学途中，小家伙手里拿着奖状，得意洋洋，满脸笑容，大摇大摆，走出"六亲不认的步伐"……小孩母亲觉得有趣，用手机拍摄下来，一下成为全民的笑点。

很多人因此回忆起了童年。我们都曾经年少，小时候我们不都是这个德性？考得好洋洋得意，考得不好垂头丧气，还有一些时候，我们故意垂头丧气，在父母伤心失望、大发雷霆之际，突然拿出明晃晃的奖状，来一个超级大逆转，把父母镇住，让他们羞愧死……

现在我们成了所谓的大人了，看到这一幕我们当然开心，当然笑，但笑过之后呢？

这个考得好的回家走路"六亲不认"，事实上应该是"不认六亲"。因为他太得意、太骄傲、太了不起了，眼里除了红彤彤的奖状，根本容不下其他一切，连六亲也不在眼里，当然认不出了。

但我们有没有想过，既然是考试，那就有三种可能：考得好，得奖状；考得半死不活，被老师和家长无视；考得不好，被挖苦和嘲讽。对于最后一种，我们可曾给过孩子一点点温情和关心？

如果说考得好的孩子"不认六亲"，考得烂的孩子常常就是"六亲不认"，这太凄惨太悲催了。

试卷分数与敲门声音成正比。我们向来就有这样的传统。最典型的就是苏秦的遭遇。当年苏秦向惠王献策，游说好几年，惠王都是"好好

好""是是是",但就是不采纳。年关将至,苏秦不得不狼狈回家。苏同学形容枯槁,神情呆滞,穿着一双破烂草鞋,挑着两箱破书,失魂落魄地回来了。家里人一看就是考得烂的差生回来了。于是,父母不认他作儿子,没这样的败家子;妻子低头织布,不下织机,装着看不见;嫂子则用斗鸡眼看他,怪话连篇,讽刺人不打草稿。这是历史上真正的六亲不认。父母妻子哥嫂都不认苏秦。为什么?只因为你落魄倒霉,考试分数不能见人。

苏秦此后头悬梁,发愤攻读,最后挂六国相,意气洋洋。再次回到家中,这次苏秦应该是特优学生了,拿着六国的相印,历史上绝无仅有。六亲彻底变了。不下织机的妻子,用衣袖掩面,不敢与他正视;曾经傲慢的嫂子,一脸谦卑地伏在地上。苏秦问:"嫂嫂为何前倨而后恭呢?"好个嫂子,干脆利索地回答:"因为叔叔如今位尊而多金啊!"这里的位尊多金可以等同于分数高和奖状。

由来只有高分笑,有谁听见低分哭。但高分和低分都是正常的,每个人的天赋不一样,智力因素有差别,考试发挥有异常,复习重点有遗漏。考得好的,未必能做常胜将军,考得不好的也可能柳暗花明,这些我们都曾经历过,为何那么在乎一城一池的得失,看不到一个人孜孜不倦的努力?

再说一个真实的案例,这个案例每叙述一次,我的心就痛一次。

考完试,女孩忐忑不安地回到家里。家长在"家校路路通"里早就获取了第一手信息,女孩感觉到了暴风雨来临前的窒息。果然,一进门,老爸就像黑旋风,一下子冲上来,甩手给了两个耳光,疼痛、屈辱、委屈,还有耳鸣!好像是比赛,老妈疯子一样参加进来,把单打演变成了双打!"九阴白骨爪"也很阴毒,还有女人的刀子嘴,每一句话都能杀人:"笨蛋!不要脸!废物!蠢货!"这些字眼,对一个花季的小姑娘来说,就是老虎凳、辣椒水。她已经傻了,任他们打,让他们骂,让他们消气，谁让自己不争气呢？

女人打累了，对男人温柔地说："我们做饭吃吧，吃完剩下的喂狗去！"于是，袅袅炊烟升起了，喷香的晚餐做好了！他们吃完了，吃得很干净，很节俭！他们计算得很准确！比数学家还要准确！当然没有必要去喂狗，更没有必要去喂一个废人！在他们眼里，一个废人连狗都不如。

孩子进来了，看到空空如也的锅。可怜的孩子正准备用开水泡方便面，老爸奋不顾"手"地把方便面打翻在地，一脚踢飞盒子，然后，用脚把方便面碾得粉碎！

孩子就在那里清理垃圾，流着泪，像一个对不起党和人民的死刑犯。爷爷实在看不下去，发火了，于是，第三次世界大战爆发了！公公和儿媳妇打起来了！婆婆要护孙女，也参与进来！女人不想活了，要跳楼！终于，被救下来了，没有跳成……这一切孩子都看在眼里！！！

我不知道那个夜晚，这个孩子想到了什么。我不知道，也没有人知道，但我敢肯定，孩子一定非常难过，这种难过让她小小的心灵承受不了。她一定非常自责，因为自己没用，给家庭带来了动荡和吵闹，甚至还差点逼死了妈妈。既然都是自己不好，那么该死的只能是自己，只能自己选择离开。于是，她留下了遗书，感谢爸妈的养育之恩，感谢爷爷奶奶的慈爱。她都要走了，还不忘提醒家人从此要和睦起来！多么好的孩子！

这个女孩最终没有救回来！如今，这个孩子离开人世已经很多年了，但这样的悲剧还在一天天上演，尤其是寒暑假成绩揭晓的时候。

快过年了，让孩子过一个好年非常重要，平常太紧张、太忙了，但不管这一年如何，这个年一定要好好过，休养生息好了，才能够储存更多的能量去应对下一年。

那么，父母究竟应该怎么做呢？

第一，不管考得怎么样，先给孩子一个拥抱。告诉孩子，这一年很不容易，祝贺孩子又长大了一岁，成长本身就是值得庆祝的一件事。

第二，考得好的，庆祝孩子取得了阶段性的胜利。一家人出去撮一顿，或者看一场电影。但要告诉孩子，成绩并不重要，考试只是一个检测，目的在于找到知识的漏洞，解决漏洞才最有价值，帮助孩子建立正确的考试观。

同时要告诉孩子，这次考得好，不等于下次也一样，从来没有常胜将军。你不要要求他下一次考更好，他也没必要背上沉重负担。人生不是考试，只要不断在进步，就是一个好学生，更是一个好孩子。

第三，如果考得不好，更要给孩子加倍的笑脸。这不是一种策略和手段，而是发自内心的，是真诚的。因为孩子付出了，但没得到等值的回报，这最令人沮丧。成人都是如此，更何况孩子？如果这个时候再遭受讽刺和打击，孩子就会怀疑自己，也会对未来失去信心。

所以，建议全家不谈考试，带孩子出去好好转一转。和孩子多交流，告诉孩子，错误是进步的阶梯，拒绝错误就是毁灭进步，找到了错误就是找到了增长点，这是值得庆祝的。但前提是，一定要堵住漏洞。找到的错误越多，堵住的漏洞越多，增长点越多，从个体角度来说，孩子的进步就越大。

第四，不要拿学霸标准要求孩子。孩子是我们亲生的，我们自己也就这个熊样，当初考试不也是灰头土脸？你基因本身就不是学霸类，凭什么以学霸标准要求孩子？如果我们自己是天才，那你的孩子就更加危险了。李白和胡适的孩子都是傻乎乎的，老子英雄儿子未必是好汉。

孩子毕竟是孩子，唯有具有完整的童年，孩子才可能具有阳光的青年和未来。每个孩子都有自己的个性特点，多元智能理论告诉我们，人与人是不一样的。何必以学霸标准要求孩子呢？

我的好朋友，2009年江苏高考理科状元吴敌的爸爸说："家长就不能以自己孩子之短比他人孩子之长。尺有所短,寸有所长,孩子都有自己的优势,也都有自己的不足,如果喜欢以己之短来比他人之长,不但不会把自己的短处比成长处来,反而会越比越没有信心。"

这些话说起来简单朴实,但有多少家长能够真正做到呢?我们总是恨铁不成钢,恨不得全天下只有自己的孩子是最棒的,其他的孩子都是陪衬,都是背景。在这种压力之下,孩子不被压垮才怪。

但愿所有家长拿到孩子的成绩单时,一定要咽下嘴巴里的脏话,控制住体内的洪荒之力。道理很简单,孩子辛苦一年了,也不容易。比海洋更广阔的是天空,比天空更广阔的是命题范围。作家自己写的文章,都只能考6分呢!你就饶了孩子,也放过自己吧。拜托了!

普通的父母，也可以给孩子加分

有很多父母告诉我，自从孩子到了初中，基本上就辅导不了了。眼睁睁看着孩子抓耳挠腮，自己却不得要领，无能为力，感觉十分苦恼。当父母辅导不了孩子，还有没有办法助力孩子的成长呢？答案是——有！苏州市教育质量监测中心的监测结果揭示了父母助力孩子成长的两大惊人秘密。

苏州市教育质量监测中心原主任罗强是我的好朋友。偶尔我们聊天，我觉得今天的教育越来越玄学，缺少实证研究，不注重科学精神。医学恰恰相反，这也是这些年医学突飞猛进，但教育总是原地踏步的一个重要原因。

但罗主任曾任职的质量监测中心很特殊，他们是提供科学实证研究的一个重要机构，只是其价值和地位还没有得到真正的重视。苏州市教育质量监测中心，可能是全国最早设立的质量监测中心之一，我记得当年我还在借调的时候，就已经启动了，而且是在教育部质量监测部门的直接指导之下成立的，起点非常高。

苏州市教育质量监测中心拥有全苏州的大数据，能够对义务教育阶段的数据进行深度挖掘，对教育的质量做出科学分析。他们对教育质量的把脉和诊断，犹如医生对人身体的体检，CT一做，一张体检单很快就出来了。教育主管部门和学校拿着这张"体检单"，对症下药，很可能就会药到病除。

罗主任曾把监测中心报告的第十稿发给我学习。我看完后，感觉有点不过瘾，因为大数据支撑得出的规律，都是一些常识。我相信很多人看到这些问题就都会知道结果和答案。那么为何要搞质量监测呢？其价值和意义何在？我很困惑，就询问罗主任。我说："看了你们的监测报告，早晨吃早餐有助于孩子的成绩提高，家长在孩子面前少玩手机，有助于孩子的成绩提高……这些都是常识，你们监测的意义是什么呢？"

罗主任告诉我："开东，这就是科学监测的意义。监测是帮助我们确认常识的，但更重要的是，帮助我们科学地利用常识。比如吃早餐有助于孩子的成绩提高，但究竟能提高多少，这个你知道吗？买早餐吃与吃爸妈亲手做的早餐，成绩又有很大的差距，这个你就不知道了吧？监测中心用大数据进行科学分析，使得一些教育常识被重新认识，并且充分发挥它们的价值，意义很大呢。"

他这样一说，我觉得非常汗颜。因为我一浏览发现没什么新意就读不下去，事实上这个报告的价值很大。价值就在于它的科学性，科学性总是与准确性结合在一起。精准把握问题，知道其落差究竟有多大，就有了成本核算的依据，就有了变革的动力，这就是质量监测的价值。

先看智能手机这个监测点。

关于智能手机，他们的结论有两点。

第一，家长在孩子面前使用智能手机越少，孩子每周使用智能手机的时间越短。我们知道榜样的力量是无穷的，一两的身教大于一吨的言传。但我们万万想不到，监测数据显示，家长在孩子面前"从不使用"智能手机，孩子每周使用智能手机的时间为 2.22 小时，家长在孩子面前手机"几乎从不离手"，孩子每周使用智能手机的时间为 5.36 小时，两者竟然相差 3.14 小时。

第二，智能手机使用时间短的孩子，学业成绩更好。小学和初中的孩子，他们使用智能手机往往不是辅助学习，更多的是娱乐和游戏。我们只知道使用手机挤压了学习的时间，手机使用越多，成绩肯定会越差。

但我们万万没想到,在周一到周五期间,孩子每天使用智能手机在 0.5 小时内的学生学业成绩比每天使用超过 3 小时的学生学业成绩高出 108 分。在周末或假日期间,每天使用智能手机在 1 小时以内的学生学业成绩均分为 510 分,每天使用超过 3 小时的学生学业成绩均分为 460 分。这表明智能手机使用时间短的学生的学业成绩更高,而且平时使用智能手机的时间与学业成绩的关联性更大,周末使用智能手机的时间与学业成绩的关联性略小一些。

手机依赖程度处于前 25%(手机依赖程度低)的学生学业成绩为 527 分,手机依赖程度处于后 25%(手机依赖程度高)的学生学业成绩为 474 分,两者相差 53 分。可见手机对孩子学习的影响之大,简直到了无法容忍的地步。但孩子基本都是手机控,如何合理控制孩子使用手机,这是一个亟待解决的重要课题。

再看早餐这个监测点。

过去要说一个人笨,就说这个人是饭桶。意味着这个人只知道吃饭,不知道学习。其实吃饭和学习的关系大了去了。

苏州监测数据显示,2019 年,苏州市七年级、八年级和九年级每天都吃早餐的学生比例分别为 77.6%、69.0% 和 66.2%,约三成学生不能做到每天都吃早餐。随着年级的升高,每天吃早餐的人数比例逐渐降低。

伴随着吃不吃早餐,又有两大发现。第一,每天吃早餐的学生学业成绩更好。监测数据显示,每周吃早餐的天数与学生的学业成绩呈明显正相关,每天都吃早餐的学生学业成绩为 508 分,而从不或极少吃早餐的学生学业成绩为 441 分,两者相差 67 分。

第二,进一步分析学生的吃早餐方式(排除住校生),可以发现,"家人每天在家做给我吃"的学生学业成绩最好,为 513 分,而"大多数时候家人给我钱,自己在外买早餐"的学生学业成绩为 462 分。根据这个数据推断,家人做早餐的孩子要比每天买早餐的孩子,成绩高出 50 分以上。

　　有人认为，这个问题表面上是早餐问题，但背后的原因很复杂，可能是亲子关系问题、父母对孩子的关注和陪伴问题，也可能是营养问题、家庭条件问题，甚至吃不吃早餐还反映出家校路途远近等问题。但毕竟有一个吃早餐的表征，让我们家长有了一个重要抓手。

　　所以结论是，家长在孩子面前不用电子设备，早上早点起来给孩子做早餐，做到这两点，就能使你的孩子比那些大量使用手机、不吃早餐或买早餐的孩子，多出100多分。潜在的效应还有，少用电子设备，保护了眼睛和颈椎。给孩子做早餐，既能给孩子最好的陪伴，增进亲子关系，又能提高成绩。不费吹灰之力，一箭双雕，一举两得，岂不妙哉？

最有价值的学习竟然来自幼儿园

看过一则材料。1987年，75位诺贝尔奖获得者在巴黎集会。有人问一位获奖者："您在哪所学校、哪个实验室学到了您认为最有价值的东西？"出人意料的是，这位获奖者回答说是在幼儿园。

"在幼儿园能学到什么呢？"

获奖者答："把自己的东西分一半给小伙伴，不是自己的东西不要拿，东西要放整齐，吃饭前要洗手，做错了事要表示歉意，午饭后要休息，要仔细观察大自然。从根本上我学到的东西就是这些。"

这则材料很有意思。第一，这是一位诺贝尔奖获得者的感言。诺贝尔奖获奖者意味着什么不言而喻，这些人都是对人类文明做出杰出贡献的天纵之子，是人类智慧的集大成者。第二，他们认为最有价值的学习在幼儿园，换言之，童年阶段学到的常识最重要。

那么，童年教育学到的究竟是什么呢？

"把自己的东西分一半给小伙伴"，这是要学会分享。孟子说，独乐乐，不若与人乐乐。分享是大视野、大格局的最初体现和最终保障。

"不是自己的东西不要拿"，这是要学会克制，阻止贪欲，分清人与我的界限，建立私有财产不能侵犯的概念。

"东西要放整齐"，这是要学会归纳收拾整理。会整理自己的物品，慢慢就会整理自己的思想，整理自己的人生。

"吃饭前要洗手"，这不仅是为了保持健康，还是对食物的敬畏。中国人有民以食为天之说，西方也有饭前祈祷的仪式。

"做错了事要表示歉意"，人不可能不犯错，孩子犯错更是连上帝都会原谅。但能被原谅不等于不要道歉。道歉是意识到自己的错误，这是改正和进步的前提。

"午饭后要休息"，遵循身体的规律，这是健康之道，也是高品质学习的保证。

"要仔细观察大自然"，大自然蕴藏着关于生命的全部奥妙，既能激发孩子的兴趣和热情，又可以给孩子埋下体悟人生、珍爱生命的种子。自然让孩子可以有无穷的发展可能性，自然与人性密切相通！

美国作家理查德·洛夫曾创造了一个术语——自然缺失症。他认为，儿童如果没有与自然的接触，没有在自然中学习、探索、体验的经历，他们的感觉和知觉就都会受到影响，容易变得孤独、焦躁、易怒，在道德、审美、情感、智力成长中有所缺失。

人是从大自然中走出来的，效法自然，回归自然，是童年教育的最佳选择。

诺贝尔奖获得者给我们诸多重要启示，至少包括以下几点。

第一，儿童教育首先要人性化的教育。一个不变态的人性化的童年教育至关重要。幼儿的根本教育事实上是人性化的常识教育，也是生而为人最底线的教育。尊重孩子的人性和天性，尊重儿童生命成长的节律，建立起基本的底线伦理，形成习惯、深入灵魂之后，就从源头上奠定了一个人人性发展和完善的根基。

童年是一切教育的起点，童年只有一次。每个儿童来到这个世界上时都是一张白纸，生命最初的涂抹非常重要，无论对错都是一辈子的。惠特曼说，有一个孩子每天向前走去，他看见最初的东西，他就变成那东西，那东西就变成了他的一部分。阿德勒说，幸运的人用童年治愈一生，不幸的人用一生治愈童年。

儿童人性化教育的核心是什么？就是给儿童一个底线，然后让儿童贴近大自然，用他们的好奇心去发现，去寻觅，去体验，甚至去经历伤痛，这些就是最好的教育。

第二，让儿童成为儿童自己。儿童天生具有浓厚的求知欲望和研究未知的热情，什么东西都想去摸一摸，什么东西都想去弄一弄，他们通过不断折腾来学习和获得认知。这个认知是儿童经验过的认知，不能代替，无法给予。作为成人的我们只需要给儿童充足的时间和空间，保护和释放儿童最原始的求知欲望，千万不要用成人的偏见、权威和教条扼杀孩子的天性。

卢梭认为，在人生的秩序中，童年有它的地位，应当把成人看作成人，把孩子看作孩子。如果我们打乱了这个秩序，我们就会造就年纪轻轻的博士和老态龙钟的儿童。

鲁迅先生也批评说："往昔的欧人对于孩子的误解，是以为成人的预备；中国人的误解，是以为缩小的成人。……孩子的世界，与成人截然不同；倘不先行理解，一味蛮做，便大碍于孩子的发达。"

对于儿童教育来说，问题不在于让他学到多少知识，而在于让他获得判断的能力；不在于教给他多少学问，而在于培养他对学问的兴趣；不在于告诉他一个真理，而在于教他如何去发现真理。

第三，儿童不应为未来成功买单。儿童不能等待幸福降临，他们是一些没有耐性的人，他们想在今天、在现在就得到幸福，想在今天、在现在就是幸福的人，不要以所谓的日后成功来进行儿童教育。即便日后成功了，一个没有幸福童年的人也很难真正体会到幸福的滋味。

没有爱就没有教育，没有兴趣就没有学习。那么爱是什么？爱就是大胆放手，尊重儿童，给儿童自由。爱孩子是一种本能，尊重孩子是一种教养。兴趣是什么？好奇心，对世界原初的惊异，自己不断动手发现的快乐，这就是儿童的兴趣所在。如其所是、自然而然就是最好的儿童教育。

马斯洛的需求层次理论说，人最重要的是自我实现，但能否实现与童年的根基密切相关。根基不牢，地动山摇。遗憾的是，我们并没有从幼儿园开始，就给孩子一个守得住的常识底线，然后给孩子充分的自由，让孩子认识自我，如风一样自由。孩子大量的时间浪费在没有兴趣的兴趣班上，与自然远离，与亲情远离，也与自己远离。

我们大多没有把孩子看作一个灵魂，亦即一个有自己独立人格的个体，我们用严格的社会规范圈定孩子、压制孩子，甚至用我们几十年的人生规训和教化代替孩子的选择，让孩子充分社会化、世俗化。孩子活动的空间不断缩小，感情越来越粗糙，心灵世界越来越荒芜，生命也越来越苍白。

诺贝尔奖获得者告诉我们，教育者应该做麦田里的守望者，守望的核心就在于不着急，除非孩子发生危险，否则决不过多干预。

当然给儿童的必要的底线伦理绝不可少，不然也容易滑坡。鲁迅对此有深刻的认识："中国中流的家庭，教孩子大抵只有两种法。其一，是任其跋扈，一点也不管，骂人固可，打人亦无不可，在门内或门前是暴主，是霸王，但到外面，便如同失了网的蜘蛛一般，立刻毫无能力。其二，是终日给以冷遇或呵斥，甚而至于打扑，使他畏葸退缩，仿佛一个奴才，一个傀儡。"

教出一个色厉内荏的小霸王，和驯化出一个唯唯诺诺的小奴才一样糟糕透顶。没有把儿童当成一个正常的人来教育，就会产生这样的恶果。

如果给孩子的价值观是生命价值观，给孩子的道德是最低底线道德，给孩子的生命教育是兴发感动、生命激荡，那么我们的儿童教育就是成功的。

父母改变，孩子改变

参加"苏州家话"第五期活动。这期主题很好——"父母改变，孩子改变"。

为什么说这个主题好？好的主题要能引发反思，形成发散，构成碰撞，达成临时性共识，在生活中具有指导和示范意义。这个话题就是如此。

首先是这个命题的可靠性。

我们可以举出无数个父母改变、孩子改变的例子，也可以举出无数个反例。例子只可以证伪，不可以证明。但这个命题价值依然很大。

上海的杨雄所长说，按照大数据来说，家长影响孩子有四种情况：家长改变，孩子改变；家长改变，孩子不改变；家长不改变，孩子改变；家长不改变，孩子也不改变。从概率上来说，家长改变，孩子改变的几率最大。既然改变孩子的几率最大，父母当然应该努力改变。

但这只是一个方面，如果家长改变，但孩子改变的效果不佳，我们就不要改变了？这就进入了第二个层面：父母改变的动机。

如果父母改变，仅仅是促成孩子改变的路径。那么父母改变，不过是一根棍子、一条皮鞭。这种改变，因其功利意义，失去了一种长远的价值追求。教育孩子只是父母人生的一个方面，绝不是全部。父母改变，应该从其对自己生命成长的意义的角度来审视。活到老，学到老，生命传奇每天都在延续。父母改变，导致孩子改变，不过是一个意外的奖赏。因为所有的教育，首先都是自我教育。

从孩子身上都能看到自己。我们常说，一个熊孩子的背后，一定站着两个熊家长。你批评过多，孩子就喜欢谴责；你总是挑剔，孩子就会抱怨；你强制过多，孩子就会对抗；你没有同情心，孩子就不会善良；你喜欢算旧账，孩子就记住你的一点一滴，将来攻击你，噎死你……胡适说得好，要怎么收获，先怎么栽！

你自己没有的东西，你没办法给别人。"己欲立而立人，己欲达而达人。""其身不正，虽令不从。"

曾经有个妇女带着一个孩子去请教圣雄甘地帮忙，她的孩子喜欢吃糖，牙齿都被蛀虫蛀坏了。甘地不说话，挥挥手让她带着孩子走。过段时间，甘地让人把这对母女找回来，循循善诱地告诉这个孩子吃糖的危害，教育效果很好。女人很不解，偷偷问甘地上次拒绝的原因。甘地说，我也爱吃糖，医生反复强调都改变不了。我只有把吃糖的毛病戒除了，我才可以教育她……

你自己也有的毛病，你怎么教育？除非做反面的例子，或结成一起改正的同盟军。

所以在我看来，父母改变，孩子改变，就算这个命题是低效的，也有价值。毕竟大部分家长自己改变了，也是重大进步。教育是非连续的活动，改变一点是一点。

比如一个命题叫"逆境出人才"，为古今中外很多名家所追捧。这个命题，绝不是否定顺境出人才，更不是赞美逆境。人家在顺境中，你偏偏要把他抛入逆境，这不对。实质上这是一种悲悯情怀，因为逆境中的人最需要鼓励、支撑和温暖。众多名家都这样说，是想传递给逆境中的人一种生命力量，告诉他们上帝并没有抛弃他们！从逆境中走出来就是春天！父母改变，孩子改变，也当作如是观。因为在家庭教育中，父母改变也是一大难题。

再次，父母改变的意义。

意义的第一个方面，是纠偏。过去父母"管教"孩子，重点在"管"，父母改变则转向"教"。

"管"最重要的手段是批评和奖励。但批评和奖励，都没办法让孩子形成良好的自我价值感。孩子通过观察父母的反应来判断自己行为的对错，失去了自我评价和内省的能力。久而久之，他会养成通过观察别人的反应来判断对错的习惯。这样的孩子，不过是一个讨好者，或者一个为别人的眼光而活的人，根本不能形成独立人格，也无法成为一个独立自主的人。

害怕批评，不做某事，这就是"我不想惹麻烦"。希望获得奖励，做某事，这就是"我想获得奖赏"。所有这些都不涉及对某事正确与否的判断和认识，孩子被结果左右，也被外在左右。

"不想惹麻烦""想获得奖赏"，在道德发展上属于最低层次，很难让孩子真正长大并承担责任。科尔伯格将道德发展分为六个阶段，简单来说，第一个阶段是我不想惹麻烦，第二个阶段是希望得到回报，第三个阶段是取悦他人，第四个阶段是我要遵守规则，第五个阶段是关心他人，第六个阶段是我有自己的准则并并行不悖。用批评和奖赏教育孩子，只能停留在道德发展的前三个阶段。但父母改变的自我教育，则开辟了一条新路。这是一种正面教育，非暴力合作教育，行无言之教，犹如春风化雨，耳濡目染，自然而然。

意义的第二个方面，是实效。

实效有三点。第一是环境的作用。环境育人，是全世界的共识。中国人说："蓬生麻中，不扶而直；白沙在涅，与之俱黑。"美国人说，有一个孩子每天向前走去，他看见最初的东西，他就变成那东西，那东西就变成了他的一部分。日本把环境教育的作用发挥到了极致。日本有一所小学叫奈良小学，那所学校，进了校园，就不穿鞋子了，全部穿上白袜子。你想想看，全部穿着白袜子，这些孩子，要多么在乎环境的清洁？

他们对脏东西该多么不能容忍？由对环境肮脏的不能容忍，进而到对一切脏东西不能容忍，追求清洁，追求高洁、美好，这不就是教育？

第二是行为习惯的培养。叶圣陶先生曾经说过，教育，无非就是培养孩子良好的习惯。孩子习惯好了，就是教育最大的成功。

苏州一中110周年校庆，校友韩雪赶回来免费义务拍片，夜里来，夜里走，中午吃盒饭，让我们感动，也让我们感觉到习惯教育的成功。作为影视歌三栖明星，韩雪恋家，觉得生命的一切都是在体验。她身处娱乐圈，但迄今零绯闻，淡泊名利，平静如水。这就是千年紫藤下走出来的学生。

苏州一中侯涧平老师在教师节说，他执教37年，马上退休了。他谆谆告诫我们，教育就是无言而教。他做了几十年班主任，每天晚上都在忙，自己的孩子很自然也在学习，在一起忙。他几乎都没有空管自己的孩子，但每天晚上在一起忙习惯了，孩子耳濡目染，养成了良好习惯，最后考取了北京大学。

第三是思维方式的养成。父母的思维方式，对孩子的影响也很大。有次儿子写文章，别人讲了几句怪话，他很难过。我就告诉他，爸爸也遇见过。这个世界上，有很多人，有说话的人，也有干事的人。说话的人总是喜欢评价干事的人。你是砍柴的人，你陪着放羊的扯淡，到了晚上，人家羊放好了，你一根柴也没砍。这时候亏的是说话的人，不是干事的人。

你没办法决定你和哪些人共处，但你可以决定共处的心态。理解、包容，还有同情。庄子说："举世誉之而不加劝，举世非之而不加沮。"这就是有自己的准则，知道自己在做什么。

我再深入一步，把阅读中的"假定主义"代入，先假定别人所说的都是对的。这个阶段思维执行的就是理解，充分理解之后，再思考、判断、质疑，最后才是接受或者悬置。这是生命成长的必然逻辑。

与人相处也是如此。思维的基点是同情心和同理心。同情心让我们对一切满怀悲悯，同理心让我们觉得一切都可以解释。孔子说得好，己所不欲，勿施于人。但如果"己所不欲"，恰恰是"人之所欲"呢？要不要施于人？还有，己所欲，也慎施于人。因为他人的美味，可能是我的毒药。

最后，可不可以惩罚？

父母改变，孩子改变。好像全是引导、唤醒，但孩子真有错了，能不能惩罚？我觉得肯定要惩罚。但惩罚什么、惩罚到什么程度、惩罚之后怎么办，仍然值得辨析。

在我看来，重大错误、人格问题，一定要惩罚。但需要注意惩罚不是报复，虽然指向孩子，但却是怜惜和爱，而且还要让孩子感受到这种爱。并且这种惩罚一定是等值的惩罚，惩罚轻了孩子意识不到问题的严重性，惩罚过重孩子又觉得你小题大做，产生对立情绪。还有最重要的是，惩罚结束，一切就都翻过去了。孩子已经为过错付出代价，从此再不翻旧账。

其实，对于人生，我们做父母的，又能知道多少呢？扎西拉姆·多多说，人生中所出现的一切，都无法真正拥有，只能经历。只不过我们带着孩子一起经历而已。

记住，一两的身教大于一吨的言传，闭上你的嘴，抬起你的腿，然后对孩子说，孩子，你慢慢来！

决不用金钱奖励孩子

很多家长用金钱刺激孩子读书、劳动,孩子在一段时间里,确实焕然一新,严格约束自己,取得了意想不到的成效。但教育真的那么简单吗?一个优秀好学的孩子,很有可能就在金钱的奖励中被毁了。

家长该不该用金钱刺激孩子,或者家长该不该用物质来奖励孩子呢?我们不妨来看一个故事。

有一个老头,特别爱安静。每天傍晚,小孩子放学后,都在他家楼下踢空油桶,咚咚咚,咚咚咚。老头苦不堪言。后来,老头想了一个办法,他让小孩子们好好地踢,结束的时候,每个人奖励5块钱。孩子们可高兴了,踢得更起劲。然后他们都获得了奖励。第二天,老头请小孩子们继续踢,但因为手头不宽裕,只奖励2块钱。那天,孩子们还在踢,但明显积极性不高,发出的响声也不大,有些孩子甚至开始心猿意马,消极怠工。第三天,老头继续让小孩子们帮自己踢,只是,他再也不拿钱来奖励了。孩子们很愤怒,怏怏而去,再也不想踢油桶了。

老头解决了难题,他的世界又恢复安静了。但读完这个故事,作为父亲的我,却久久不能平静。

我关注的不是这个事情的结果,而是这个故事的意义。换言之,这个故事背后的心理学元素是什么?是什么让孩子在短时间之内,就失去了踢油桶的动力,避之唯恐不及?

人做任何事情,都有内在动机和外在动机。所谓内在动机,是指活动本身能带来满足感和乐趣,从而产生一种主动性的内驱力,促使人做出相应的行为。所谓外在动机，是指因外在的表扬和奖励而促使自己做出被动的行为。

其实，每个孩子先天就有学习的内驱力，爱学习，爱问问题。以踢油桶来说，孩子喜欢闹，他们踢油桶只是觉得好玩、有趣、带劲。踢油桶源自他们的内在动机，这种主动性的内在动机，转化为持久的内驱力，使得他们乐此不疲，不怕苦不怕累，不嫌脏不怕疼。由内在动机产生的内驱力是持久的、不容易消逝的。老人的高明之处在于，他巧妙地利用物质奖励，把孩子的内在动机转化为外在动机，把孩子单纯的、有趣的、快乐的踢油桶行为，转化为仅仅为了5元钱的刺激而踢油桶。然后又逐步减少金钱，直至最终斩断外在动机，从而使得孩子既失去了内驱力，也失去了外驱力，最后感到索然寡味、无聊至极。

道理很简单，先前孩子是为了快乐而踢，后来孩子是为了钱而踢。钱少了，他们就会怠工；没有钱，他们当然就不踢了。

须知，教育本来就是多彩的、鲜艳的、湿润的、水灵的、幸福的、完整的、魅惑的。出生以来，哪个孩子头脑里没有十万个为什么？哪个孩子不是对这个世界充满了无限好奇？探究知识、追求道理，本来就是孩子莫大的欲望。无限的兴趣天然就有巨大的内驱力。可是什么时候，我们就像那个老头一样，老师用名次、奖状来激励孩子努力，家长则用旅游、玩具、花花绿绿的票子来刺激孩子。殊不知我们是用一些可怜的外在动机，压抑了孩子内在的求知欲望。

可怜的孩子，他们对世界探究的乐趣，因为我们的谋杀而不知不觉地转化为对外在奖励的追求。一旦孩子不再为兴趣而学习，不再为求知而努力，只是为一些所谓的外在功利而奋斗，有一天，当他们感到外在的奖励不值得他们为之奋斗时，动机就没有了，孩子们就会停下来，不再"踢油桶"，并且远远地躲开。

生活中，很多家长鼓励孩子做家务，这是没有问题的，但一旦和金钱扯上关系，问题就大了。有的家长甚至把做什么家务获得什么报酬明码标价，比如洗碗 2 块，晾衣服 3 块，拖地 5 块，等等。世界上没有免费的午餐，这种做法可以杜绝孩子不劳而获的习惯，让孩子明白劳动创造财富。可是，作为家庭的一个成员，权利和义务不是对等的吗？孩子享受了家庭的好处，难道不应该为家庭做出应有的贡献？通过孩子为家庭的义务劳动，培养起孩子的责任心、奉献精神和爱心，让孩子流一些必要的汗水，不是可以让孩子和家庭建立起真正的驯养关系？为什么要用金钱把快乐的劳动变成一种交易？

孩子如果没有对家庭付出过汗水和劳动，他就不知道珍惜家庭，也不会懂得疼爱父母和怀有感恩之心。未经省察的人生是没有意义的，没有经过努力而得来的东西也是没有意义的，或者是无价值的。当孩子的劳动不是由"我要为家庭尽责任"的内在动机驱动，而是由"帮父母干活就可以得到钱"这样的外在动机驱使，结局可想而知：一旦父母不给孩子钱，孩子就失去了干活的驱动力，或者当父母的奖金不能对孩子产生吸引力的时候，孩子就会拒绝劳动，并且振振有词，不会有丝毫的愧疚。

总之，在奖励孩子的学习和劳动上，我的观点如下。

首先，要保护孩子学习的内在动机，增强孩子学习的内驱力，引导孩子从学习中获得最大快乐。

其次，要保护好孩子的学习兴趣，让孩子因为好奇而学习，因为想学习而学习。告诉孩子，学习是他与生俱来的一种权利，任何人不能剥夺。让孩子捍卫他自己的这个权利。

再次，让孩子做力所能及的劳动。唯有付出汗水，孩子才能学会珍惜和爱，才能热爱家庭和感恩父母。爱也是需要学习的。

最后，要不要奖励孩子呢？我看还是要的，但要区别对待，坚决不奖励孩子喜欢做的事情，而要奖励孩子改正不良习惯。而且一定要换一种精神奖励的方式，或者奖励孩子一本书，或者带孩子看一场电影等。这本书或者这场电影将打上烙印，成为孩子生命中难忘的盛典。

精致的利己主义者，是谁培养的

钱理群先生是我最尊敬的一位老师。先生曾被评为北大最受欢迎的十大教师之一，深受北大学生喜爱，也深受一线教师喜爱。

很多年前，我读到先生的《拒绝遗忘》，从此喜欢上先生。先生研究大先生鲁迅，自己也堪称大先生，道德文章都是第一流的。这些年我关注先生的每一本书、每一次讲话和每一篇文章。

钱先生探讨堂吉诃德和哈姆雷特的"东移"，实际上他自己就是堂吉诃德，不仅"知其不可为而为之"，而且坚持在晦暗中寻找、发现光亮，始终启蒙着，奋斗着，争取着。

钱先生研究鲁迅，实际上是要以鲁迅为线索，构建鲁迅式文人的精神谱系。所有这些，都值得我们敬仰。鲁迅先生教会我们有辨别，不自私，放出眼光，学会拿来，所以对于钱先生的观点，我也不是全盘接受。比如先生贡献的一个概念——精致的利己主义者，就值得辨析。

何为精致的利己主义者？钱先生举了个例子。

钱先生讲课，有个学生总是坐第一排，听课频频点头，眼神互动，这让钱先生极为受用。一开始，钱先生对这样的学生是很警惕的，但该学生课后找钱先生问一些问题，每个问题都很有质量，他的确认真研读了钱先生的作品，而且很有创见，钱先生很感动，认为他是"可塑之才"，逐渐有了好感。后来这个学生让钱先生担任他留学的推荐人，钱先生自然高高兴兴地写了推荐信，但从此这个学生音信全无，再也没有在他的课堂上出现过。

钱先生这才恍然大悟，发现被这学生套路了。他当然不会再来、不会再联系了，因为他的目的已经达到了，钱先生的利用价值已经没有了。

钱先生由此提出一个重要概念，原话是："我们的一些大学，包括北京大学，正在培养一些'精致的利己主义者'，他们高智商，世俗，老到，善于表演，懂得配合，更善于利用体制达到自己的目的。这种人一旦掌握权力，比一般的贪官污吏危害更大。"

但我却想到一个更重要的问题：精致的利己主义者是谁培养的？是学校培养的吗？其实，学校的功能是很有限的。

杜威说，生活即教育，实质上揭示了一个真相。广义地说，教育就是人的一种存在方式。人只要存在着，就必然存在于教育之中。人的存在，无非外物与自我。外物方面，人必然与外物发生知识和信息的交换，这种交换就是教育。自我方面，人自身内部的信息处理也是一个教育的过程。人无往不在教育之中，每个人都是教育行为的参与者，都是教育者和受教育者的合体。

学校教育，实质上仅仅指狭义的教育。因为狭义，我们常常忽视了社会大背景。这种忽视的结果，就是把学校教育神圣化，以为学校教育是万能的，而忽视甚至无视校外因素对学生潜移默化的影响。过分夸大学校教育的作用，与不重视学校教育的作用，一样可悲可叹。

学生的精致利己主义仅仅是学校培养出来的吗？如果整个社会风清气正、天朗气清，人们大都毫不利己，专门利人，就算北京大学教育水平和教育艺术再高，也不大可能培养出精致的利己主义者。

通常来说，人的发展受遗传、环境、教育这三个因素的影响，教育活动的开展也离不开这三个方面。一个人成为精致的利己主义者，或多或少都会被这三者影响。但就算是教育影响，学校教育的比重也很有限。

顾明远先生曾指出，今天，我们的教育受到三种拉力的影响：一是国家要培养合格公民，希望他们成为国家发展、社会发展的人才；二是家长把教育看成敲门砖，认为自己的孩子是天才，望子成龙，希望他成为拔尖人才；三是市场把教育作为逐利的工具。就是在这三种拉力的博弈之下，再加上媒体不切实际的推波助澜，我们教育的方向和目标出现了很大的偏离。何曾学校想要培养什么人就能心想事成？

当然，老师要不要承担一部分责任？我觉得当然要的。以钱先生来说，给一个优秀的学生写推荐信不是很正常的事吗？学生已经被推荐走了，当然就不来上课了，何至于那么失落？这种失落的背后是什么？老师为什么渴望学生感恩？尼采说自己是太阳，用自己的光辉照耀宇宙，不在乎任何一种回报，不也很好吗？

更进一步来看，钱先生为什么被套路？学生们为何会设置这样的套路？为什么擅长套路的人总是幸运者？我们虽然批评这些精致的利己主义者，但下一次我们还是会被他们套路，原因何在？就是因为他们精致。他们对我们毕恭毕敬，礼遇有加，他们尊重我们的学说，对我们极其仰慕。我们需要这些，这些精致的学生就会给我们投喂这些。

然后我们投桃报李，给他们优秀学生、优秀干部的称号，让他们保研、出国留学，给他们写推荐信。他们的套路都得到了实在的好处。我们有没有想过，这对那些淳朴的孩子极为不公。如果说这是一个悲剧，那么，这究竟是套路者的悲剧，还是被套路者的悲剧？

再说一句大逆不道的话，精致的利己主义有罪吗？不妨先分析一下这个词。

第一是利己。但利己有错吗？人性本来就是趋利避害的，人本质上都是利己的，承认这一点并不可耻。而且利己和利他并不对立，要达到利己的目的，不一定要损害他人的利益，有时恰恰相反，更需要照顾他人的利益，才能够互利共赢。所以，你尽可以利己，但最低要求是不损人，高一点的要求是利他。如果能够这样，这个世界就已经很好了。

钱先生后来也重新界定了这个概念，他说："我说的精致的利己主义者，不是精致的个人主义者。在我看来，个人主义是需要的。维护个人的生命权利，满足个人的物质精神要求，这是一个人的基本权利。"这样说，这个概念才算准确。

第二是精致。精致是修饰利己的。人都会利己，但有的人擅长利己，有的人利己不得法，所以就有精致的利己。北大学生是天之骄子，如果选择利己，当然会是精致的利己了。但我想，如果每个人在社会道德和法律的范畴之内，把自己的利益最大化了，客观上有助于社会进步，这不也是社会文明的一部分？

两弹元勋邓稼先，强调奉献和牺牲，隐姓埋名，毕生无条件地把自己献给了国家核事业，他是我们的脊梁和典范，理应被我们所有人铭记。还有他的好朋友杨振宁，杨教授在人生的每一个阶段，都认真计划，每一步都做出最利己的选择，他最终获得了诺贝尔奖，为世界文明做出了贡献。晚年杨先生回到清华大学，建立学科，照样为国家贡献余热。杨振宁先生的人生，是精彩的人生，也是我们的骄傲。

理论物理学家李淼认为，精致的利己主义者符合经济学上对理性人的假想："人们原本就会通过精细的计算来利己，这些人肯定会有这样那样的缺陷，但我却认为社会的中坚力量正是他们。"

如果不陷入一种道德批判，而是更多地思考为什么这些名校毕业生，高晓松眼里的国之重器，会越来越失去信仰，除了切身的实际利益没有任何东西能真正打动他们。这样的反思，也许更有价值。

历史上最著名的差生是如何逆袭的

历史上著名的差生是谁？我想谁也不会知道，因为太差了，会被淘汰，更会被遗忘。但最著名的差生就不一样了，他是差生，他又最著名。一个差生怎么会最著名呢？这两个风马牛不相及的词语组合在一起，一个人就呼之欲出了，这个人就是孔门弟子曾参（即曾子）。

怎么知道他是一个差生呢？

这可不是我说的，而是孔夫子亲口说的，而且还不止一次。孔子说："柴也愚，参也鲁，师也辟，由也喭。"就是说，高柴愚直，曾参迟钝，颛孙师偏激，仲由鲁莽。何谓迟钝？迟钝就是不开窍，就是笨瓜，这不是差生是什么？

除了迟钝，曾参还非常迂腐，把孔夫子气得够呛。据说曾参非常孝顺，有一天在孔子处听课回家，看到老父亲在锄瓜地，曾参扔下书包就下地去帮忙。但一不小心把瓜蔓弄断了，他老爹怒不可遏，挥起大棒就砸过来。曾参觉得自己有错，就应该接受惩罚，于是不躲不闪，正面硬扛这一闷棍，直接就被打晕了。他老爹实在气不过，也不管他就回家去了。曾参好久才醒来，忍住剧痛，赶紧去给父亲请安："刚刚我得罪了父亲，您用了这么大的力气来教训我，有没有伤到身子骨呢？"父亲气不打一处来，怎么养了这么一个蠢儿子，还是不理不顾。曾参回到房中，开始弹琴唱歌，用这种方式告诉父亲，自己身体没大碍，老爹不必担心。

照理说，曾参的孝已经无与伦比了吧？但孔子却不以为然，甚至觉得他大逆不道、迂腐不堪。孔子传话给曾参说："你跟我学习很久了，你不知道吗，舜在侍奉自己的父亲瞽瞍的时候，瞽瞍每次想叫舜帮他做事，舜都在身边，但是瞽瞍想要杀害舜的时候，却从来找不到他，所以瞽瞍才不会犯下父亲不应该犯的罪，而舜也不失自己对父亲的孝顺。而你呢？侍奉自己的父亲，父亲有可能要杀你的时候你都不躲避。如果真的被打死了，那是陷父亲于不义，这才是最大的不孝啊！"

这就是曾参，一迟钝，二迂腐，简直天天被孔子骂。但就是这样的一个学生，竟然最终获得孔子的真传，成为孔门七十二圣哲之一，更为重要的是，成为孔子之后儒家思想的集大成者。这究竟是怎么回事呢？

这就涉及一个重要的问题。我们可以曾参为例，看一个差生如何才能逆袭。

第一，钻进去。

在孔门之中，曾参年龄最小、最迟钝、最迂腐，但没关系，曾参的破解之道就是钻进去。学问学问，不过是纸上之学、口耳之学，怎么进来，怎么出去，如是而已。曾参则不然，因为他迟钝，一时半会儿领会不了，那就牢记在心，身体力行。曾参把这个总结为："吾日三省吾身。为人谋而不忠乎？与朋友交而不信乎？传不习乎？""三省吾身"的"省"是一种自我鞭策，是相对忠、信、义的自我反思；"身"不是形体之身，而是人的心与行。

自曾参"三省吾身"起，儒家逐渐形成了一种"自省观"，代表着儒学"反求诸己"的内修特点，反映着儒家的入世观。"三省吾身"的意义，不单单是比照着忠、信、义的标准去做人，更重要的是它成为人们的思想方式，千百年来凡大成者无不以"自省"为其恒定规则，砥砺自进。这是曾参的第一个厉害之处。

第二，活出来。

对于孔子的学说，其他人是掌握其学说，懂得其学问，领悟其精神。但曾参迟钝，掌握太慢，懂得太迟，领悟不了，所以他又有了一个新办法：对于孔子说的话，别人当作一句话记，他要当作一件事情干。他不但要记住这句话，而且非要做出行为来，把这句话做出来，把这句话活出来。他用生命印证孔子的思想，这就厉害了。

到了最后，孔老师傻了，曾参这孩子了不起啊！孔子曰："参乎！吾道一以贯之。"曾子曰："唯。"孔子说，我的道一以贯之。曾参说，明白，我的道也一以贯之。你说出来的道，我用生命把它活出来。这个"唯"字，不是敷衍，而是一种决心、一种信念、一种自我激励。壮哉，曾参！

曾子曰："士不可以不弘毅，任重而道远。仁以为己任，不亦重乎？死而后已，不亦远乎？""士"就是君子。那么，君子何为？君子不可以不刚强勇毅，因为任重而道远。这个认识准确深刻。但更重要的是，曾参把识、修、行结合在一起。坐在菩提树下想高深道理易，在大冬天将自己的衣服脱给别人穿难。高喊口号容易，但真正为国为民把事情做出来难。但这就是仁。故曰："仁以为己任，不亦重乎？"若只此一回，还可偶尔办到，而"死而后已，不亦远乎"？至死方休，故须弘毅。

曾参真正的成功之道就在于钻进去，活出来。但今天我们道理都懂，却吃不了苦，下不了决心，对自己不够狠，总希望走捷径，一蹴而就，一步登天，一口吃成一个胖子。滴水汇成大江，碎石堆成海岛，真正的成功不是通过嘴巴获得，而是通过双手、汗水、泥土和岁月。

然后又一个问题产生了：曾参能成为孔子之后的儒家思想集大成者，却无法超越孔子，这背后隐藏着什么？

很多东西既是去弊，也是遮蔽，既是你成功的原因，也是你失败的渊薮。

曾参高处着眼，低处着手，小心谨慎，三思后行，把一切都活出来，这是优点。他一个迟钝迂腐之人，能够逆袭成为一个很了不起的宗师，成为孔子之后儒家思想的集大成者，均来源于此。但成功来于此，问题也在此。曾参为何不能超越孔子？一是他过于小心谨慎，这就少了勇猛精进。二是低处着手，在浅近处下功夫。浅近固是高远之准备，但浅近久了就少了精深。三是什么都三思而行，就少了把握机遇的能力，没有了当机立断的境界，容易失之琐碎。孔子曾批评季文子三思而后行，曰："再，斯可矣。"夫子认为，再思就可以大刀阔斧地做了，三思之后，黄花菜都凉了，还怎么办？

愚者千虑，必有一得。但必有一得也只是一得，还是少得可怜。智者千虑，必有一失。纵有一失，尚有多得，仍然浩渺阔大。这就是曾参能够成功，但却无法如孔子般伟大的原因。纵然如此，曾参仍然是历史上最著名的差生。

从教育的角度来说，对于天资平平的学生，曾参就如一盏明灯，其走过的道路，其经历的心路历程，其创造的历史业绩，都能温暖一个个平庸学子的心。只要不抛弃，不放弃，不停奔跑，每个人都可以把自己活出来，活出自己的精彩！

一个人就是一所学校

连续半月没有吃一次完整饭，瘦了10多斤，走路犹如跳太空舞。但年前小王子的老师出面，答应了某地一次讲座。现在出了幺蛾子，尽管我反复说身体有恙，不能出席，但主办方非常为难并坚持，一是通知已发，二是领导点将，要把我作为名师大讲堂的第一讲。话讲到这里，我只有舍命陪君子。周末一上汽车，颇有"风萧萧兮易水寒，壮士一去兮不复还"的感觉。

奔波劳苦，但想到第二天要讲课，不能不吃一点增强抵抗力。这样一吃，第二天精神状态反而有了好转。

领导两次陪我吃饭，席间聊天，竟有很多意外收获。

领导是很少见的具有开拓精神的人。领导做过农委主任，做农委主任的时候，他常常在田地间溜达，他觉得一道道田埂，把农田切分得星罗棋布，很多农民都做同样的事情，窝了工不说，还不方便机械化操作。他想有所改变。于是他多次去有关部门拜访，得到了上级专家的大力支持。然后他开始做农民的思想工作，一家一家地跑，逐渐统一了思想。于是代表着中国几千年来井田制的田埂被削平了。这不仅增加了田地面积，而且灌溉、打农药什么的都可以一次性完成了，收割也全部实现了机械化。农民只按照比例出钱即可。所有农民都觉得好。但到了收割时节，农民思想不解放，还是只愿意收自己的。他也不反对，一切都慢慢来，最后才能水到渠成。

后来这个模式不断扩展，成为中国农村创新改革的一朵闪亮的浪花。

领导作为一个县农委主任，竟然得到了总理的接见。中国研究农村的经济学家甚至写了一本书来探讨这一现象。50多个博士和硕士生蹲点该县，走访老百姓，听来自老百姓内心的最真实的声音。

正当他还想要大干一场的时候，他又被调市教育局做领导。他对教育是门外汉，这个新岗位到底能不能干好，他心里也打鼓。但让他大有信心的是，教育似农业，他做过农委主任，还有一个"不太聪明"的儿子，那就从研究农业和自己儿子入手，开始研究教育。这一下他很快就成为教育的行家里手，短短几年，该市教育发生了翻天覆地的变化。而这一切，或多或少都和领导的儿子有关。他儿子的教育经历，就是一所学校！

一个普通高校毕业生，工作第二年，从月薪6000逆袭到年薪90多万。这是我们教育工作者必须思考的问题：这孩子身上究竟有什么样的素养？

领导说，他过去也搞过乡村工作，当时每天就像打仗一样，连普通话都慢慢不会说了，更加没有时间关注儿子。但他万万没想到，一个乡领导干部的孩子居然被老师歧视。其实他每年也给老师送东西，而且送得不少。但这个老师经济学学得好，一个农民送一只鸡他觉得已经很好了，但一个乡领导干部送一头牛他觉得还远远不够。于是他就变着法子捉弄他儿子，比如罚他儿子站在墙边，鼻尖贴着墙，罚他擦黑板、扫地更是家常便饭。我听得有点脸红，尽管为数很少，但教师中也确实有一些害群之马，影响了整个教师队伍的形象。

孩子越来越不喜欢读书，本来成绩还能跟上。到了后来越来越差，成绩年级倒数，已经到了厌学的地步。在一次偶然的谈话之后，领导觉得问题很严重，他开始了拯救儿子之旅。

他仍然用农业的法子，不在乎马上见效，而要从根子上解决问题。

他发现儿子已经完全没有自信心了，那第一步就是重建自信。利用赏识教育的方法，帮儿子寻找到很多优势，一点点确立自信。

第二步是夯实基础。他儿子数学并不差，但很多步骤他觉得烦琐，可有可无的就懒得写，但高考数学又是分步给分的，所以每次丢分很多。到了高二分班之后，他儿子迎来了一个好数学老师。此人的教学水平并不突出，但解题极为规范和严谨，每一步都抠得很死，使得他儿子数学进步很快。我的启发是：能力有高下，每个老师只要把特长发挥出来，有益于学生，其实就是好老师。

第三步是整合学科。慢慢地也很有成效。

高考前夕，他孩子一下进入了班级前几名。但毕竟落下了太多，后来追赶上来的，还是不够有力。根基不牢，地动山摇，所以高考还是考砸了，只上了一所他认为很普通的院校。但这孩子心气已经高了，他不服气，下决心通过考研改变自己学历的血统，他有这个信心。

他想要报考北大和清华。他爸爸说，北大和清华，你就不要想了。你起点太低了，没法和别人竞争。孩子又要考上海交大，他爸爸又说，交大也太高了，我们慢慢来。最后孩子听从了爸爸的建议，考了哈工大研究生，方向是编程和架构。研究生毕业之后，这个孩子去了某互联网巨头公司。

讲到这里，领导卖了一个关子，问在座的上海崔教授，你觉得一个普通研究生在上海某互联网公司工作，第二年能够拿多少钱？问完领导就出去接听了一个电话。崔教授告诉我们，据她所知，如果是研究生学历，不搞技术，大概一年在12万至15万，搞技术的大概能达到20万。在座的教研室主任告诉我们，这孩子第二年年薪已经达到税前90多万了。我们所有人大跌眼镜，这孩子凭什么？他究竟是怎么做到的？这个问题尤为重要，值得每个家长说给自己孩子听。

据领导总结，和他儿子一起入职的一帮人之中，他儿子的学历最低，学校的牌子最不硬气。这家公司人才太多了，想要出类拔萃，简直太难了。但这孩子很快就显出了自己与别人的差异,在一年之内,工资连升几级,令人叹为观止。他究竟是怎么做到的?

首先是擅长写作。原来在中学阶段,这孩子就养成了写作的好习惯。入职互联网巨头之后,每个月他都写一篇总结性的文章用邮件发在公司的内网里。这个内网公司员工都可以看到。邮件总结自己的工作感受,提炼一些成功经验,也归纳失败的教训,尤其还有一些中肯的建议。一次两次不多,但总有这孩子的邮件,而且很有见地,慢慢地大家就都认识他了。这至少说明这个孩子有想法,善于总结和归纳。

其次,公司每年都有升职的机会,但需要进行答辩。一般时长要达到3小时,你自己先做PPT陈述,再接受专家评委会的提问,应该说难度很大。有个很厉害的名校毕业生,连续六年都没能过关,但这孩子两次都轻松过关。这得益于两个方面。一是写作的爱好使得这孩子抓住关键问题的能力很强,讲话极有条理,剖析简单明白、一针见血。而很多高学历的人却陷入琐碎中,讲话不得要领,让人一头雾水。二是他PPT做得好。这得益于他研究生的导师。导师经常出去讲学,然后就让他做PPT,而且要求极高。过去他苦不堪言,常常找爸爸抱怨,说做PPT太辛苦了,要大海捞针地提炼,还要做老师肚子里的蛔虫,揣测他觉得哪个重要、哪个次要。他爸爸就安慰他说,艺多不压身,反正多学会一项技能总归不是坏事。没想到,现在用上了,他的PPT做得精美绝伦,关键是还条理清楚、赏心悦目。

每次这孩子陈述完毕,评委们都没有什么要提问了,因为PPT上提纲挈领,条分缕析,已经全部讲明白了。所以他每次答辩都不超过一个半小时,而且都是一次性通过。

这就是这孩子的第二大核心竞争力:平常积淀。

最重要的竞争力还是做人。这孩子做人的细节,连他爸爸都自叹弗如。

入职第一天，他爸爸妈妈姥爷姥姥给他打了无数个电话，想问他工作环境和感觉，他竟然一个电话都不接。到了晚上下班，他才一个个回电话。其实公司里并没有不允许接电话的规定。但在这孩子看来，他要把公事和私事区分开。更何况第一天上班，正是领导和前辈特别关注的时候，所以更加要礼貌、谦卑、沉稳，那就从不当众接听电话开始。

当其他人一个个电话眉飞色舞向家里人和朋友描述感受的时候，他正在熟悉每一个要熟悉的步骤，已经全然进入了工作状态……一直到今天，这孩子电话都是静音，工作时间不接无关电话，不浏览网页，保持专注。

我被这个孩子打动了，也为这个父亲感到骄傲。真正的知识不在学历和课堂上，而在细节和做人上。细节决定成败，做人决定底色。

如今这个孩子每月工资接近 3 万，一年下来就是 36 万，奖金 20 多万，算下来就有 60 万了。现在这个级别拥有公司 700 多股的股份，每股大概几百元年度分红，算下来年薪就是 90 多万了。我们当然不能以工资衡量一个人的全部价值，但不可否认私企工资也是衡量一个人价值的有效方式之一。你值多少钱，取决于你创造的效益有多大。这个孩子用自己的努力兑现了自己。

我们教育工作者天天说核心素养，什么叫核心素养？我觉得这个孩子就是具有核心素养的人。我确信他未来会更优秀，天空才是极限。

祝福这个孩子，也祝福我们每个人的孩子都能从他的经历中获得启迪，然后飞得更高，翱翔天际！

文化离素质到底有多远

回老家，反复做妈妈的思想工作，终于把她"忽悠"到苏州了。在路上，妈妈说起了她的孙子、我的侄儿明宏的一件事，让我非常感慨。

明宏小时候极不喜欢念书，尽管我和他谈过很多次，效果都不佳。等到初中毕业，他再也不想上学了。我哥让我做他的思想工作。到了最后，明宏说："阿爷，你无论说什么，我都答应，但念书我答应不了，我实在不是念书的料。只要不念书，做任何事，再苦再累我也愿意……"话说到这地步，那就没有话可说了。我跟我哥哥说："那就让他学个手艺，手艺人任何时候，都饿不死。"

后来明宏去天津学理发。他勤学苦练，对着镜子，给自己剪发；对着一个葫芦，训练推剪……小伙子进步很快。春节，他还要把工具带回来，帮我们理发。他只是遗憾，其他的工具带不回来，要不然会更好。

后来，在家庭微信群里，我经常看到他去北京求学。问他，他说贵死了，每次学习，学费都是以万为单位，但他觉得值，能学到真东西。北京的师父也喜欢他，带着他出去比赛，让他开眼界。终于有一天，顾客开始不嫌弃他年龄小，而是信赖他，成为他的老主顾。

我很感慨，念书他不愿意，各种为难，但学理发，如此高的学费，他自掏腰包，还能乐此不疲。这背后究竟隐藏着什么？

后来，明宏成了大师傅。没有人知道，这一切的背后到底蕴含着他多少汗水。再后来，老板有了新的发展，就把那家店盘给他和一个朋友，明宏成了年轻的合伙人。有个美丽的小姑娘相中了他，经常过来帮忙。

他们相恋，然后结婚。两口子一起努力，没要家里一分钱，付了首付，在天津买了房。

去年快过年的时候，明宏生意太好，实在太忙了，我哥去帮他，竟然发现，他的老主顾们看他太忙了，居然有不少人从家里给他带饭吃，大家轮流，今天你带，明天他带，就是担心他没空弄饭吃。更让我哥大惑不解的是，春节前夕，这些老主顾竟然给明宏红包，或多或少，有的几百，有的上千……我哥回来就感慨，说北方人真好，如果这在上海，就算你头发剪得好到天上去了，人家也不会带饭给你吃，更不会过年给你发红包。但我不这样认为，人与人的情感，都是相互的，没有无缘无故的恨，也没有无缘无故的爱。我的侄儿、亲侄儿明宏，一定值得他们这样对待。

这一次，我就得到确认了。妈妈告诉我一件事，直接让我怔住了。

不知什么时候，我妈脚上得了灰指甲，有时候穿鞋特别痛。上次明宏回来，他奶奶就告诉了他。明宏说，没关系，我来帮你弄，他用温热的水把奶奶的脚泡起来，戴上一个胶手套，用牙签细细地掏，把灰指甲缝里的脏东西掏出来……为了避免奶奶多心，孩子说："奶奶，我戴上手套，不是嫌弃您，您老人家别多心。因为灰指甲会传染，我是靠手吃饭的，不能被传染上。"这一弄，弄了半个多小时，明宏把奶奶的脚清理干净，又修剪好。奶奶很感动。这孩子突然又说了一句："奶奶，我们现在都好了，可惜爷爷没有等到这一天……"

妈妈转述给我这句话时，突然间崩溃，哭了。我也哭了。这句话狠狠击中了我，实际上这一直是我的死穴，也是我生命难以承受之重。我常常想，如果现在父亲还在该有多好，但这只能是梦想了……

父亲重病的时候，我被房贷压垮了，认识的人也少，更不好意思找人借钱。父亲是食道癌，发现时已经是晚期了，但他内心还是想医治的，尽管他嘴上坚决不答应。我们太无耻了，借着他口头上不想医治的话，半推半就，最终没能帮他努力一把。这是我的罪孽！

明宏初中毕业，但他勤劳孝顺，自食其力，自由恋爱，自买住房，更重要的是，他成了远近闻名的工匠，而且具有工匠精神，这多么令人欣慰，也令人感慨。我不敢往深处想，我能不能如明宏一样，帮妈妈弄灰指甲，我可能也会做，但像明宏这样耐心细致，我觉得可能有点难。再想我们家的小王子，那就更加不敢奢望了。

一个人的素质与文化无关，一个人的文化也与学历无关。并非学历高就有文化，也并非学历低就没文化。读书当然是一条好路，但条条大路通罗马。这正是我这些年鼓励学生多元成才的重要原因。梁晓声说，"根植于内心的修养，无需提醒的自觉，以约束为前提的自由，为别人着想的善良"，做到这四点，就是有文化。这几点我的侄儿都做到了，我觉得他就是一个文化人。

晚上回家之后，我忍不住打电话给我哥，我说："阿哥，我真羡慕你啊。你养了一个好儿子。你的教育太成功了。"我把明宏的事复述了一遍，我哥哈哈一笑，说："这算什么？他是做服务业的，这点觉悟都没有，还做什么服务业呢？"虽然嘴上这样说，但我知道，我哥是高兴的，他的笑容都隔着屏幕传到我这里来了。

希望我的侄儿在异乡的生活越来越好，保持善良、朴实、勤奋，把我们家的传统好好传下去……

愿每一个善良的人，都有美好的归宿。善良是我们的星辰大海，诚信是我们的"通关文牒"！